烽火中的迁徙

全面抗战时期福建省临时省会永安的教育变迁

杨卫明 ◎ 著

中国广播影视出版社

图书在版编目（CIP）数据

烽火中的涅槃：全面抗战时期福建省临时省会永安的教育变迁 / 杨卫明著. -- 北京：中国广播影视出版社，2024.9
ISBN 978-7-5043-9220-6

Ⅰ．①烽… Ⅱ．①杨… Ⅲ．①教育史－永安－1931-1945 Ⅳ．①G529.6

中国国家版本馆CIP数据核字(2024)第080554号

烽火中的涅槃：全面抗战时期福建省临时省会永安的教育变迁
FENGHUOZHONG DE NIEPAN：QUANMIAN KANGZHAN SHIQI FUJIANSHENG LINSHI SHENGHUI YONGAN DE JIAOYU BIANQIAN
杨卫明　著

责任编辑	黄月蛟　杨　扬
校　　对	马延郡
封面设计	郑来强

出版发行	中国广播影视出版社
电　　话	010-86093580　010-86093583
社　　址	北京市西城区真武庙二条9号
邮　　编	100045
网　　址	www.crtp.com.cn
电子邮箱	crtp8@sina.com

经　　销	全国各地新华书店
印　　刷	北京鲁汇荣彩印刷有限公司

开　　本	880毫米×1230毫米　1/32
字　　数	202（千）字
印　　张	9.375
版　　次	2024年9月第1版　2024年9月第1次印刷

书　　号	ISBN 978-7-5043-9220-6
定　　价	59.90元

（版权所有　翻印必究·印装有误　负责调换）

摘 要

全面抗战时期，永安成为福建省临时省会驻地，长期沉寂的山城一度热闹非凡，也给教育变迁带来前所未有的契机。其中，新生的高等教育机构，纵向上提升了永安教育的层次；迁入的师范学校、职业学校，横向上拓展了永安教育的类型。与此同时，初等教育机构迅速增长，中断的普通中等教育得以接续且建制渐趋完善，成人教育蓬勃一新，从而构筑起从初等教育、中等教育到高等教育，从普通教育到师范教育、职业教育，以及学校教育与社会教育并存的相对完整体系，宛如烽火中的涅槃，承载起了应尽的使命。

全面抗战时期永安的教育变迁，乃多方互助驱动的结果：主政福建的陈仪、刘建绪以及执掌福建省教育厅的郑贞文等人的教育情结，为之营造了较为良性的外部环境；永安抗战文化活动盛况，为之注入"抗战"元素，永安各级各类学校则充当着永安抗战文化活动的有效平台，助推其持续与活跃，二者之间人员、信息等的对流与交融，铸就了抗战文化活动与教育变迁相辅相成的格局；强大的师资阵容，成为永安教育变迁的关键。当年汇聚于永安各级各类学校的教师，凭借深厚学养、精湛教艺、爱国情怀，形塑着永安教育的氛围。

全面抗战时期永安的教育变迁，缘于特定境遇，因而生发出有别于常态社会的景象。一方面，应对"抗战建国"的教育诉求，永安各级各类学校从治校方略、组织机构到教育内容、教学方法等都进行着相应调适,直至直接介入抗战活动,呈现出鲜明的"战时性";另一方面,人才培养,基础知识、基本技能传习,教学改革试验,学术研究开展,师资队伍组建与充实等常规事项,有条不紊地推进,反映着教育变迁的内在逻辑以及"坚守"的抉择。"应对"与"坚守",交织出一幅色彩斑斓的画卷。

全面抗战时期的永安教育,不仅发挥着战时宣传、动员的应急功用,也为自身后续发展作了积淀与示范,并为当地经济社会变革做出了实质性贡献,还助力永安荣膺"我国东南抗战文化的一面旗帜"的历史地位。其影响甚至波及中国台湾地区及海外,为人铭记。

目 录

绪论 / 1

第一章 相对完整体系：全面抗战时期永安教育变迁的情况 / 12

 一、茁壮成长的初等教育 / 13

  （一）全面抗战时期永安初等教育概况 / 14

  （二）福建省义务教育实验区内迁与永安初等教育的进展 / 18

  （三）国民教育制度推行与永安初等教育的变化 / 23

 二、重新恢复的中等教育 / 30

  （一）福建省立永安初级中学创办及建制的完善 / 31

  （二）永安县立初级中学复办 / 34

  （三）福建省立高级农业职业学校辗转迁至永安 / 38

 三、从无到有的高等教育 / 55

  （一）昙花一现的省立福建大学 / 56

  （二）福建省立农学院创立 / 59

  （三）从省立到"国立"的福建音乐专科学校 / 73

 四、独立建制的师范教育 / 83

  （一）福建省立师范学校组建及内迁至永安 / 84

  （二）福建省立师范专科学校创设 / 106

 五、蓬勃一新的民众教育 / 116

  （一）福建省民众教育发展规划与永安县民众教育的实施 / 118

  （二）国民教育制度推行与永安县民众教育的铺开 / 129

  （三）国民教育巡回辅导团与永安县民众教育的巡回辅导 / 140

第二章 多方互助驱动：全面抗战时期永安教育变迁的合力 / 148

 一、陈仪、郑贞文与全面抗战时期永安教育变迁的

  外部环境塑造 / 148

（一）陈仪："由教育入手，建设民主政治" / 149
　　　（二）郑贞文的"笠剑轩"与全省教育变革规划 / 156
　二、相辅相成：永安抗战文化活动与永安教育变迁 / 163
　　　（一）永安抗战文化活动：永安教育变迁的重要推手 / 165
　　　（二）永安各级各类学校：永安抗战文化活动的有效平台 / 173
　　　（三）人员、信息对流与交融 / 180
　三、教师队伍聚集：全面抗战时期永安教育变迁的关键 / 183
　　　（一）各级各类学校教师队伍概况 / 183
　　　（二）各级各类学校教师队伍风采 / 201

第三章　应对与坚守：全面抗战时期永安教育变迁的景象 / 210
　一、"应对"与"坚守"的政策依据 / 211
　　　（一）《战时各级教育实施方案纲要》与《战时各级教育实施方案》颁布 / 212
　　　（二）第三次全国教育会议的基调 / 215
　　　（三）福建省行政当局的教育"应对"与"坚守" / 216
　二、应对：全面抗战时期永安教育变迁的"战时性" / 220
　　　（一）治校方略、教育内容、教学方法调适 / 220
　　　（二）学校组织机构更张 / 233
　　　（三）直接介入抗战活动 / 237
　三、坚守：全面抗战时期永安教育变迁的"平常心" / 242
　　　（一）校长的励精图治、辛勤耕耘 / 242
　　　（二）教育教学常规事项维系 / 249
　　　（三）枪林弹雨中的弦歌不辍 / 257
　四、应对与坚守的个案考察：福建省立师范学校的"三杆教育" / 262

结语 / 276

参考文献 / 284

后记 / 292

绪 论

1937年"七七事变"揭开了全国抗日战争的序幕。继"九一八"事变东北沦陷,以及随后的华北危机,这回,又直接殃及东南沿海一带。1938年四五月,国民党福建省政府及各机关陆续由省会福州内迁至闽西北山区县城——永安(现为福建省三明市所辖县级市),直至1945年全面抗战胜利,永安充作福建省临时省会近8年之久,长期沉寂的山城一度热闹非凡,也酝酿着新的变化契机。就教育领域而言,随之内迁以及在当地新建的教育机构与原有教育设施共同筑就的场景,可谓史无前例,宛如烽火中的涅槃。据永安市地方志编纂委员会办公室2010年整理重刊的《永安县志》(合订本)所载"永安县概况(民国三十四年)"显示,截至民国三十四年(1945年)八月,永安的"教育文化"状貌如表0-1至表0-3所示:

表0-1 民国三十四年上期国民教育概况

名称	校数	级数	教职员数		学生数				经费(元)	
					儿童部		成人部			
			男	女	男	女	男	女	全年	每月
中心国民学校	20	83	80	25	2965	498	417	170	106236	8853
保国民学校	50	104	98	2	3697	704	223	130	150181	12515
私立国民学校	3	13	10	9	455	100			168000	14000

— 1 —

续表

名称	校数	级数	教职员数		学生数				经费（元）	
					儿童部		成人部			
			男	女	男	女	男	女	全年	每月
合计	74	200	188	36	7057	1360	630	300	257297	28106

资料来源：永安市地方志编纂委员会办公室编《永安县志》（合订本），2010，第435页。

注：全面抗战前夕，福建省初等教育的载体主要有完全小学、初级小学、短期小学、简易小学，其中，由短期小学和简易小学担负义务教育的实施任务。全面抗战初期，出于开展民众训练和推行民众教育的需要，全省各地办了相应数量的民众学校。1939年7月，福建省行政当局训令将义务教育机构（短期小学、简易小学）和民众学校合并，改称战时国民学校，形成普通小学与战时国民学校并行的局面。1940年，遵照"南京（重庆）国民政府""新县制"和"教育部"国民教育制度的实施要求，福建省行政当局又将普通小学和战时国民学校合并，使儿童教育和成人教育合一。相应地，原设在全省各乡（镇）的完全小学改称中心小学（学校）；在"保"，设置国民学校。

表0-2　民国三十四年上期中等教育概况

校别	校数	班级	教职员数		学生数				每学期经费（元）
					高中部		初中部		
			男	女	男	女	男	女	
省立中学	1	14	30	14	76	31	163	47	130000
县立中学	1	8	14	9			354	92	31150
省立师范学校	2	27	58	15	630	66	75	17	2975000
省立职业学校	1	6	13	9	83	1			130000
合计	5	55	115	47	794	98	592	156	3166150

资料来源：永安市地方志编纂委员会办公室编《永安县志》（合订本），2010，第436页。

注：1943年秋，福建省立（永安）师范学校增设四年制简易师范两班。（赖松林：《抗战时期的永安教育概况》，载中国人民政治协商会议福建省永安市委员会文史资料研究委员会编《永安文史资料》第二辑，1983，第55页。）依据"南京国民政府"1932年颁布的《师范学校法》制定的《师范学校规程》第一百二十四条规定：简易师范学校入学资格为小学毕业生，修业年限四年。故而，福建省立（永安）师范学校四年制简易师范班的学生相当于入读"初中部"。

表0-3 民国三十四年上期高等教育概况

校别	校数	系数	科数	教职员数		学生数		每期经费（元）
				男	女	男	女	
国立音乐专科学校	1		2	40	16	64	54	935800
省农学院	1	5		65	4	174	7	500000
合计	2	5	2	105	20	238	61	985800

资料来源：永安市地方志编纂委员会办公室编《永安县志》（合订本），2010，第436页。

尽管上列三表中"合计"一栏数值（原表如此——引者注）有的与相应项数值之和并不相称，但不妨碍说明问题。较之古代永安教育的相对单一格局（建县前后设置的县学、私塾、书院、社学等传统教育机构，主要为学习儒家经典之所）自不必言；即便是清末兴学以来逐渐向近代转型且日渐发展的永安教育（至全面抗战前夕），亦不可同日而语（不论办学层次、规模，还是社会影响等）。据时人观察，截至1936年，永安县的教育设施，有："学校——县立小学一所，学生二三十人，附设初级学生六七十人；县立乡村复兴小学一所，学生五六十人；区立小学五所，学生百余人；区立初级小学十所，学生五百余人，但因师资、经费及学生家庭环境关系，不仅成绩毫无，且有所停办。社教——全县短期小学二十七所，每校月支经费十元，该项经费系由庚子赔款项下省府扒用；民众学校二所，性质流动，办理期间五年，由省直接拨款办理，每校月费卅元，连笔墨纸张在内，办理者系省教育厅所办理之特种教育毕业生，精神颇振，受教者亦不少，此种教育实为深入民众、收效最大之教育。教会学校——有天主教之育才小学，耶稣教之淑德女学，各有学生七八十人，但民众只知唯利是图，其诚信外教者，甚属寥寥。私塾——多山、僻处文化落

— 3 —

后之永安，故其私塾各乡甚多，教师多系冬烘头脑之前清秀才，然亦有小学毕业者，但每所学生人数，由五人十人以至三四十人不等，教材以'四书五经'为主要。"① 显然，永安县的教育家当，说"寒碜"也不为过，观察者亦称"教育落后"②。《福建县政》中的记载更显"惨淡"："全县有县立初级中学一（实际上，1936年时，该校已停办——引者注），县立集成小学、私立育才小学、私立淑德小学及第一二三四五六七八区立小学十六所。近年'匪祸'（指第二次国内革命战争时期中国共产党人在永安发动的武装斗争、建立苏区、土地革命等活动，当时中国共产党及其领导的红军，常被国民党政府机关及其新闻媒体诬蔑为'共匪'——引者注）频仍，教育更为破产，匪前尚有学生一八一一人，匪后则仅有一三〇〇人。此外，关于社会式教育则仅在县府大堂附设民众阅报所一所，以供民众阅览。至图书馆、宣讲所、展览会，全付阙如。城内私塾计有十个，各乡正在着手登记，并遵照奉颁福建省各县塾师甄别委员会规程及施行细则办理。"③ 全面抗战胜利后，随着福建省政府及各机关相继返回福州，高等教育机构、职业教育机构以及一些非原生的文化教育机构等亦纷纷回迁，永安教育几乎恢复了往日平静，与全面抗战时期的情形大相径庭。《永安市志》述及："至永安解放前夕，全县只有32所小学，在校学生2953人；中学2所，在校学生253人；师范学校1所，在校学生212人。"④

对全面抗战时期永安的教育变迁作一番深入考察，不仅有

---

① 罗超：《福建省永安县社会概况》，《民族魂（九江）》1936年创刊号。
② 《永安县全县概况初步统计》，《福建省统计月刊》1936年第3卷第1期。
③ 省政府统计室：《永安县全县概况》，《福建县政》1937年第2卷第1期。
④ 永安市地方志编纂委员会编《永安市志》，中华书局，1994，第903页。

助于了解其突变的原因,也有助于认识教育与军事、政治之间的错综关系以及教育变迁的内在逻辑,以映衬永安作为当时"我国东南抗战文化的一面旗帜"的历史地位。

全面抗战时期永安的教育变迁,伴随学界、政界、社会以及亲历者等对永安抗战文化活动的瞩目而渐受关注。《永安文史资料》(第二辑)收录的《抗战时期的永安教育概况》①、《永安文史资料》(第二十九辑)收录的《抗日战争时期的永安教育》②,从总体上概览了全面抗战时期作为福建省临时省会的永安的学前教育、小学教育、中学教育、专业教育(中等专业教育、高等教育)、职业教育、业余教育等所构建的教育网络;《永安市志》③卷三十"教育"编中的记载,更为清晰、简捷地呈现了全面抗战时期永安教育的变迁状况,令人一看便了解永安教育发展的前后差异。

除此之外,更常见的是对全面抗战时期永安教育的具体类型及承载机构的记述。《弦歌相承:国立福建音专纪念文集》④《国立福建音乐专科学校校史》⑤《国立福建音专校史资料集》⑥,置身当年创办于永安的"省立(国立)福建音乐专科学校"现场,教学、科研以及借助音乐实践活动开展抗战宣传、动员

---

① 赖松林:《抗战时期的永安教育概况》,载中国人民政治协商会议福建省永安市委员会文史资料研究委员会编《永安文史资料》(第二辑),1983,第53—57页。

② 李廉德:《抗日战争时期的永安教育》,载永安市政协文史资料委员会编《永安文史资料》(第二十九辑),2010,第153—159页。

③ 永安市地方志编纂委员会编《永安市志》,中华书局,1994,第903—943页。

④ 中共永安市委宣传部编《弦歌相承:国立福建音专纪念文集》,海峡出版发行集团、海峡文艺出版社,2015,第2—157页。

⑤ 福建省立音乐专科学校校友会编《国立福建音乐专科学校校史》,1999,第4—125页。

⑥ 福建省艺术研究所编《国立福建音专校史资料集》,1988,第30—283页。

等场景历历在目，尤其是亲历者饱含深情的回忆，体现了创办者、耕耘者创榛辟莽之功与该校办学精神的传承。《福建农林大学70年（1936—2006）》①辟有专篇，介绍其前身之一——1940年创办于福建省临时省会永安的福建省立农学院的缘起、管理机构与专业设置、课程开设、师资、教学、科研、农业推广、校园生活等，再现了当初的峥嵘岁月；《讲述：福建农林大学八十载》②中亲历者的"难忘记忆""往事卷深情"，将人们重新带入当年在永安黄历的福建省立农学院艰难创业、弦歌不辍、师生融情的历史画卷；《抗战时期福建省立农学院研究（1940—1945）》③以专题形式论及福建省立农学院的创建原因、组织运行、农业教学、农学研究以及该校当时扮演的多重角色与历史影响等问题，生动地还原了福建省立农学院的景象。《福建省立中等学校师资养成所概况》④简要述及作为福建省立师范专科学校前身的福建省立中等学校师资养成所的缘起、行政组织、科目设置与课程开设、办学经费、学生数量及来源等；《福建省立师范专科学校概述》⑤从"师专的任务""师专的特征""师专的园地""师专的设科""师专的干部""师专的学生""师专的生活"七个方面概述了作为当时中国高等师范教育制度变革创举的福建省立师范专科学校的独特样貌，比如，学校的目标、任务，不仅是要培养中等学校师资，

---

① 福建农林大学编撰组编《福建农林大学70年（1936—2006）》，2006，第19—39页。

② 本书编写组编著《讲述：福建农林大学八十载》，福建人民出版社，2016，第4—8页。

③ 黄少梅：《抗战时期福建省立农学院研究（1940—1945）》，福建师范大学硕士学位论文（未刊稿），2021，第9—88页。

④ 沈鍊之：《福建省立中等学校师资养成所概况》，《福建教育通讯》1941年第6卷第12期。

⑤ 唐守谦：《福建省立师范专科学校概述》，《中等教育》1942年第一辑。

还承担中等教育辅导以及教育学术研究职责，类同于此前的师范大学或同时期的师范学院建制，但由于修业年限的差异，课程设置上参照师范学院课程标准而有所删减与变动。《福建省立师范专科学校的筹办和初期概况》① 除了谈论福建省立师范专科学校的定位、行政组织、学科与课程的特殊之处，还对创校的应急与必要、师资队伍的组建、师生的艰苦创业等作了描述。《今日的师范学校》② 系统全面地梳理了迁址永安的福建省立师范学校的办学实践，包括教育、教务、训导、各科教学、师生生活状况等，亲历者不畏艰辛、坚持抗战建国的情景呈现于其间；《闽师之源》③ 专列"燕江忆语"部分，通过亲历者（主要是当时就读于该校的学生）声情并茂的回忆，言及迁址永安期间的福建省立师范学校的办学方针、教育教学、教师风采等；《乌石山·永安文庙·大湖乡——抗战时期福建师范（永安师范）办学始末》④ 同样关注了福建省立（永安）师范学校的办学情形及办学成就。另外，《抗战时期福建省立师范学校暨省立永安师范学校部分档案述论》⑤ 根据福建省三明市档案馆收藏的 21 份《福建省立师范学校暨省立永安师范学校抗战期间的教职员表册》进行分析，初步呈现了全面抗战时期福建省立（永安）师范学校的教育规模、师资状况、

---

① 邹有华、徐君藩：《福建省立师范专科学校的筹办和初期概况》，载中国人民政治协商会议福建省委员会文史资料编辑委员会编《福建文史资料》（第二十三辑），1990，第 46—65 页。
② 王秀南 等编《今日的师范学校》，福建省立师范学校，1941，第 1—198 页。
③ 政协福建省三明市委员会文史资料委员会、福建省三明师范学校编《闽师之源》，中国文史出版社，1993，第 56—133 页。
④ 裴耀松：《乌石山·永安文庙·大湖乡——抗战时期福建师范（永安师范）办学始末》，载永安市政协文史资料委员会编《永安文史资料》（第二十九辑），2010，第 228—233 页。
⑤ 王晓暖：《抗战时期福建省立师范学校暨省立永安师范学校部分档案述论》，《三明学院学报》2010 年第 5 期。

课程设置和教师生活等。《省立永安中学轮廓》①将福建省立永安中学创办及发展简况，学校设施、组织机构、教育教学乃至校园生活都逐一进行介绍；《永安文史资料》（第十二辑）②载录了作为永安一中前身的福建省立永安中学的逸闻趣事，不仅优美的校园环境令人流连，多彩的校园生活、师长的谆谆教导等，均给亲历者留下了鲜活的记忆。《五个月来的省立永安实验小学》③将迁至福建省临时省会永安的省立福州实验小学（随即更名为省立永安实验小学）五个月来的设施状况作了翔实报告，涉及"遵循的教育原则""战时的学校行政组织""经济部的设施""训练部设施""自我教育设施"等，显示了应对战时的场景。《抗战时期永安县初等教育发展情况及原因探寻》④概述了全面抗战时期永安初等教育的机构数量、在校学生人数、教师队伍以及教育经费投入等，并分析了永安初等教育发展的原因；《永安县推行成人教育半年工作报告》⑤述及实施"新县制"以来，永安县推行成人教育的契机、目的、经过、措施、成效、经验等。当时的各种出版物，如《教育通讯》（后更名为《福建教育通讯》）、《闽政月刊》（教育辑）、《福建教育》、《新福建》、《中等教育》上的文字记载、研究心得等，进一步立体地展示了全面抗战时期永安教育变迁的画面。如福建省立（永安）师范学校的抗战剧社在锻炼学子的

---

① 廖祖刚：《省立永安中学轮廓》，《中等教育》1942年第三辑。
② 中国人民政治协商会议福建省永安市委员会文史资料研究委员会编《永安文史资料》（第十二辑），1993，第5—65页。
③ 梁士杰：《五个月来的省立永安实验小学》，《闽政月刊》（教育辑）1939年第2卷第1、2期。
④ 李玉珠：《抗战时期永安县初等教育发展情况及原因探寻》，《三明高等专科学校学报》2003年第4期。
⑤ 永安县政府教育科：《永安县推行成人教育半年工作报告》，《国民教育指导月刊（永安）》1941年第1卷第3期。

专业技能以及抗战宣传方面的作为,即是其中例证。

借助这些记录、介绍、回忆与研究,全面抗战时期永安教育变迁的点滴,不同程度地被提及,其场景又一次较为真实地呈现在世人面前,好似时空穿梭。

不过,较之"永安抗战文化活动"所引发的关注,全面抗战时期永安教育变迁的研究仍显得薄弱。除了夹杂在亲历者有关回忆或者相关史料与著述中的言论、文献,一方面,整体考察的成果并不多见;另一方面,深入探讨永安抗战文化活动与永安教育变迁之间相互关联的专题成果几近空白。这不仅与全面抗战时期的永安教育在其整个发展进程中的地位不相称,也与深化永安抗战文化活动研究的客观要求有距离。就后者而言,全面抗战时期永安的教育变迁乃"永安抗战文化活动"的应有之义,不论是时人的观感,还是亲历者的回顾、研究者的陈述,均认同此观点。如《福建的新省会——永安文化线》①,便涉及福建省立永安中学、福建省立师范学校、福建省立中等学校师资养成所、福建省立高级农业职业学校、福建省立音乐专科学校的状况介绍,感慨永安因此而成为战时文化城,并且展望伴随教育阵容不断充实,将为新的文化撒下新的种子的景象;《福建文化界鸟瞰》②,不仅将教育行政机关、各级各类学校编辑、发行的刊物作为抗战文化活动的成绩,而且明确言及教育机构自身在抗战文化活动中的作用;又如《永安抗战文化与全民族抗战文化》③将"学校融入社会的宣传活

---

① 文浩:《福建的新省会——永安文化线》,《前线日报》1941年1月27日第5版。
② 福建省研究院:《福建文化界鸟瞰》,载邱文生主编《永安抗战进步文化活动》,海峡文艺出版社,1994,第176—180页。
③ 石仲泉:《永安抗战文化与全民族抗战文化》,载永安市政协文史资料委员会编《永安文史资料》(第二十九辑),2010,第1—8页。

动空前深入"作为永安抗战文化活动的集中指向之一;《永安抗战文化研究综述》①显示,将当时永安的教育发展作为永安抗战文化活动的组成部分乃学界共识;《发现永安——被忽略的抗战文化中心》②同样将永安当时的教育机构纳入永安抗战文化活动的视野,较为细致地考察了福建省立师范学校、福建省立师范专科学校、省立福建大学、福建省立农学院、"省立(国立)福建音乐专科学校"的办理、运行状况。《永安抗战历史文化概览》③则以"词条"形式,整理了全面抗战时期迁至永安以及当地新建的教育机构、教育界人士的代表、教育刊物等信息。永安抗战文化活动对永安教育变迁的影响毋庸讳言;教育界人士亦积极投身永安抗战文化活动,为之助力,各级各类学校成为抗战文化传播的有效平台,二者之间有着较为频繁的人员、信息流动与交融。更为关键之处在于,可以全面抗战时期永安的教育变迁为个案,透视这一历史时期中国教育的运行轨迹,感受仁人志士的民族忧患意识与家国情怀。由此,全面抗战时期永安教育变迁的状况、环境、动力、机制、特点、影响,特别是抗战文化活动与教育变迁的关联等,留下了较为充足的研究空间。

本研究遵循历史学与教育学的一般逻辑,在较为充分收集、解读原始资料、已有文献与研究成果的基础上,概述全面抗战时期永安教育变迁的状貌,探究其动力、机制,揭示其"战时性"与"平常心",力求再现历史场景特别是亲历者融入其中的家国情怀,挖掘其价值。详言之,本研究借助抗战文

---

① 欧阳秀敏:《永安抗战文化研究综述》,《三明学院学报》2011年第4期。

② 张在军:《发现永安:被忽略的抗战文化中心》,海峡出版发行集团、福建教育出版社,2018,第33—155页。

③ 刘思衡编著《永安抗战历史文化概览》,海峡出版发行集团、福建教育出版社,2023,第35—137页。

化史、抗战教育史等的研究路径及框架,依托教育的社会制约性、教育的内外部关系规律及教育与文化之间的相辅相成等命题与原理:(1)考察全面抗战时期永安教育变迁的轨迹。即,全面抗战时期,永安教育借助"迁入"与"新建",不仅生成新的教育机构,提升教育层次,拓展教育类型,也使原有教育基础得以接续与扩充,从而形成从初等教育、中等教育到高等教育,从普通教育到师范教育、职业教育,以及学校教育与社会教育并存的相对完整体系。(2)探究全面抗战时期永安教育变迁的合力。即,全面抗战时期永安的教育变迁,既有当时主政福建的陈仪、刘建绪以及执掌福建省教育厅的郑贞文等人的教育情结与凭借政权力量对其进行保护,也有永安抗战文化活动盛况的推进,更有各级各类学校集成的强大师资阵容的促成。(3)揭示全面抗战时期永安教育变迁的景象。一方面,应对"抗战建国"的教育诉求,永安各级各类学校从治校方略、组织机构到教育内容、教学方法等均进行相应调适,呈现出鲜明的"战时性";另一方面,遵循"战时须作平时看"的政策导向及教育变迁的内在逻辑,维系教育教学常规,保障基础知识、基本技能传习,展开学术研究活动,组建、充实教师队伍等"平常心",又显示着全面抗战时期永安教育"坚守"的抉择。(4)点明全面抗战时期永安教育变迁的历史契机。即,全面抗战时期永安充作福建省临时省会,尤其是福建省行政当局以"文化建设"为突破口开发闽西、闽北的愿景与规划推动了永安教育变迁。之后,简要说明全面抗战时期永安的教育变迁为自身后续发展与当地经济社会变革做出的贡献,以及助力永安荣膺"我国东南抗战文化的一面旗帜"的历史地位的情形。

第一章 相对完整体系：
全面抗战时期永安教育变迁的情况

福建永安自明朝景泰三年（1452年）建县，在此前后的流金岁月里，县学、私塾、书院、社学等传统教育机构或迟或早设立①，承载起了培养人才以及教化民众甚至形成社会风俗的重任，也为永安后续历史时期的教育发展积淀了一定基础。在清末"兴学"风向中，永安教育不失时机迎来近代转型。不过，囿于政策、区域、人力、物力、财力等，直到1937年全面抗战爆发前夕，永安县的教育发展仍不尽如人意：初等教育机构寥寥无几；中等教育机构时有兴灭；职业教育机构、高等教育机构尚未萌生。因缘际会，全面抗战时期，永安充作福建省临时省会，给当地经济社会、文化教育发展带来前所未有的契机。就文化教育领域而言，新生的高等教育机构，纵向上提升了永安的教育层次；迁入的师范学校、职业学校，横向上拓展了永安的教育类型。与此同时，初等教育机构急速增长，中断的普通中等教育得以接续且建制逐渐完善，成人教育蓬勃发展，从而构筑起从初等教育、中等教育到高等教育，从普通

---

① 据《永安市志》："明景泰六年（1455），通判杨李琦、知县韩龙在县城内东门创办儒学。"永安"有记载的最早私塾是清乾隆二十至二十四年（1755—1759），小陶下湖口马家尾创办的一所私塾"。"永安最早的书院为创建于宋代的师古堂。明清两朝，全县书院有49所。""明朝永安有史可查的社学有15所。"（载永安市地方志编纂委员会编《永安市志》，中华书局，1994，第904、905页。）

第一章 相对完整体系：全面抗战时期永安教育变迁的情况

教育到师范教育、职业教育，以及学校教育与社会教育并存的相对完整体系，特别是"省立""国立"院校的身份加持，还极大地突破了以往"县立""私立"的畛域，担当起了应尽的使命。

一、茁壮成长的初等教育

清末"新政"时期的兴学之风，及时刮向了曾经相对封闭的山区。1905年，永安县贡川乡乡贤刘德骥在贡川龙山环秀楼遗址创设龙山两等小学堂，为永安兴办新式教育之始。1908年，朱俊保在永安县大陶洋寨中皮丰楼创办永安修竹小学堂。次年，赖传枢在大陶洋创办陶英小学堂，麟厚开办燕贻高等小学堂和仰模小学堂，①永安县的新式教育呈现起步之势。辛亥革命后，当地乡贤与热心教育人士，继续着兴学的步伐，首先在永安县城区办了3所小学，另外，乡村小学的办理也渐次展开。不过，直到1937年全面抗战爆发前夕，永安县承载初等教育重担的小学仍屈指可数，办学条件与基础设施也很差。"到了1936年，县城只有4所小学：即公办复兴、集成（培根、育英、新民三所合并而成）2所和基督教会办的育才（男校）、淑德（女校）2所，学生总数仅有500余人。是年秋，复兴、集成合并为树人小学，次年春改名为燕江小学，校址设在文庙。与此同时全县设立了20来所民校，由于经费不足和广大群众每日愁三餐，无心问学，因此，民校难于巩固。至于乡村完全小学，几乎停办。"②类似的梳理还有："到

---

① 永安市地方志编纂委员会编《永安市志》，中华书局，1994，第908页。
② 赖松林：《抗战时期的永安教育概况》，载中国人民政治协商会议福建省永安市委员会文史资料研究委员会编《永安文史资料》（第二辑），1983，第53页。

1937年抗战开始，据有关资料统计，全县有小学41所，教学班68个，学生3592人。但这些小学多为短期小学、简易小学和初级小学，完全小学还不到10所，而完全小学也有的是有名无实的，如安砂小学、崇宁小学，只有初小班而无高小班。那时较完全的小学，在城区有县办的燕江中心小学（校长冯丹白）、美以美教会办的私立育才小学（校长江贤杰）和私立淑德小学（校长李宗玉）3所。在乡区，只有小陶小学、贡川小学、西洋小学等几所才有高小班。各小学的校舍，都是利用祖祠、庙宇修理改建的，只有西洋小学有一座两层土木结构、四间教室的教学楼；贡川小学于1938年得到胡文虎先生的捐献，才建了一座七间土木结构的新校舍。"① 即便是其中被誉为"成绩卓著"的育才小学，也因1936年一年内（上、下两个学期）共计增加了31名学生而"颇形拥挤"。② 由此不难想象当时永安县初等教育机构的生存境地。全面抗战时期，随着福建省政府及各机关的驻足，永安县初等教育发生量的激增与质的变化。

(一) 全面抗战时期永安初等教育概况

据《永安市志》，截至民国三十四年（1945年），永安县共有小学74所，其中乡（镇）中心学校20所，保国民学校50所，私立国民学校3所，教会办的学校1所，200个班级，在校学生11153人，学龄儿童入学率达40%。③ 较之全面抗战之前的情形，就当时的条件，应当说是一份颇为可观的成绩。

有研究者还比较了全面抗战之前与全面抗战时期永安县初

---

① 子云：《抗战时期的永安小学教育》，载中国人民政治协商会议福建省永安市委员会文史资料研究委员会编《永安文史资料》（第七辑），1988，第93、94页。

② 学平：《教讯：永安育才小学近况（福建）》，《兴华》1936年第33卷第23期。

③ 永安市地方志编纂委员会编《永安市志》，中华书局，1994，第909页。

第一章 相对完整体系：全面抗战时期永安教育变迁的情况

等教育机构数量、入学人数的变化：与福建省省会内迁前相比，1938年新增3所，1939年新增8所，1940年新增18所；1941—1945年，初等教育机构、入学人数稳中有升（见表1-1）。①

表1-1 永安县1940—1945年初等教育概况

（单位：个）

学年	学校数					学生数	教师数
	合计	中心学校	保国民学校	私立学校	代用国民学校		
1940	57	8	47	2			
1941上	57	12	43	2		4265	174
1941下	64	13	47	4		4943	196
1943下	68	20	40	3	5	5555	232
1944上	64	19	42	3		4528	226
1944下	71	19	49	3		4997	234
1945上	74	20	50	4		5453	249

资料来源：
李玉珠：《抗战时期永安县初等教育发展情况及原因探寻》，《三明高等专科学校学报》2003年第4期。

其中，被纳入近代学制体系中的初等教育阶段的组成部分——学前教育重新受到关注。民国十八年（1929年），永安私立淑德女子小学在福音堂创办了永安县域第一所附设幼稚园，即便仅有1个班，招收20多名幼儿，却也开了永安县学前教育办理的先河。民国二十七年（1938年），该园因故停办。全面抗战时期，在永安设置的学前教育机构（幼稚园、

---

① 李玉珠：《抗战时期永安县初等教育发展情况及原因探寻》，《三明高等专科学校学报》2003年第4期。

托儿所）有：民国二十九年（1940年）福建省立师范学校附属小学附设的幼稚园；民国三十年（1941年）永安县西洋中心小学附设的幼稚班；民国三十二年（1943年）福建省政府社会处筹办的永安示范托儿所；民国三十三年（1944年）永安康乐新村康乐小学的附属幼稚园等。

创设于永安吉山的儿童教育馆，可谓全面抗战时期永安学前教育发展的一个缩影，给参观者留下了难忘的记忆。"福建各县小学附设的幼稚园也不少，但是没有一个及得上永安吉山的儿童教育馆。这儿建筑好，设备完全，有专门的人才当教师，有充足的儿童书报供他们阅览。没有一个人参观过儿童教育馆后，不是点点头赞叹地说：'吉山的孩子太幸福了！'"① 就硬件设施而言，螺旋形滑梯、儿童阅览室、儿童游艺室等，布置井然有序，尤其是儿童游艺室，甚至连当时在吉山的各级官吏、职员的住所都不足以与之媲美，俨然有"小宫殿"之貌："这里有着大红漆的柱子，枣红色油漆过的板门，绿色的栏杆，这还不够叫人想是宫殿吗？"儿童游艺室配备的各类器材，如乒乓球桌、类别各异的滑梯、滑轮、跷板、积木、玩具（坦克、鱼雷、飞机、潜水艇、大炮造型）、全国地形沙盘等，一应俱全，伴随幼儿成长。幼儿来自社会不同阶层、家庭，不论穿戴如何，都受到老师一样的养护、教导。在国难时期全国多数孩童饥不择食的处境下，儿童教育馆的幼儿每天下午课间还能得到政府免费供给的一杯豆浆、两块光饼或两片甘薯，更是羡煞他人。②

内迁到当地的初等教育机构，以及新建的初等教育机构，不仅增长了永安初等教育机构的数量，并且令当地人士感觉到不同于过往的新貌。1938年8月，福建省立福州实验小学迁

---

① 王桦：《参观永安儿童教育馆记》，《福建妇女月刊》1943年第1卷第6期。
② 王桦：《参观永安儿童教育馆记》，《福建妇女月刊》1943年第1卷第6期。

第一章 相对完整体系：全面抗战时期永安教育变迁的情况

至永安，随即易名为福建省立永安实验小学，并在吉山创办分校；同年，还有福建省银行在永安下茅坪创办的福利小学（后改名康乐小学），以及福建省立师范学校在永安县城民权路创办的附属小学（1939年5月随福建省立师范学校迁至大湖乡。随着福建省立师范学校更名为福建省立永安师范学校，1942年8月更名为福建省立永安师范学校附属小学）；1940年，迁址永安县贡川乡的福建省盐务管理局接办贡川中心学校后，将其更名为"私立福建盐务小学"。这些冠名"省立"或省属的初等教育机构，其设备、师资、教育教学活动等均非比寻常。

福建省立师范学校附属小学自然不用多说，该校在六个年级中特地编出单式、复式、单级等教学组织形式进行各种教学实验，供来宾以及师范生参观、实习。福建省立永安实验小学吉山分校就在福建省教育厅旁边，得天独厚。该校校长亦由教育厅科员陈杰兼任，有教师15人，均是师范学校毕业生，如陈豪、郑培泽、何孝琦等。康乐小学（1944年创设于永安的福建省康乐新村的有机组成部分，设于东坡，也称"康乐新村育幼所"）收纳4—12岁的孤儿，他们的衣、食、住和读书费用均由康乐新村供给，学习材料依照福建省教育厅相关规定配发，同时参加永安县教育行政部门统一安排的各种活动。康乐小学的场地与设施：有一座可容纳近千人的礼堂、十间教室、一个"幼稚园"，还有图书室、标本仪器室、音乐室、美术室、劳作室、游艺室、"燕山乡公所"（学生自治会）、办公室、传达室，以及篮球场、排球场、游戏和田径活动场、雨盖操场等，时有在校学生300来人（95%以上是村童），约占全村村民、村童总数的三分之一。校长、教职员均按省属机构待遇聘用。其中，教师大都来自师范学校毕业生。康乐小学学制、教材等与一般公立小学相同，但在教育教学方法上有四个较为突出的特点：一是集中食宿，过军事化生活。二是不放寒暑假，规定节假日照常有活动，但活动较为轻松，除按统一布置完成假期作业、帮厨（轮流帮助厨房做些力所能及的事）和环境卫生任务外，可以晚上不自修，白天自由参加教师指导的各种兴趣活动。三是大力提倡自治精神，充分发挥学生领袖的作用。四是纪律严明，采用淘汰制决定村童前途。村童虽然都有接受完小学教育的权利，但超过正常学龄又留级的，即须转为白天劳动，晚上读夜校。康乐小学的学生出路：或通过考试进入中学继续学习；或回康乐新村当村民。① 可见，康乐小学不仅有当地原有的初等教育机构难以企及的办学条件，也呈现出康乐新村被时人誉作"民生主义的试验点"的特征。私立福建盐务小学，"经费：全部由盐务管理局负责。""行政管理：接受县政府教育科领导。""教师待遇：与管理局工作人员同。"待遇上的相对优渥，激发了教师更高涨的工作热情，"每天下午放学后，都要集中一段时间交谈本日情况及计划明天工作。学校每周定一中心活动，每月举行各科教学观摩一次，每学期期终前举行成绩展览一次，邀请各学生家长到校参观指导并开家长会。每月举行家庭访问一次，以便学校教师与学生家长相互了解。儿童节（当时是4月4日）及'双十节'开恳亲会，清明节举行远足，各班学生往郊外踏青并采集标本。师生生活，甚为活跃"。因办学声誉卓著，该校教学成绩突出的教师还受到过福建省教育厅的嘉奖，该校负责人也被调往福建省教育厅任辅导员。②

（二）福建省义务教育实验区内迁与永安初等教育的进展

1931年3月，福建省教育厅义务教育推行委员会"为实

---

① 曾纪增：《永安的康乐新村》，载中国人民政治协商会议福建省永安市委员会文史资料研究委员会编《永安文史资料》（第八辑），1989，第119、120页。

② 赖华编：《战时的私立福建盐务小学》，载中国人民政治协商会议福建省永安市委员会文史资料研究委员会编《永安文史资料》（第七辑），1988，第99、100页。

验本省推行义务教育之方法起见",选择在闽侯县、建瓯县、思明县设立"义务教育实验区",作为实施义务教育的辅助机关。其中,闽侯县的"义务教育实验区"分为"城市义务教育实验区"和"乡村义务教育实验区"两处,区内设"简易初级小学"1所担负实验任务。相比"或因政潮陷于停顿""或因经费缺乏难于发展"的建瓯县、思明县"义务教育实验区",闽侯县"义务教育实验区"办理较有起色。1935年,"南京国民政府教育部"颁行《实施义务教育办法大纲》,再度规范义务教育实施事宜;为此,同年11月,福建省政府颁布《福建省义教实验区简章》,重新规划义务教育实验区的实施与推进。根据《福建省义教实验区简章》,义务教育实验区的主要工作有:"一、关于调查学龄儿童方法之研究事项;二、关于督促儿童就学办法之实施研究事项;三、关于二部教学法之实施研究事项;四、关于复式教学法之实施研究事项;五、关于短期小学办法之实施事项;六、关于改良私塾办法之实施研究事项;七、关于其他推行义务教育方法之实施研究事项。"①1936年7月,福建省教育厅制定《福建省义务教育实验区计划大纲》,落实具体工作。8月,将设在闽侯县城、乡的两处义务教育实验区合并,改组为福建省义务教育实验区,设置于闽侯县五里亭。"将施教区域,按照人数及自然环境划分为7个小学区。"区内设有中心小学1所,工读小学1所,短期小学2所,简易小学2所,单级小学1所。义务教育实验事宜有序展开。

时人对福建省义务教育实验区的办理寄予厚望:"本省义教实验区,为本省义教之中心机关,负辅导各县义务教育的实施与从事研究实验的工作。责重事繁,对各项的进行,自不可无明确的方针与缜密的计划,将研究实验的心得贡献于义教同

---

① 《福建省义教实验区简章》,《福建义教》1935年第1卷第3期。

人,俾各县义务有所响导,而义教事业得蒸蒸日上。"尤其是希望能在义务教育实施的师资训练、制度设计、教材编制、学生保留、辅导各县这样一些重要问题上加以研究和实验,"不务理论的高远,但愿实事求是",以助益本省义务教育推进。①

表1-2 闽侯县五里亭"福建省义务教育实验区"概况
(1936年下半年)

校名	地点	校长姓名	教师数	编制	班数	学生数	经费数
中心小学	秀板	祝炎生	5	单式	4	159	188
工读小学	前屿	卢炳乾	5	儿童、农业、纺织、雕刻	4	237	174.8
雁塔短小	雁塔	游荣厚	1	复式	1	112	30.2
琼莲单小	琼莲	陈圻	1	复式	1	62	30.2
洋中简小	洋中	李祐	1	复式	1	83	30.2
象园简小	象园	林宗仁	1	复式	1	63	30.2
龙江短小	龙江	陈詠	1	复式	1	101	30.2

资料来源:

茅乐楠:《一年来的义教实验区》,《闽政月刊》(教育辑)1939年第2卷第1—2期。

全面抗战爆发后,省会福州及近郊不时受到日本飞机侵扰,民众安全面临威胁,甚至流离失所,义务教育实验区的工作变得越发艰难。为避免无谓牺牲及提高工作效率,福建省教育厅号令福建省义务教育实验区迁至临时省会所在地——永安。1938年7月,原设在闽侯县五里亭的福建省义务教育实验区正式落户经济、文化均有一定基础的永安县大湖乡。

---

① 郑健羽:《对于福建义教实验区的希望》,《福建义教》1935年第1卷第1期。

第一章 相对完整体系：全面抗战时期永安教育变迁的情况

来到新地方，义务教育实验区组织者按部就班。首先划定了以永安县大湖乡治所为中心的实验区域："东至曹岩尾，西及魏坊，北界瑶田，南抵汶洲，周围八十余里，包括大小村庄二十余个。"如图1-1所示：

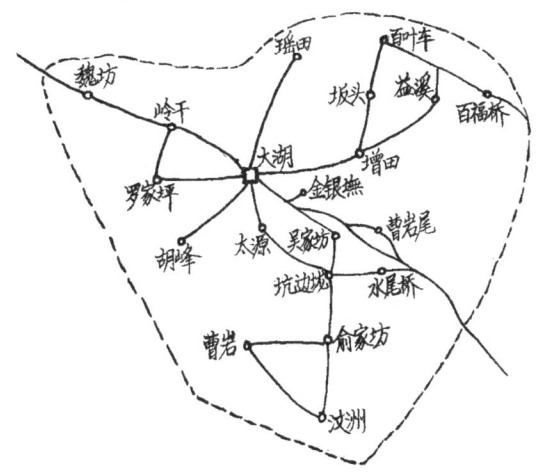

图1-1 永安县大湖乡"福建省义务教育实验区"区域
资料来源：
义教区：《迁永后的义教实验区》，《福建教育通讯》1938年第2卷第19、20期。

紧接着，调查区内学龄儿童及失学民众情况，统计出全区的学龄儿童数（1392人）与失学民众数（2343人）。

其次，划分小学区，以便施教。具体为："大湖区，包括：大湖、岭干、金银㝢；胡峰区，包括：上胡峰、下胡峰、罗家坪；增田区，包括：增田、坂头、上甲、洋地边；瑶田区，包括：瑶田；魏坊区，包括：魏坊、浦下、陈坑；益溪区，包括：益溪、百叶车、百福桥；坑边区，包括：坑边垅、曹岩尾、吴家坊、俞家坊、太源、水尾桥；曹岩区，包括：曹岩、上江坑、下江坑；汶洲区，包括：汶洲、青水池、新圻乡。"

再次,派遣专人筹办各类学校,建置推行义务教育的机构,继续着未竟的事业。

表1-3 永安县大湖乡"省义务教育实验区"办理概况

校名	校址	校长	教员人数	班数	学生数	战时民校学生数	每月经费
中心小学	大湖	朱增江	5	4	123	男子班一班40	185
工读小学	坑边垅	俞洞谟	教员3;技师3	3	100	男子班一班46	183
增田简小	增田	叶挺梅	1	1	50	妇女班一班48	45.6
魏坊单小	魏坊	周志昌	1	1	42	男子班一班29	43.6
汶洲单小	汶洲	林汉永	1	1	55	男子班一班40	43.6
胡峰简小	胡峰	陈圻	1	1	45	男子班一班32	43.6
瑶田短小	瑶田	吴永福		1	20		26.6
益溪简小	百叶车	陈慧照		1	24		26.6
曹岩简小	曹岩	林懋禄		1	56		26.6

资料来源:

义教区:《迁永后的义教实验区》,《福建教育通讯》1938年第2卷第19、20期。

此外,义务教育实验区办事处还设置"大湖合作社""邮代办所""战情广播厅""大众服务部"等机构与场所,加强与当地乡民的联络,扩大服务民众的范围。譬如"战情广播厅","每晚开放收音机传播前方的消息、重要的讲演、抗敌的歌咏,以激励民众抗敌的情绪"。据载:"自从开放以来每晚听众极多,秩序甚佳。"[1] 义务教育实验区在当地产生了积极影响。

说到之后的工作动向,组织者成竹在胸。"如何普及全区

---

[1] 义教区:《迁永后的义教实验区》,《福建教育通讯》1938年第2卷第19、20期。

义教;如何办理简易小学;如何兼办民校;如何推进农村副业;如何筹集地方教育经费;编辑辅导刊物"等是其中重点,"自应悉心以赴"①。

福建省义务教育实验区的内迁,不仅促成永安初等教育的发展(初等教育机构数量的增长即其一),对亲历者的认知、观念更新也是一次有效促进。亲历者言:"我觉得一个乡村教育工作者,绝不是把校舍布置好,教教学生读书,便算了事。而其最大的责任在转移学校所在地的风气。"具体说来,第一,鼓励农民从事副业,既可推动生产,又可矫正懒惰的习惯;第二,积极宣传,改变民众卫生习惯,指导相应的疾病治疗方法;第三,鼓励民众开展关于儿童身心养育的实践;第四,强化民众的家国、民族情怀。② 这些,正是当时一名合格的乡村工作者可为也应为的事情。

(三) 国民教育制度推行与永安初等教育的变化

1939年9月,"南京(重庆)国民政府"颁布《县各级组织纲要》,开始推行"新县制"。教育方面,要求做到各乡(镇)设立中心学校,各保设立国民学校,使义务教育与失学民众教育结合起来。为配合"新县制"推行之需,1940年3月,"南京(重庆)国民政府教育部"颁行《国民教育实施纲要》,计划分五年(1940年9月至1945年7月)达成各县每乡镇设一中心学校,每保设一国民学校的目标,完成"使入学儿童达到学龄儿童百分之九十以上,入学民众达到失学民众百分之六十以上"的任务,并指定福建等14省先行试办。

福建省政府依此进行了国民教育的推行规划,将战时民众教育与初等教育合并,改办国民教育,"免各立门户之耗费",

---

① 义教区:《迁永后的义教实验区》,《福建教育通讯》1938年第2卷第19、20期。

② 林浩藩:《到大湖去》,《福建教育通讯》1938年第2卷第12期。

"兼筹并顾,齐一实施步骤,而无畸重畸轻之弊","纠正一般人对儿童教育与成人教育畸重畸轻之错误观念",以达成"以最经济的人力财力,在预定时期内,使全省成年失学民众均能受过补习教育,学龄儿童及失学儿童均能受过义务教育"的国民教育目标。① 成立国民教育委员会负责计划实施,具体任务与要求是:"于保设国民学校,于乡镇设中心学校,均分五年完成。国民学校第一年设四千五百校,第二年增设一千校,第三年增设二千校,第四年增设三千校,第五年增设四千校,共一万四千五百校;中心学校第一年先设一千校,第二年至第四年各增一百校,第五年增设二百校,共一千五百校。"②

福建省推行国民教育的部署,带给永安初等教育的变化,既反映在初等教育机构数量的继续增长上:各乡镇均设置了中心小学(中心学校),"保"国民学校快速发展,或者说,承担学龄儿童教育任务的初等教育机构与承担失学儿童、民众教育任务的初等教育机构同步壮大。"在过去没有完全小学,只有初小或民校的乡镇,如上桂、龙青、曹远、洪田、龙岭等乡也先后改办成中心小学,招收高小班学生就读。在城内于1942年2月兴办了燕北中心小学,设5个班,有教师8人。1943年8月,兴办了燕南中心小学,设5个班,有教师7人。1944年,吉峰乡的吉峰保国民小学也改成吉峰乡中心小学。至此,每个乡镇都有了中心小学。在这段时间里,各乡镇所属的保,也办了些国民小学。"③ 还反映在作为承担学龄儿童教育任务主体的乡(镇)中心学校,通过加强辅导与巡视以及开展示范教学,促成教育教学规范化及师资水准的提升,进而

---

① 郑贞文:《二十九年推行国民教育计划》,《闽政月刊》1940年第5卷第6期。

② 郑贞文:《国民教育的基本原则》,《福建教育》1940年第1卷第1期。

③ 子云:《抗战时期的永安小学教育》,载中国人民政治协商会议福建省永安市委员会文史资料研究委员会编《永安文史资料》(第七辑),1988,第95页。

第一章 相对完整体系：全面抗战时期永安教育变迁的情况

推动国民教育更有成效地实施上。当时即有学人指出"中心学校"在地方教育以及地方社会发展中的角色、职责、使命："中心学校为全乡镇学校的中心，推行乡镇国民教育的基本组织；又为乡镇管教养卫连锁的一环，文化的核心。具有模范性质、领导能力，施行一切教育新法，以资各校观摩，并辅导其改进，扶植其发展。""为所在保办理国民教育；乡（镇）各保国民学校毕业生升学之所；辅导各保国民学校。"① 就实践层面来看，乡（镇）中心学校确实遵章积极履行相关职责。

1942年10月，永安县西洋乡中心学校第一次辅导会议，便涉及"新颁小学各科课程；小学各科教材教法；民教部招生及留生问题；中心学校及国民学校兼办社会教育问题；中心学校及国民学校与其他事业联系问题"等的研讨；国语（笔记、作文、写字）、常识（笔记）、算术、工作（劳作、美术）等科目的成绩展览；五年级社会科、四年级国语科、一年级唱游科的现场教学表演。②

洪田乡、古马乡中心学校联合举行的辅导会议还生动展示了相关问题研讨的具体情形③：

1. 关于民教部招生、留生问题之研究案。（1）民教部初级班各乡村均已办讫，若令重读，殊感困难。应请求政府于本期内准设高级班；（2）民教部学生如何使他照常到校上课。决议：关于设立民教部高级班，由中心学校请求政府迅准于本期内设立高级班并随给课本；对于留生方面应加授乡土补充教材，并实施农事及家事指导。

2. 关于社会教育问题之研究案。（1）对于书报张贴壁上

---

① 张荫椿：《中心学校辅导工作》，福建省政府教育厅，1942，第1页。
② 永安县政府教育科：《地方教育辅导事项试验标题卷》，福建省永安市档案馆，83（全宗号）—11（目录号）—333.02（案卷号）—46—48（页码）。
③ 永安县政府教育科：《地方教育辅导事项试验标题卷》，福建省永安市档案馆，83（全宗号）—11（目录号）—333.02（案卷号）—30—34（页码）。

往往被民众撕破应如何防止？（2）对于民众读书看报如何引起兴趣？决议：对于壁报标语等文字，要正楷并且内容大意要浅显且适合民众需要，并须随时密探反动分子加以纠正；要购买适合民众心理和民众需要之书报，并利用保民大会时多作宣传工作，俾一般民众深刻明了。

3. 关于小学训育问题之研究。（1）对于儿童偷窃行为应如何处理？（2）对于顽皮儿童应如何处理？（3）对于虚伪儿童应如何处理？（4）如何养成儿童有礼貌之习性？决议：对于偷窃儿童应举行儿童心理测验，如发现儿童有偷窃行为，应施个别训导；对于顽皮儿童，属于天资聪明的，应多给他课外作业，属于天资呆笨的，应利用个别训导，务须引起学习兴趣，并增加劳动服务；对于虚伪儿童，应在人群当中，用暗示方法，尽量鼓励忠实儿童使他觉悟；对于儿童礼貌方面，应加紧实施礼节训练，在平时如发现有没有礼貌的儿童，当立即纠正之。

4. 关于林建彬君算术科教学表演之批评。罗星汉君评：优点：（1）对于四年生例题均能详细指示，使学生深刻明白；（2）三年生习题均能按时做完。改进点：（1）对于学生发问很少，应加鼓励；（2）对于三年级习题分配太少，致有少数学生做其他作业。邓锡泰、邱映澄、罗志鹏、江树水合评：优点：板书指示例题甚为详细，能使学生反应；改进点：指示例题时，专注意四年级，同时应兼顾三年级。

可见，辅导工作并非简单应付，而是直面问题，诊断问题，找寻对策，助力初等教育（包括民众教育）的推进。

视导，发挥着异曲同工之效。1942年10月，福建省教育厅抄发的福建省立永安师范学校地方教育辅导员梁天生的视导意见，清晰反映着永安县地方教育办理问题及改进建议①：

---

① 永安县政府教育科：《地方教育辅导事项试验标题卷》，福建省永安市档案馆，83（全宗号）—11（目录号）—333.02（案卷号）—37—40（页码）。

第一章 相对完整体系：全面抗战时期永安教育变迁的情况

1. 县教育经费未能按月发放，致各校教师生活费无法维持，影响校务进展，嗣后应设法按月清发，毋再积欠。

2. 该县私立小学多未办理成人教育，应即严饬举办，以符规定。

3. 该县督学于视察学校时，仅做行政上之指导，而教师、教法则少注意，应饬各督学嗣后于视导学校并须切实注意教学之指导，督促其研究改进。

4. 燕南镇中心学校校舍应速筹建，俾可早日开学。

5. 城区各中心学校办理成人教育，均欠努力，应由县教育科长、督学随时注意，督促办理。

6. 各校对于社会教育多无成绩，应饬切实推行。

梁天生还特别提请奖励办理国民教育成绩突出的学校及校长。

表1-4　永安县开办国民教育之优良学校校长

校名	姓名	职务	优点简评	备注
中山保国民学校	王慧珍	校长	努力开办成人教育，教学优良	
小螺保国民学校	陈新彩	校长	能得乡民信仰，办理成人教育优良	
私立育才小学	蔡书捷	校长	态度自然，教法得当，儿童应对颇佳	

省立永安实验中心学校的"示范教学"，再度印证了"双赢"的局面。"本校以职责所在，因于期中举行示范教学，并商得永安县政府教育科同意，联合举行，由县敦请福建师范学校地方教育指导员茅乐楠君、私立淑德小学教员林竞雄君同时参加示教。省政府教育厅亦派视导员万九光君及蒋遒君出席指导。是此次之示范教学，舍履行示教之任务外，本校同人固另

有以示教活动,借得各方之批评指导,作自行改进之张本。"①

表1-5 出席观摩单位及人数

单位名称	人数
县政府	6
省立永安实验中心小学	21
私立淑德小学	8
私立育才小学	7
安砂乡中心学校	1
古马乡中心学校	1
太平保国民学校	2
新桥保国民学校	2
中山保国民学校	2
西桥保国民学校	2
古峰保国民学校	1
洛溪保国民学校	1
大溪保国民学校	1
忠洛保国民学校	1
吉前保国民学校	1
汶洲保国民学校	1
益北保国民学校	1
合计	59

资料来源:

省立永安实验中心学校:《工作报告:示范教学报告》,《国民教育指导月刊(永安)》1941年第1卷第2期。

---

① 省立永安实验中心学校:《工作报告:示范教学报告》,《国民教育指导月刊(永安)》1941年第1卷第2期。

第一章 相对完整体系：全面抗战时期永安教育变迁的情况

表1-6 示教年级及示教者

担任示教者	科目	年级	时间	节次
周履端	国语	一年（单式）	7：30—8：15	1
陈人粹	国语、算术（异科目异教材）	三、四年（复式）	8：30—9：15	2
杨士枌	社会（同科目异教材）	五、六年（复式）	9：30—10：15	3
林竞雄	国语	妇女班	2：00—2：50	4
茅乐楠	国语	成人班	7：00—7：50	5

资料来源：

省立永安实验中心学校：《工作报告：示范教学报告》，《国民教育指导月刊（永安）》1941年第1卷第2期。

以周履瑞示范教学的一年级国语科为例：

示教目的：怎样进行分组教学；怎样指导复习课程；怎样教学造句；怎样设计表演。

表1-7 示教应用之教案

年级	一年级下学期
科目	国语科
教材	天亮了（内容详见《复兴国语》二册，卅九课）
时间	四十五分钟
目的	教师：（1）在使儿童对本课所示得到深切了解和反应； （2）在使儿童能切实应用。 学生：（1）对"天亮了"一切动态得到明了； （2）对于课文的知识能得到愉快的应用。
准备	闪片（幻灯片——引者注）五张，图画三张
教学过程	一、引起动机。用故事引起儿童复习前日所授予的教材（十分钟）。 二、复习课文。复习要点：段落的认识与深究其段落大意，用图画标示课文，分一、二、三段（十五分钟）。

续表

年级	一年级下学期
	三、应用。（1）造句：a. **渐渐** b. 热闹 c. 兵营 d. 工厂 e. 汽笛 　　　　（2）表演：a. 设计（教师与儿童共同设计） 　　　　　　　　b. 分组（由教师指定） 　　　　　　　　c. 实行表演（二十分钟） 四、结束。
备注	（1）本教程系复习课程； （2）本教程系提示儿童作全体活动中的分组活动。

资料来源：
省立永安实验中心学校：《工作报告：示范教学报告》，《国民教育指导月刊（永安）》1941年第1卷第2期。

通过精心设计教学活动各环节，落实教学目的，展示教学过程，提供操作示范。

显然，从本次示范教学"出席观摩人数""示教年级及示教者"的统计来看，涵盖国民教育的各种教学组织形式，选择最基本的科目，加上参与人员的广泛性（既有教育行政人员，也有业务指导人员以及一线优秀教学人员），其示范效应不言而喻。

二、重新恢复的中等教育

民国初年的"壬子·癸丑"学制以及1922年颁行的"壬戌"学制，为各地特别是县域兴办中等教育预留了空间。然而，对于偏僻山区县城来说，受困于人力、财力、物力等，创办中等教育机构并非轻易之举，即便一时兴办起来，维持也极为不易。1925年，永安县大陶洋陶英小学校增设初中部，是为永安中等教育之发轫。前后10年左右的时间里，初

第一章　相对完整体系：全面抗战时期永安教育变迁的情况

中部共办了5届，毕业学生100余人。因经费困难，于1934年停办；1928年，永安县立初级中学创办，为永安县域最早独立设置的普通中等教育机构。不过，到1936年也因故停办了。①

1938年7月，随福建省政府内迁永安的福建省教育厅在驻地永安县城郊下吉山创办福建省立永安初级中学，此举恢复了之前当地已中断的普通中等教育，1941年，该校增设高中部，成为完全中学，完善了普通中学建制。1942年，永安县复办县立初级中学，进一步应对与满足学习者接受中等教育的渴求。截至民国三十四年（1945年），两所中学共有在校学生656人。另外，全面抗战爆发后由福州北岭辗转连城等地，最终迁至永安茅坪的福建省立高级农业职业学校，不仅丰富了当地中等教育的形式，也拓展了永安教育的类型。

（一）福建省立永安初级中学创办及建制的完善

省会内迁永安后，"省当局鉴于地方文化的必须开发，一般青年的必须求学，因决定于同年七月在吉山筹设一个省立的初级中学，就名叫省立永安初级中学。迨至三十年夏，省当局认为新省会专科以上的学校已有多所，而完全中学尚付阙如，于是训令改省立永安初级中学为福建省立永安中学，添设高中部"②。由于此前设置的永安县立初级中学已停办，福建省立永安初级中学的创办，无疑续写着当地普通中等教育的篇章。

开办之初，福建省立永安初级中学因陋就简，"校本部设在吉山的刘家祠堂，教室和宿舍也大都借用民房"。仅有初中

---

① 永安市地方志编纂委员会编《永安市志》，中华书局，1994，第913、914页。

② 廖祖刚：《省立永安中学轮廓》，《中等教育》1942年第三辑。

部（初一2个班，初二1个班，初三1个班），共119名学生；31位教员（其中19位为兼任）；时任福建省教育厅督学林天兰调任校长，兼任教员也大多来自福建省教育厅，使该校师资力量尤其显眼。1941年夏获准增设高中部（2个班），改制为完全中学，加上已有的初中部8个班，颇具规模。次年，还奉福建省教育厅训令试办六年一贯制中学试验班。相应地，学校的教育教学硬件设施继续充实："永中的校舍，中间一共包括教室十余座，男生宿舍一座、女生宿舍一座，办公厅一座，膳厅一座，礼堂一座，图书馆及实验室一座，运动场一处，这些房屋的位置，多建在山腰，眼界既阔，空气又佳，华丽虽谈不上，合理舒适两个条件却已经完全做到。"① 组织机构也更为健全：学校设置教务、训导、事务三处以及会计室、各种委员会。"教务处掌理全校教务事宜，下设注册、教学、设备三组，分掌有关注册、教学、设备事宜。""训导处掌理全校训导事宜，下设训育、管理、体育卫生三组，分掌有关训育、管理、体育卫生事务。""事务处掌理全校事务事宜，下设庶务、出纳、文书三组，分掌有关庶务、出纳、文书事务。""会计室职掌有关本校一切会计事项。""至各种委员会，则设有公免费学额审查委员会、清寒学生膳费津贴委员会、经费稽核委员会、社会教育推行委员会、播音教育推行委员会。各委员会的组织，都依照法令。"② 保障着教育教学以及关联活动的开展。

福建省立永安中学给当年的学习者留下了美妙回忆。校园风景旖旎："眺望下吉山四周，这里是一个绿树浓荫、四面环

---

① 廖祖刚：《省立永安中学轮廓》，《中等教育》1942年第三辑。
② 廖祖刚：《省立永安中学轮廓》，《中等教育》1942年第三辑。

第一章 相对完整体系：全面抗战时期永安教育变迁的情况

山的小盆地。盆地当中穿过一条小溪，小溪左边山麓下是一片田野，连接溪右岸大片住房的是一条浮桥；右岸上高树蔽天，浓荫匝地，花开绿丛，蝉鸣高枝，荷塘里荷花迎风飘荡。这里不乏'枯藤、老树、昏鸦，小桥、流水、人家'。永安中学就在吉山末端的一个祖祠里。"① 教学活动生动活泼："战时的老师来自四面八方。他们的教学态度认真，教学方法则不拘一格。有的结合抗战形势，重视联系实际，有的重视课堂实践，组织课堂讨论，有的本身是文章高手，常提供报刊的时文作为阅读资料；而他们一个共同特点，就是注重发挥学生的积极性，因而当时的教学显得比较生动活泼。"② 尤其是劳作课的教与学，让学习者眼前一亮。"永安中学初中部一开办，教育厅对学校劳作课很重视，即在校内设劳作试验工场，派林鉴清、邱景升（图画专科视导员）任试验工场指导员，并请来江西做圆竹家具的师傅陈元寿和竹编师傅扬孔生、木工师傅陈玉俤、金工师傅魏传敏等来场任各工种工作。同学们在老师傅的带领下学作一些手工劳作。这些师傅不仅教学生手工劳动，而且在指导员设计帮助下还着手进行竹家具的改革创新工作，如用苦竹做沙发式带扶手单人椅，以后又做了双人椅、椅旁桌、三人椅、三层套桌、茶几、博古橱、屋角三层架、屋角联合花架、报架、衣架、摇椅、卧椅等，带动了永安竹家具的改革和推广，使市场丰富了竹器家具的式样。"③ 不仅开

---

① 邓家焕：《抹不掉的记忆》，载中国人民政治协商会议福建省永安市委员会文史资料研究委员会编《永安文史资料》（第十二辑），1993，第28页。

② 虞韶年、尚青、张绩渠：《永安一中的五十年》，载中国人民政治协商会议福建省永安市委员会文史资料研究委员会编《永安文史资料》（第十二辑），1993，第6页。

③ 邓家焕：《在吉山的片断回忆》，载中国人民政治协商会议福建省永安市委员会文史资料研究委员会编《永安文史资料》（第十二辑），1993，第31、32页。

阔学习者的视野，而且训练学习者的技能，甚至陶冶学习者的性情。

第一任校长林天兰所撰校歌，唱出了学校优美自然景观与奋发精神风貌的和谐统一："晶莹的溪滩，青翠的冈峦，拱抱着我们的母校，筑成了健全的人生观，优美的环境，学问的开端。我爱母校，我爱永安！我爱母校，我爱永安！殷勤地听讲，真挚地联欢，充满着无穷的乐趣，不断地向科学去钻研，敦品强躯干，励志济险艰，高举火炬，照耀河山！高举火炬，照耀河山！"①

全面抗战时期福建省立永安中学办学的7年间，有7届初中毕业生和2届高中毕业生，计400余人，学生立志求知，成绩斐然，培养出田昭武等著名专家、学者。1939年入读省立永安初级中学，1942年继续在该校高中部就读的田昭武，1945年毕业后考入厦门大学，1949年毕业留校任教，在电化学领域成就卓著，是中国科学院学部委员，曾任厦门大学校长、中国化学会理事长、福建省科协主席等职。

1945年全面抗战胜利后，福建省立永安中学从吉山搬迁至永安县城区（东坡）。1950年底永安县立初级中学并入后更名为福建永安中学，1956年再度更名为永安第一中学。

（二）永安县立初级中学复办

全面抗战时期，随着永安县人口激增，1938年创办于吉山的省立永安初级中学不堪重负。加之，为配合"新县制"的实施，1939年，福建省教育厅重新制定中等教育实施方案，划全省为9个中学区，要求每一中学区设省立高级中学

---

① 林天兰：《永安中学校歌》，载中国人民政治协商会议福建省永安市委员会文史资料研究委员会编《永安文史资料》（第十二辑），1993，第1页。

第一章 相对完整体系：全面抗战时期永安教育变迁的情况

或完全中学一所，每县设县立初级中学一所。面对内在需求与外部规制，1940年，永安县地方人士赖德炜、陈子彬、邓振辉等上书建议重新设立县立初级中学，得到时任永安县县长张丹崖明确批示。经多方努力，永安县立初级中学进入筹备阶段。但因经费、校舍等方面困难，计划于1941年秋季招收初一新生100名、开设两个班的设想，直到1942年春商借燕江第一中心小学两间教室作课堂，方得以初步落实。尽管艰难，却也扩大了永安中等教育容量。1942年6月，永安籍知名人士黄曾樾①博士兼任永安县立初级中学校长，聘请陈咏棠为教务主任，敦聘社会知名人士如画家虞一风等来校任教或兼课，师资问题得到一定程度缓解。与此同时，在黄曾樾等人的争取以及社会人士的支持下，于1943年1月新建校舍一座，学生正式迁入新校舍上课。②永安县立初级中学步上发展的轨道。

永安县立初级中学创办后，不仅服务于永安籍学子，也为寓居当地的本省非永安籍乃至外省学子创造了就学机会。从永安县政府教育科留下的永安县立初级中学学生籍贯档案可见一斑。

---

① 黄曾樾（1898—1966），字荫亭，号慈竹居主人，福建永安人，1912年入读福州海军学校，1920年获永安县政府资助前往法国留学，1925年毕业于法国里昂大学，获"文学博士"学位。回国后，担任过福建省建设厅科长、南京市社会局局长、交通部秘书等职。1942年6月再度回到已是福建省临时省会的家乡永安，次年5月出任福建省驿运管理处副处长，统筹管理全省粮、盐运输事宜。任职期间，除倡议成立永安地方社会公益事业促进会，以及亲自设计永安翔燕大桥（即西门大桥）和吉山挹秀楼外，以极大热忱关注家乡教育事业，如兼任永安县立初级中学校长；设立"黄太夫人奖学金"；筹办私立恭敬小学；在家中开办义学等。

② 杨家程：《抗战时期的永安县中》，载中国人民政治协商会议福建省永安市委员会文史资料研究委员会编《永安文史资料》（第十辑），1991，第68、69页。

表1-8 永安县立初级中学民国 学年第 学期各级学生籍贯①

部科别	县别		总计	本省县名	闽侯	永安	永春	龙溪	连江	长乐	古田	莆田	龙岩	晋江	宁德
共计	男	计													
		上学期													
		下学期													
	女	上学期													
		下学期													
高级	男	计													
		上学期													
		下学期													
	女	上学期													
		下学期													
初级	男	计	86												
		上学期													
		下学期			42	12	1		1	1			1		1
	女	上学期													
		下学期			13	5	2	1		1	1	1	3		

本表每学期呈报一次　　民国三十二年四月二十八日　　主办统计人

（签名盖章）

---

① 永安县政府教育科：《县立初级中学卷》，福建省永安市档案馆，83（全宗号）—10（目录号）—192（案卷号）—57、58（页码）。

第一章 相对完整体系：全面抗战时期永安教育变迁的情况

表1-9 永安县立初级中学民国 学年第 学期各级学生籍贯（续）

部科	县别		总计	南安	安溪	连城	南平	外省县名	江西玉山	江西崇仁	浙江永嘉	浙江绍兴	浙江杭州	浙江嵊县	浙江诸暨	北平
共计	计															
	男	上学期														
		下学期														
	女	上学期														
		下学期														
高级	计															
	男	上学期														
		下学期														
	女	上学期														
		下学期														
初级	计		15													
	男	上学期														
		下学期			1	1			1	1	1	2	1			1
	女	上学期														
		下学期					1	2				1		1		1

本表每学期呈报一次　民国三十二年四月二十八日　　主办统计人

（签名盖章）

（三）福建省立高级农业职业学校辗转迁至永安

全面抗战爆发后，由福建省立长乐农业职业学校、南平农业职业学校、福安初级农业职业学校组建的福建省立高级农业职业学校，辗转连城后迁回永安茅坪，成为永安职业教育的开端。1941年，福建省立高级农业职业学校更名为福建省立永安高级农业职业学校，1943年奉令并入福建省立农学院，再度更名为福建省立农学院附属高级农业职业学校，1945年12月迁回福州北岭办学，重新使用福建省立福州高级农业职业学校校名。

1. 福建省立高级农业职业学校的前身

福建省立长乐农业职业学校，始于清朝光绪二十四年（1898年）陈宝琛于福州水部门外工艺传习所设置的农事试验场。其时，农事试验场兼招"农业别科"学生一级，以养成适用的农业人才。之后，校名、校址几经变迁。宣统元年（1909年），在福州西湖澄澜阁旧址新建校舍，"农业别科"发展为福州农林中学堂。民国元年（1912年），改称福州农林学校，开设农学、林学本科。1914年，改称甲种农业学校。1923年，改称福州农业学校，设置高级农、林两科。1926年，改称第一区农事试验场及附设农事补习学校。这年8月，奉令设高级农科、高级林科、农村师范科、蚕业科各一级。1929年，改称福州农林中学，设置推广部，实施农业推广事宜。1932年，迁入福州北库旧址新建的校舍。1933年，奉令改校名为福建省立福州高级农业职业学校。1935年，因福建省政府委员会议定"县行政人员训练所"选址福州北库，福建省立福州高级农业职业学校计划迁往长乐。不过，考虑到在长乐办学可能造成的招生困难等因素，经农业专家顾复等人实地勘察并申述，迁址福州北岭办学，以养成"实地经营农林业之职业家、农村指导员及农林事业推广员、农村及农林初级职业

第一章 相对完整体系：全面抗战时期永安教育变迁的情况

学校教员、农林各机关技术员、各县农林技术员"，以充实人民生活，发展国民生计为宗旨，设置农科、林科，学制有三年制、五年制两种。① 1936年秋季，再迁长乐，未几更名为福建省立长乐农业职业学校。② 全面抗战爆发后，福建省立长乐农业职业学校随福建省政府内迁至永安，并更名为福建省立高级农业职业学校。

福建省立南平农业职业学校，原为1928年筹备，1929年2月开始招生的南平职业中学，之后历经多次变迁始成。南平职业中学初设初级公路、农林两科，继而增设蚕桑、刺绣科，1931年7月，省立南平中学初中二、三年级，奉令归并于南平职业中学，1932年春，初级公路、农林两科学生毕业后，改办初级藤竹、缝纫科，1933年秋季，初中普通科从学校分离，迁入南平城内紫云阁独立办学，1934年春，添设印刷科，秋间，因代理校长同时兼任省立南平中学校长，该校也迁入紫云阁一同办学，并添设高级农村合作科，1935年2月，再添农产制造科。1935年8月，再度与省立南平中学分立，改名省立南平农业职业学校，迁址南平县峡阳镇，开设印刷科、农产制造科，增设高级森林科（五年制）、初级普通农作科（二年制）。③

福建省立福安初级农业职业学校，创建于1935年，前身为1924年11月设置的福安县立初级中学，后改制为福安县立职业学校。学校成立周年之际，时人特别追述了其因时代要求"提倡生产、增加生产"而实施生产教育的情形，勉励学生：

---

① 《福建省立福州高级农业职业学校概况》，《福建教育》1936年第2卷第3期。

② 曲辰：《省立长乐农业职业学校概况：本校沿革史》，《长乐农讯》1937年第4期。

③ 《省立南平农业职业学校设施概况》，《福建教育》1936年第2卷第3期。

以农业为职业,为改良生产、提高产量做准备;以拯救农民为己任,竭尽力量,"去谋一个完善的解除办法";下打破不良风俗和习惯的决心,减少农民所受的桎梏。训练好"好汉精神""合作精神""劳动精神"。① 该校的专业设置与课程开设,遵照"南京国民政府教育部"的相关规定办理。以茶业科为例,课程开设如下:

表 1-10 本校茶叶科课程

科目		第一学年				第二学年				第三学年			
		第一学期		第二学期		第一学期		第二学期		第一学期		第二学期	
		讲授	实习	讲授	实习	讲授	实习	讲授	实习	讲授	实习	讲授	实习
普通学科	国文	4		4		4		4		4		4	
	公民	1		1		1		1		1		1	
	动物	2		2									
	植物	2		2									
	化学					3		3					
	物理									3		3	
	算学	3		3		3		3		3		3	
	英文	2		2		2		2		2		2	
	体育	每日二十分钟											
职业学科	茶叶史	3		3									
	茶叶地理					3		3					
	茶树栽培	3	8	3	8								
	茶叶制造					3	8	3	8				
	茶叶经营									3	8	3	8

---

① 傅光:《安农的校庆》,《安农校刊》1937 年第 1 卷第 2 期。

第一章 相对完整体系：全面抗战时期永安教育变迁的情况

续表

学年 科目	第一学年 第一学期 讲授	实习	第二学期 讲授	实习	第二学年 第一学期 讲授	实习	第二学期 讲授	实习	第三学年 第一学期 讲授	实习	第二学期 讲授	实习
茶树病虫害					1	4	1	4				
茶叶检测									1	4	1	4
茶园茶叶研究									2		2	
制造机械学									2	4	2	4
茶学大意	3	8										
作物学			3	8								
蔬菜园艺					3	8						
果树及花卉							3	8				
森林学									3	8		
牧畜学											3	8
养蜂学	1	7	1	7								
农业制造					1	4	1	4				
每周总共时数	47	47	47	47	47	47						

附注：本科原无英文科目，兹为使学者便于明了、识别科学名词、应用原理、机械名称、化学药品以及各种商标等之原名起见，故酌加两个小时。

资料来源：《附录：福建省立福安初级农业职业学校组织系统图》，《安农校刊》1937年第1卷第2期。

全面抗战爆发后，福建省立福安初级农业职业学校奉令迁往崇安（今武夷山）。

2. 福建省立高级农业职业学校概况

为集中人才、充实设备，福建省立高级农业职业学校奉令接收省立南平农业职业学校、福安初级农业职业学校，组建成为新的福建省立高级农业职业学校，并迁址连城县文亨村。据

《福建省立高级农业职业学校章程》《福建省立高级农业职业学校学则》,① 福建省立高级农业职业学校以"训练农业建设、农村改进之干部人才"为宗旨,具备"初级中学毕业者、初级农业职业学校毕业者、具备同等学力者"之一符合报考条件。开设"农业技术""农村教育"两科,以及符合农业建设实际需要的各种农业技术短期训练班。其中,"农业技术""农业教育"两科学制三年。课程包括"公共必修"与"专业必修"两大部分,具体如下:

表1-11 农业技术科、农村教育科第一、二学年共修课程

每周时数 学年学期 科目	第一学年		第二学年		备注
	上学期	下学期	上学期	下学期	
公民	1	1	1	1	
国文	3	3	3	3	
英文	4	4	4	4	
代数	4				
几何		3			
三角			2		
测量				2	
化学	3	2			实验时间另定
物理	2	3			实验时间另定
生物	4	4			实验时间另定
气象			2		
农业概论	3				

---

① 《福建省立高级农业职业学校章程》《福建省立高级农业职业学校学则》,《福建农报》1938年第1卷第9期。

第一章 相对完整体系：全面抗战时期永安教育变迁的情况

续表

每周时数\学年学期\科目	第一学年 上学期	第一学年 下学期	第二学年 上学期	第二学年 下学期	备注
农艺植物		2			实验时间另定
林学大意		2			
土壤			3		
肥料				3	
畜牧学			3	3	实验时间另定
昆虫学			3		实验时间另定
植物病理				3	实验时间另定
农具学				2	
医药常识				1	
农业经济				2	
遗传大意			3		
军事训练					每日早晨六时至七时
合计	24	24	24	24	

附注：上午上课，下午除必要之室内实验外，均为田间劳作。

资料来源：《本省农业建设消息：农业技术科农村教育科第一二学年共修课程》，《福建农报》1938年第1卷第9期。

表1-12　第三学年共修课程

每周时数\学期\科目	上学期	下学期	备　注
公民	1	1	注重精神讲话
外国语	3	3	分英语、日文二班，学生可自由选读
实用统计学		2	

续表

科目 \ 每周时数 \ 学期	上学期	下学期	备注
果树园艺		3	实验时间另定
蔬菜园艺	3		实验时间另定
造林学	3		实验时间另定
食用作物	4		实验时间另定
家畜防疫		3	实验时间另定
农场管理		2	
军事训练			每日早晨六时至七时
合计	14	14	

资料来源：《本省农业建设消息：农业技术科农村教育科第三学年共修课程》,《福建农报》1938年第1卷第9期。

表1-13 第三学年农业技术科必修课程

科目 \ 每周时数 \ 学期	上学期	下学期	备注
作物育种	4		实验时间另定
植物生理	3		实验时间另定
观赏园艺		2	实验时间另定
树木学		2	实验时间另定
特用作物		3	实验时间另定
经济昆虫	3		实验时间另定
产业制造		3	实验时间另定
合计	10	10	

资料来源：《本省农业建设消息：农业技术科第三学年必修课程》,《福建农报》1938年第1卷第9期。

第一章 相对完整体系：全面抗战时期永安教育变迁的情况

表1-14 第三学年农村教育科必修课程

科目＼学期（每周时数）	上学期	下学期	备　注
教育原理	3		
教育心理		3	
教育行政	1		
农业推广	2		
农业合计	2		
农村社会	2		
教学法与教材		2	
农业调查		2	
乡村教育实验方法		2	
中国农村教育运动研究		1	
合计	10	10	

资料来源：《本省农业建设消息：农村教育科第三学年必修课程》，《福建农报》1938年第1卷第9期。

1938年6月，福建省立高级农业职业学校发布招生广告，计划招生100名，男女兼招，毕业后由学校呈请福建省农业改进处派充出任全省各地农业技术人员及农村教育干部人员。考试地点分布于连城、上杭、闽侯、莆田、晋江、长泰、南平、建瓯等地，"闻现向该校索函招生简章者极其踊跃"[1]。

随后不久，根据"南京（重庆）国民政府教育部"颁发的高级农业职业学校规程，福建省立高级农业职业学校改设农艺、园艺、农业经济、畜牧医学、森林等科，课程内容极大充实。尽管有研究者说当时教育部颁布的高级农业职业学校各科

---

[1] 《省立高农职校招收男女新生》，《福建农报》1938年第1卷第8期。

课程标准是否适合各地的环境与实际,恐怕还是个大问题,①但此举对全国各地高级农业职业学校的办理,仍起着规范与指导作用。

表1-15　高级农业职业学校蚕桑科教学科目及每周教学时数②

学年 科目	第一学年				第二学年				第三学年			
	第一学期		第二学期		第一学期		第二学期		第一学期		第二学期	
	讲授	实习	讲授	实习	讲授	实习	讲授	实习	讲授	实习	讲授	实习
公民	1		1		1		1		1		1	
国文	2		2		2		2		2		2	
英文	3		3		3		3		3		3	
数学	3		3		3		3		3		3	
物理学					2		2					
化学	2	2	2	2								
军训	2		2		2		2					
植物形态及生理	3	3	3	3								
土壤及肥料	2		2									
气象学大意	2											
农学大意					2		2					
畜产大意									2		2	
造林学					2		2					
养蚕学	3	7	3	7								

---

① 余桂甫:《高级农业职业学校之目的》,《教育与民众》1939年第9卷第7期。
② 《教育法规:高级农业职业学校蚕桑科教学科目及每周教学时数表》,《福建教育通讯》1939年第3卷第11、12期。

第一章 相对完整体系：全面抗战时期永安教育变迁的情况

续表

科目 \ 学年学期时数	第一学年 第一学期 讲授	第一学年 第一学期 实习	第一学年 第二学期 讲授	第一学年 第二学期 实习	第二学年 第一学期 讲授	第二学年 第一学期 实习	第二学年 第二学期 讲授	第二学年 第二学期 实习	第三学年 第一学期 讲授	第三学年 第一学期 实习	第三学年 第二学期 讲授	第三学年 第二学期 实习
栽桑学	2	6	2	6								
制丝学									2	5	2	5
蚕种学					3	9	3	9				
蚕体生理及病理学					3	9	3	9				
蚕体解剖学	2	3	2	5								
蚕业经营学									2		2	
桑树病虫害学					2		2					
育种学									2	3	2	3
遗传学					2	3	2	3				
生丝检查									2	4	2	4
屑物整理									2	4	2	4
蚕桑法规									2		2	
农艺化学									3	3	3	3
农业经济学									2		2	
农村合作									1		1	
合计	27	21	25	23	27	21	27	21	29	19	29	19
	48		48		48		48		48		48	

附注：（1）体育在课外教授；（2）凡有实习之科目，如照规定时数，工作尚未完了，可以酌量延长，排列课程表时，其时间应予以合理之支配；（3）第一、第二学年均应利用校内外实习之便利，举行时期实习，其时间各以一月为度，每日须实习五小时；（4）实习得随时令季节集中举行，但其总时数不得少于规定标准。

表1-16 高级农业职业学校农艺科教学科目及每周教学时数①

学年	第一学年				第二学年				第三学年			
学期	第一学期		第二学期		第一学期		第二学期		第一学期		第二学期	
科目 \ 时数	讲授	实习	讲授	实习	讲授	实习	讲授	实习	讲授	实习	讲授	实习
公民	1		1		1		1		1		1	
国文	2		2		2		2		2		2	
数学	3		3		3		3		3		3	
英文	3		3		3		3		3		3	
军训	2		2		2		2					
物理学					2		2					
化学	2	2	2	2								
植物形态及生理	3	3	3	3								
动物学	2		2									
测量学									3	2		4
气象学大意	2											
作物学	2	5	2	3	2	6	2	9	2	9	2	6
土壤肥料	2		2									
园艺学	2	5	2	4								
造林学					2	3	2	4				
蚕桑学	2	3	2	3								
农具学大意			2									
病虫害学					2	3	2	6				
育种学									2	6	2	3
遗传学					2	4	2	6				
农业土木大意	2											
农艺化学									3	3	3	3
农业制造学									3	3	3	3

---

① 教育部参事处编《教育法令汇编》(第四辑),正中书局,1939,第88、89页。

第一章 相对完整体系：全面抗战时期永安教育变迁的情况

续表

学年 科目	第一学年				第二学年				第三学年			
	第一学期		第二学期		第一学期		第二学期		第一学期		第二学期	
	讲授	实习	讲授	实习	讲授	实习	讲授	实习	讲授	实习	讲授	实习
畜产学					2	3	2	5				
农业经济学									2		2	
农业经营学											2	2
农村合作									1		1	
农村副业					3		3					
合计	30	18	30	18	26	22	24	24	24	24	26	22
	48		48		48		48		48		48	

附注：(1) 体育在课外教授；(2) 凡有实习之科目，如照规定时数，工作尚未完了，可以酌量延长，排列课程表时，其时间应予以合理之支配；(3) 第一、第二学年均应利用校内外实习之便利，举行时期实习，其时间各以一月为度，每日须实习五小时；(4) 实习得随时令季节集中举行，但其总时数不得少于规定标准。

表1-17 高级农业职业学校园艺科教学科目及每周教学时数①

学年 科目	第一学年				第二学年				第三学年			
	第一学期		第二学期		第一学期		第二学期		第一学期		第二学期	
	讲授	实习	讲授	实习	讲授	实习	讲授	实习	讲授	实习	讲授	实习
公民	1		1		1		1		1		1	
国文	2		2		2		2		2		2	
英文	3		3		3		3		3		3	
数学	3		3		3		3					
物理学					2		2					
化学	2	2	2	2								

---

① 教育部参事处编《教育法令汇编》（第四辑），正中书局，1939，第89页。

续表

学年\学期\时数\科目	第一学年				第二学年				第三学年			
	第一学期		第二学期		第一学期		第二学期		第一学期		第二学期	
	讲授	实习	讲授	实习	讲授	实习	讲授	实习	讲授	实习	讲授	实习
军训	2		2		2		2					
植物形态及生理	3	3	3	3								
土壤及肥料	2		2									
气象学大意	2											
育种学									2	4	2	4
遗传学					2	4	2	6				
作物学	2	4	2	4								
造林学					2	3	2	3				
测量学									2	3	2	3
病虫害学	2	3	2	5								
果树园艺					3	9	3	9				
蔬菜园艺	3	9	3	9								
花卉园艺									3	6	3	6
造园学									2	6	2	6
观赏树木					2							
园艺利用									2	6	2	6
农机化学					3	2	3	2				
农业经济学									2		2	
农村合作									1		1	
农村副业					3		3					
合计	27	21	25	23	28	20	28	20	23	25	23	25
	48		48		48		48		48		48	

附注：（1）体育在课外教授；（2）凡有实习之科目，如照规定时数，工作尚未完了，可以酌量延长，排列课程表时，其时间应予以合理之支配；（3）第一、第二学年均应利用校内外实习之便利，举行时期实习，其时间各以一月为度，每日须实习五小时；（4）实习得随时令季节集中举行，但其总时数不得少于规定标准。

第一章 相对完整体系：全面抗战时期永安教育变迁的情况

表1-18 高级农业职业学校森林科教学科目及每周教学时数①

学年	第一学年				第二学年				第三学年			
学期	第一学期		第二学期		第一学期		第二学期		第一学期		第二学期	
科目 \ 时数	讲授	实习	讲授	实习	讲授	实习	讲授	实习	讲授	实习	讲授	实习
公民	1		1		1		1		1		1	
国文	2		2		2		2		2		2	
数学	3		3		3		3		3		3	
英文	3		3		3		3		3		3	
军训	2		2		2		2					
物理学					2		2					
化学	2	2	2	2								
植物形态及生理	3	3	3	3								
气象学大意	2											
园艺学	2	6	2	6								
测量学					3	6	3	6				
森林昆虫学	2	6	2	6								
森林数学									2	3	2	3
地质及土壤	2		2									
造林学					3	8	3	8	3	9	3	9
树木学	2	5	2	7								
树病学					2	3	2	3				
森林保护					2							
森林经营									2		2	
森林工学									2		2	
造园学									2	4	2	4
森林利用					2	6	2	6				

① 教育部参事处编《教育法令汇编》（第四辑），正中书局，1939，第89、90页。

续表

学年\科目\学期\时数	第一学年第一学期 讲授	第一学年第一学期 实习	第一学年第二学期 讲授	第一学年第二学期 实习	第二学年第一学期 讲授	第二学年第一学期 实习	第二学年第二学期 讲授	第二学年第二学期 实习	第三学年第一学期 讲授	第三学年第一学期 实习	第三学年第二学期 讲授	第三学年第二学期 实习
林政学									2		2	
森林法规											2	
林产制造									2	8	2	6
合计	26	22	24	24	25	23	25	23	24	24	26	22
	48		48		48		48		48		48	

附注：（1）体育在课外教授；（2）凡有实习之科目，如照规定时数，工作尚未完了，可以酌量延长，排列课程表时，其时间应予以合理之支配；（3）第一、第二学年均应利用校内外实习之便利，举行时期实习，其时间各以一月为度，每日须实习五小时；（4）实习得随时令季节集中举行，但其总时数不得少于规定标准。

表1-19　高级农业职业学校畜牧科教学科目及每周教学时数[①]

学年\科目\学期\时数	第一学年第一学期 讲授	第一学年第一学期 实习	第一学年第二学期 讲授	第一学年第二学期 实习	第二学年第一学期 讲授	第二学年第一学期 实习	第二学年第二学期 讲授	第二学年第二学期 实习	第三学年第一学期 讲授	第三学年第一学期 实习	第三学年第二学期 讲授	第三学年第二学期 实习
公民	1		1		1		1		1		1	
国文	2		2		2		2		2		2	
英文	3		3		3		3		3		3	
数学	3		3		3		3		3		3	
物理学					2		2					
化学	2	2	2	2								
军训	2		2		2		2					
植物学	2	4	2	4								

① 教育部参事处编《教育法令汇编》（第四辑），正中书局，1939，第91、92页。

第一章 相对完整体系：全面抗战时期永安教育变迁的情况

续表

学年 科目	第一学年 第一学期 讲授	第一学年 第一学期 实习	第一学年 第二学期 讲授	第一学年 第二学期 实习	第二学年 第一学期 讲授	第二学年 第一学期 实习	第二学年 第二学期 讲授	第二学年 第二学期 实习	第三学年 第一学期 讲授	第三学年 第一学期 实习	第三学年 第二学期 讲授	第三学年 第二学期 实习
动物学	2	4	2	6								
土壤及肥料	2		2									
气象学大意	2											
农学大意	2		2									
造林学									2		2	
畜产通论	2		2									
畜产各论					3	6	3	6	3	6	3	6
家畜生理学	2		2									
家畜病理学					2		2					
家畜饲养	2	9	2	9								
牧草学					2	3	2	3				
育种学									2	2	2	2
遗传学					2	3	2	3				
兽医学					3	6	3	6				
兽疫防治学									2	4	2	4
家畜解剖学					2	3	2	3				
农艺化学									3	3	3	3
畜产制造									3	6	3	6
农业经济学									2		2	
农村合作									1		1	
合计	29	19	27	21	27	21	27	21	27	21	27	21
	48		48		48		48		48		48	

附注：（1）体育在课外教授；（2）凡有实习之科目，如照规定时数，工作尚未完了，可以酌量延长，排列课程表时，其时间应予以合理之支配；（3）第一、第二学年均应利用校内外实习之便利，举行时期实习，其时间各以一月为度，每日须实习五小时；（4）实习得随时令季节集中举行，但其总时数不得少于规定标准。

3. 福建省立农学院附属高级农业职业学校

1940年，福建省立高级农业职业学校由连城迁回永安。1941年，福建省行政当局为分区增设职业学校，要求各校校名一律冠以所在地地名，福建省立高级农业职业学校遂更名为福建省立永安高级农业职业学校，1943年1月，奉令归并福建省立农学院，再度更名为福建省立农学院附属高级农业职业学校，由福建省立农学院院长兼任校长，下设教导、技术、事务三处，为与福建省立农学院的系科设置相映衬，专业设置改为农艺、园艺、森林三科，原农业经济、畜牧兽医科在学学生，允准继续完成学业直至毕业。

事实上，在此之前福建省立农学院已意识到，不论是基于"教育部"令还是教育自身发展，乃至毕业学生就职、教学设备设施等考虑，都应当加强两校之间的联络。"依据教育原则及教育部通令，大学农学院应辅导下级农业学校以增进农业教育之效率，则本院与高农诚能发生密切联系，对于辅导工作进行既便，收效自著；本院与高农毕业学生均以服务本省农业界为职志，倘两校充分联系，则学生在校多获接触联络之机会，出校服务，必可互相了解，通力合作；两校合作，一切人员、设备、材料，可以互相供应，对于人力、物力、财力，均可经济使用。"① 为此，福建省立农学院院务会议议定聘任福建省立高级农业职业学校前校长张效良为该院教授，并派遣该院讲师、助教承担福建省立高级农业职业学校新设课程的教学任务；与此同时，福建省政府委派福建省立农学院副教授余廷献出任福建省立高级农业职业学校校长，以达事半功倍之效。

归并后，顾及全省已有的公私立农业职业学校数量、布

---

① 《省府委本院副教授余廷献充任省立高农校长》，《福建省立农学院院刊》1941年第2期。

第一章 相对完整体系：全面抗战时期永安教育变迁的情况

局，结合本省农业发展动态，福建省立农学院附属高级农业职业学校并不盲目增加招生人数，"拟先着重学生素质方面，然后视环境之需要，再行增加其数量"。加强学生农场实习，就是"着重学生素质"的举措之一。

当然，鉴于场地关系，"本校学生农场实习，唯有开垦荒地"。"自本期起，学生农场工作，每周定为九小时，采用集体制开垦方式，将全校学生分为十组，每组设导师一人专责督导工作，并于农田加装自来水管，以利灌溉。"① 这一举措，切合农业职业学校的专业教学特点，其成效也颇为可观。"现已开垦之地约达十六亩，所有种苗概由本校技术处统筹供应，现已育成之苗有花椰菜、山东白菜、高脚白菜、芥菜、芥蓝菜、大葱、结球甘蓝、乌塌菜等，并以剩余之种苗，平价供应附近农民，以期联络感情。至于学生农场工作成绩，亦予严格考核。凡农场实习学期成绩不及格者，由校令其退学或留级。办理以来，颇见成效。"②

三、从无到有的高等教育

高等教育机构在福建省临时省会永安落地，实为破天荒之举。此前，福建省域寥寥几所高等教育机构，或集中在省会福州，或办在厦门，对于偏远山区来说，创办高等教育机构，不论已有的制度设计，还是人力、物力、财力，都是可望而不可即之事。全面抗战时期，创办于永安的高等教育机构，不仅有昙花一现的省立福建大学，更有在此基础上获准独立建制的福建省立农学院，以及由省立升格为"国立"的福建音乐专科

---

① 《本院附属高级农业职业学校》，《福建省立农学院院刊》1943年第23期。
② 《本院附属高级农业职业学校》，《福建省立农学院院刊》1943年第23期。

学校，还有创办不久搬迁至他处的福建省立师范专科学校等，留下了现代高等教育的初始足迹。

（一）昙花一现的省立福建大学

福建省政府迁至永安，当局也借此开始了"新福建"的建设规划。考虑到推进全省各项经济社会建设事业以及训练地方干部急需大量人才尤其是医学、农学与法学方面专门人才，一方面，这些人才既不能全部仰仗省外大学供给，加之全面抗战爆发后全国的高等院校大多迁往西南一隅，本省学生前往求学难度加剧；另一方面，省内原有的高等院校受制于专业，加上内迁农村山区后，办学条件更为严峻，人才也未能完全供给的实况，陈仪动了筹办省立福建大学的心思。从提交给省政府委员会议关于该议题的报告来看，陈仪煞费苦心。

就办学立意而言，创办省立福建大学在于为构建"新福建"蓝图保驾护航。陈仪说："抗战建国，须以学术与人才为基础。没有学术，没有人才，抗战建国无从谈起。而大学实为学术与人才的源泉。"梳理了一番本省的专门人才需求与供给逆差后，陈仪忧心忡忡："本省除非不求行政、自治、农业、卫生、医药各种事业的改进，否则第一个大困难就是没有专门人员。人才既无来源，事业从何做起。所谓专门人员，省外各学校既不够供给，省内各大学又不能供给，那么，除自办大学外，自然别无办法。所以本省的筹设大学，绝不是为了大学的美名，却由于实际的迫切需要。"另外，推进学术研究的需求，也增加了创办省立福建大学的迫切性。陈仪表示："本省如果多有一个大学，使本省青年多有研究的机会，对于高深学术的研究，会有若干的贡献。"①

---

① 陈仪：《第 180 次省政府委员会议报告之一：省立福建大学的筹办》，《闽政月刊》1939 年第 5 卷第 3 期。

第一章 相对完整体系：全面抗战时期永安教育变迁的情况

就省立福建大学的学科、专业设置，陈仪等人规划："设法学、农学、医学三院，法学院设法律、政治、经济、会计四系，农学院先设农艺、森林、园艺三系，医学院不分系。"并计划设置师范专修科，"现在中学师资，素质欠优良，人数又不够，要救济目前的急需，必须于短期间内先行培养。决定于大学内设各科专修科，以培养中学师资。本年先设关于数理化及音乐的专修科"①。此番思量体现了筹办者的务实。

另外，陈仪还就大学行政、教学、训导、教师聘请、学生录取等方面提出建议。行政方面，诸如课务、图书、会计等事宜，应由学校职能部门"集中管理""统一事权"，"俾各学院专心主管教学、研究与学术设备，不必分心于行政"。教学方面，兼顾理论与实际，国内与国外，着重激发学生的学习兴趣，养成让学生自动学习的习惯。训导方面，务求培养学生"纯洁的心肠""高尚的志趣""坚毅的意志""独立的气节""博爱牺牲的精神"等，教师应当"师道自尊""以人格为学生模范"等。教师聘请，一方面，"待遇要从优"；另一方面，"希望他们不止为一教书的教师，亦长于教书的技术，同时应为一研究的学者，富有研究的精神"。学生录取方面，"当站在教育的立场，不要以经济为条件。凡是身体、德性、智能优秀的，方可以入大学"②。

1939年8月，陈仪督促将此前已开办的福建省立医学专科学校升格为福建省立医学院，加聘教授，充实设备，设置附属医院，以备创办兼有法、医、农三学院的综合性大学之需；与此同时，积极筹备设置法学院、农学院。1940年2月，省

---

① 陈仪：《第180次省政府委员会议报告之一：省立福建大学的筹办》，《闽政月刊》1939年第5卷第3期。
② 陈仪：《第180次省政府委员会议报告之一：省立福建大学的筹办》，《闽政月刊》1939年第5卷第3期。

立福建大学正式进入筹备阶段，选址永安黄历，征用当地冯姓居民房屋及农田40余亩建筑校舍，福建省政府任命时任福建省驿运处处长、福建省银行总经理丘汉平兼任校长。丘汉平受命后，亲赴上海聘请来吴芷芳、孙越、何炳梁、何学尼、余贵棣等人。4月，筹备中的省立福建大学先行招考新生。据亲历者回忆："前来报名的高中毕业生有700余名……一个月后开始考试，考场设在参议会礼堂，试卷是各位教授从上海用棉纸密封寄来，考试时当场拆封。很多考生知道如此严格，不敢应试，只有300余名入场考试……试题拆开分发之后，许多人面面相觑，约有半数交白卷，结果只录取71名。这71名学生，不够分配三个学院，结果是只成立一个法学院。"① 毕业于东吴大学的吴芷芳任法学院院长兼教授，孙越为院长室秘书兼教授，何炳梁为英文教授，何学尼为讲师，余贵棣为助教。筹备事务看似顺风顺水。只是，计划赶不上变化。在省立福建大学即将举行隆重开学典礼前一天，突然接到来自重庆的"国民政府教育部""不准立案"电令，让陈仪等人颇为惊讶。据时任福建省教育厅厅长郑贞文回忆："这次福建办理省立大学，事前既不商洽，而所聘的校长资历亦成问题，陈立夫（时任"国民政府教育部长"——引者注）遂以新设法学院应由国家直接办理为借口，断然拒绝立案。"② 不仅如此，有研究者还揭示，省立福建大学的撤销，除了"南京（重庆）国民政府"与福建地方政府的矛盾、纠葛，还涉及筹办期间经费捉襟见肘，以及征地过程中与乡民发生的纠纷等原因。③ 尽管开学典礼如

---

① 李祖钱：《昙花一现的战时福建大学》，载中国人民政治协商会议福建省永安市委员会文史资料研究委员会编《永安文史资料》（第七辑），1988，第74页。

② 郑贞文：《在福建教育厅任职的回忆》，载中国人民政治协商会议福建省委员会文史资料研究委员会编《福建文史资料》（第十二辑），1986，第16页。

③ 黄少梅：《试析抗战时期省立福建大学倡办与撤销原因》，《福建史志》2020年第5期。

第一章　相对完整体系：全面抗战时期永安教育变迁的情况

期进行，省立福建大学却难以完整形态存续。经省、部几度磋商，已开学的法学院并入厦门大学，农学院作为独立建制的福建省立农学院立案、筹办，医学院复原，师范专修科虽一时撤销，不久，在此基础上建成了福建省立中等学校师资养成所，并于1941年6月获"国民政府教育部"电令改办为福建省立师范专科学校。

省立福建大学尚未开办便结束，对于永安来说，却是涉足现代高等教育的肇端。省立福建大学举行开学典礼后的第二天，法学院学生即正式上课。法学院运行过程中，"由于待遇好，厦门大学法学院有不少学生前来要求转入福建大学"①。数月之后，方奉令停办，整体并入已迁址福建省长汀县的厦门大学。其间，陈仪打厦门大学的主意（拟将厦门大学改办为福建大学）、陈嘉庚先生的抗诉、"教育部"的回应，以及陈仪与时任厦门大学校长萨本栋之间的函电往来等，再次印证了陈仪的执着与无奈。

（二）福建省立农学院创立

省立福建大学折戟沉沙后，其中组成部分之一的农学院得到了"南京（重庆）国民政府教育部""独立建制"的允准与立案。结合"本省地居温带，物产丰饶，只以农学未修，人守旧习，遂致地不能尽其利，物不能尽其用，欲言建设，必先本根"②的实际与需要，1940年6月，陈仪聘请曾在美国明尼苏达大学留学的昆虫学博士严家显主持筹办福建省立农学院具体事务，勘定永安黄历，在接收此前拟创办的省立福建大学校址、校舍、校具等设施基础上进行筹备，于是年10月正式开学，在永安乃至福建省高等教育发展史上书写下了浓墨重彩的一笔。

---

① 李祖钱：《昙花一现的战时福建大学》，载中国人民政治协商会议福建省永安市委员会文史资料研究委员会编《永安文史资料》（第七辑），1988，第75页。

② 福建省立农学院编《福建省立农学院概要——创始一年来之工作报告》，1941，第2页。

— 59 —

1. 福建省立农学院的办学宗旨

依照《福建省立农学院组织规程》，福建省立农学院以"研究农业高深学术，培植农业专门人才"为宗旨。不过，出任福建省立农学院院长的严家显的认知与寄望似乎不囿于此。他表示："今日之农学院，依时代之需要，不复专为研究农学、培养人才之所，而于此两大任务之外，尤须积极负起改良农业，直接增进农民福利，从而发展整个国民经济。"① 突出高等教育机构的社会服务职能。在总结创院一年来的工作报告中，严家显再次述及："是以奉命以还，辄不自揣谫陋，无时不秉此意念，奋其私志，迈力以赴，察其要者措置之，择其善者仿行之，不因环境艰难而改变方针，不以外界横逆而动摇初衷。""至本院此后办学方针，仍当秉承政府意旨，勤慎将事，始终不懈，除继续增加设备外，尤着重研究与教学之革新。研究则从学理而外，注重本省农业实际问题，对于本省农业增产方案，尤愿多方致力，希能增加本省粮食生产，解除本省粮荒威胁；教学则除努力充实学科，提高程度外，尤希对于本省乡土材料，及本省农业特有问题，多作组案研究，使学生在校时熟悉本省农业问题之所在，而能引起研究兴趣，出校以后，即能准对本省农业病症，施以合理之解决。"② 看来，"学以致用"、服务地方在特殊时期尤显迫切。政府要员对福建省立农学院的"创院题词"，透着同一指向。陈仪说："值此经营伊始，所望本院师生相于勠力：一反过去读书人尚文不尚实之积习，以求学与行之合一；而于农业科学之进步，尤当迎头赶上，毋稍却期；庶可以对先民而追苏美。建国基础，其在斯

---

① 严家显：《办学要旨》，《福建省立农学院开学纪念刊》1940 年第 1 期。
② 福建省立农学院编《福建省立农学院概要——创始一年来之工作报告》，1941，序言。

第一章 相对完整体系：全面抗战时期永安教育变迁的情况

乎！"时任福建省政府秘书长陈景烈认定："设立农学院为研治农学之最高学府，俾有行之者，亦有知之者，昔之不知而行者，今将即知即行，则其行也收效必愈宏。"丘汉平憧憬："今后办学，当本教育生产化、生产教育化之鹄的，合学用于一途，勠力迈进，则抗建伟业之成功，庶乎有豸！"①

2. 福建省立农学院的专业与课程设置

为达成上述创院宗旨，福建省立农学院初设农艺、园艺、森林、畜牧、农业经济、农化土壤、植物病虫害7个系，修业年限4年，各系学生至少修满136学分，成绩合格，并有至少两个暑期驻在农场、林场、园圃实习（不给学分）经历，方得毕业，授予学士学位。1942年，经"教育部"核定调整为农艺学、园艺学、森林学、农业生物学、农业经济学5个系，原有的农化土壤系并入农艺系，畜牧系停办，该系首届尚未毕业的学生寄读于江西中正大学。

根据《福建省立农学院各学系学程一览表》②，各系课程包括"公共必修"和"专业必修"两大部分，具体如下：

（1）公共必修课程

表1-20 第一学年各学系共同必修学程

学程	学分	备考
国文	4	
英文	6	
数学	3	

---

① 《题词：本省创设农学院旨趣》，《福建省立农学院开学纪念刊》1940年第1期。

② 《福建省立农学院各学系学程一览表》，《福建省立农学院开学纪念刊》1940年第1期。

续表

学程	学分	备考
物理学	3	就物理学、地质学中任选一门
普通化学	6	
有机化学	4	
地质学	3	
普通动物学	6	
普通植物学	6	
农业概论	4	
农场实习	2	
普通经济学	2	
农业经济	2	
合计	51	

表1-21 第二学年各学系共同必修学程

学程	学分	备考
气象学	3	
土壤学	3	
肥料学	3	
普通作物学	3	
普通园艺学	3	畜牧系免修
造林学通论	4	畜牧系免修
普通昆虫学	4	畜牧系免修
植物病理学	5	畜牧系免修
普通畜牧学	3	
合计	31	

（2）专业必修课程

表1-22　农艺系必修学程

学程	学分	备考
植物生理学	5	
植物分类学	4	
植物细胞学	3	
植物组织学	3	
经济昆虫学	5	
农业推广	3	
农场管理学	3	
遗传学	3	
作物育种学	3	
稻作论	3	
蔗作学	3	
棉作学	3	
茶作学	3	
生物统计学	5	
田间技术	4	
谷实分级	3	
设计实习	2	
毕业论文	2	
合计	60	

表1-23　园艺系必修学程

学程	学分	备考
植物生理学	5	
植物分类学	3	
植物细胞学	3	

续表

学程	学分	备考
遗传学	3	
生物统计学	5	
田间技术	4	
经济昆虫学	5	
农场管理学	3	
农业推广	3	
园艺选种	3	
果树园艺学	6	
花卉园艺学	3	
蔬菜园艺学	3	
观赏树木学	3	
造园学	3	
果产加工	3	
设计实习	2	
毕业论文	2	
合计	62	

表1-24 森林系必修学程

学程	学分	备考
植物生理学	5	
植物分类学	3	
遗传学	3	
经济昆虫学	5	
农业推广	3	
农场管理学	3	
苗圃学	3	
测量学	3	

第一章 相对完整体系:全面抗战时期永安教育变迁的情况

续表

学程	学分	备考
树木学	8	
测树学	3	
森林利用学	4	
森林经理学	3	
森林保护学	3	
森林土壤学	2	
森林制造学	3	
木材工艺及采运学	3	
林业政策	3	
林政学及林业法规	3	
设计实习	2	
毕业论文	2	
合计	67	

表1-25 畜牧系必修学程

学程	学分	备考
定性化学	3	
动物遗传学	3	
比较解剖学	5	
胚胎学	3	
优生学	3	
普通生理学	5	
寄生虫学	3	
细菌学	3	
原生动物学	3	
动物细胞学	3	
动物组织学	3	

续表

学程	学分	备考
动物标本制作法	3	
动物病理学	3	
牧草学	3	
生物学统计	4	
农业推广	3	
乳牛学	4	
肉畜学	4	
家禽学	4	
畜产学	4	
饲料及饲养学	4	
兽医学	3	
家畜卫生学	3	
设计实习	2	
毕业论文	2	
合计	83	

表1-26　农业经济系必修学程

学程	学分	备考
经济昆虫学	5	
农村社会学	3	
农业史	4	
农业地理	2	
农业合作	3	
农场管理学	3	
农场簿记	3	
农场运销	4	
农产物价	3	

第一章 相对完整体系:全面抗战时期永安教育变迁的情况

续表

学程	学分	备考
农业金融	3	
农业仓库	3	
农村调查	3	
农业统计	3	
农业会计	3	
土地经济学	2	
土地问题	2	
垦殖学	2	
农业政策	3	
中国农业经济问题	3	
农业推广	3	
设计实习	2	
毕业论文	2	
合计	64	

表 1-27 农化土壤系必修学程

学程	学分	备考
土壤分类学	4	
土壤分析	4	
土壤物理学	3	
土壤改良学	3	
土壤调查	3	
矿物学	2	
细菌学	3	
生物统计学	4	
农业推广	3	
病虫药剂学	3	

续表

学程	学分	备考
定性分析	3	
定量分析	3	
高等无机化学	2	
高等有机化学	2	
无机工业化学	2	
燃料化学	4	
工业分析	4	
有机工业分析	4	
生物化学	3	
物理化学	3	
理论化学	3	
设计实习	2	
毕业论文	2	
合计	69	

表1-28　植物病虫害系必修学程

学程	学分	备考
寄生虫学	3	
细菌学	3	
原生动物学	3	
植物生理学	4	
真菌学	3	
植物标本制作法	2	
植物分类学	3	
植物组织学	3	
遗传学	3	

第一章 相对完整体系：全面抗战时期永安教育变迁的情况

续表

学程	学分	备考
作物育种学	3	
生物学统计	4	
田间技术	4	
农业推广	3	
经济昆虫学	5	
昆虫标本制作法	2	
昆虫分类学	3	
卫生昆虫学	4	
昆虫生态学	3	
昆虫防治学	4	
植病防治学	4	
病虫药剂学	4	
设计实习	2	
毕业论文	2	
合计	74	

3. 福建省立农学院的办学实践

为将学习者培养成高素质的农业专门人才，福建省立农学院坚持教学、科研、社会服务三位一体。教学上，奉行理论与实践相结合。据《福建农林大学 70 年（1936—2006）》梳理，福建省立农学院的教学，一是选聘名家、教授开课。各系多数课程均由教授、副教授担任主讲，本校开课确有困难者，则尽可能聘请外校教师兼课，使各课程教学都保持在较高水平上。二是注重实验、实习和实际工作的锻炼。除课堂讲授外，注意通过实验、实习帮助学生巩固所学知识，掌握实践技能。并经常带学生到农场、果园和附近农村，开展现场教学，做到理论教学与生产实际相结合。三是严格考核。学校明文规定："本校考核学生学业成绩悉照部颁专科以上学校学生学业成绩考核办法办理。"平常有考查、实验、实习，学期末有学期考试，毕业前须完成毕业论文并通过毕业考试，所有考试考查均须达到及格以上标准，方能升级；毕业考试及格，经院毕业考试委员会审查合格后报"教育部"复核无异者，由学院发给毕业证书，并授以农学学士学位。①

科研是高等院校与教学并重的另一项工作，如鸟之两翼，车之两轮。福建省立农学院的管理者与教师对此有清醒的认识。建院伊始，于教学之外，便积极展开科研活动，以实现二者之间的协同推进。据严家显报告，建院仅半年，教师开展的科研工作便有：柑橘运销储备试验及病害研究；真菌之调查及分类；水稻病害之研究；麦类黄锈及褐锈病病菌之生理分化试验；小麦散黑穗病病菌之生理分化试验；小麦抗病育种之研究；甘蔗病害之研究及品种抗病试验；稻螟蝇之生活史及其防治试验等。此外，已拟好计划，待进行的有：本省甘蔗产销问题研究；本省农村社会经济研究，该研究目的在于明了本省农村社会经济状况，认识本省农村社会经济问题之范围及内容，研讨解决本省农村社会经济问题之有效方案，检讨本省农村社会经济建设之效果；农业经济研究，该研究目的在于研究本省当前农业经济主要问题，如主要农林产品产销问题之研究，新旧农业经营制度之研究，农业垦殖及土地利用之研究，农家生活程度之研究，以研究成果，供本省经济建设参考。②

从严家显为1941年创刊的《新农季刊》所作"发刊词"

---

① 福建农林大学编撰组编《福建农林大学70年（1936—2006）》，2006，第28、29页。

② 严家显：《创办半年来之福建省立农学院》，《改进》1941年第5卷第1、2期。

第一章 相对完整体系：全面抗战时期永安教育变迁的情况

中，可以更为清晰地感知到福建省立农学院教学与科研相辅相成的情形。"本院创设伊始，凛于责任之重……以潜心学术为兴趣，以解决实际问题为抱负，以启迪学子作育人才为职志，进以发展我国农学为宗旨，惟院属草创……是以入手之初，自不宜多方进行，致迨好高骛远之讥，而作不切实际之病，故兹之方针，着重研究、教学双方之进展，研究则除学理而外注重本省农业之重要问题，根据事实，从事观察俾作切实解决之准备；教学则除努力充实学科，提高程度之外，随时当与研究相辅而行，尤须顾及本省及本国之环境，俾可矫除隔靴搔痒之弊而得适合目前我国之环境及需要。"①

而"为明了全省农业实况，并采集教学材料起见"组织的全省农业考察团，可谓福建省立农学院社会服务的重大举措。考察团从永安出发，历时半年，足迹遍布福建省东西南北各地46县域，"工作收获，甚多珍贵"。

第一期："对于各地农业实况及农村问题，均获充分之认识；各种特殊作业方法，又老农经验，亦经采访观察。计委托填表百余份，采集标本千百余种、三千数百件。其中农林标本五百余种，植物病虫害标本百余种，农林种子七百余种，农具及什件三十余种，均已运抵永安黄历。分别交由本院科学馆整理，或由本院农场种植，以供将来研究教学之用。"②

第二期：由于历时比第一期长，所经区域也较多，尤其是涉足平时不易抵达的荒僻之区，所获材料颇足，供各方参考。"计委托代填调查表格百余份，收集作物种子五百余种，植物标本二百余种，均已先后运抵黄历，交由本院科学馆、农艺系

---

① 严家显：《发刊词》，《新农季刊》1941年第1卷第1期。
② 《农业考察团第一期工作简报》，《福建省立农学院院刊》1941年第2期。

及农业经济系代为整理。"①

事后发布的《福建省立农学院农业考察团工作报告》,完整地反映了该次全省农业考察的情形。报告首述农业考察团的组建及人员调配、考察宗旨、工作方式、考察行程、考察事项等,进而记录对全省"农业环境、农林产品、农作方法及农林灾害、农村经济、农村社会、农林建设"等方面进行较为翔实考察的所见所闻,揭示存在的"农业问题",提出改进建议,并言及此番工作收获及困难与心得。关于考察宗旨,报告中说:"本团此次考察旨在明了各地农业实况,以集体观察及分别访问为主体,应用比较之方法以发现各地农业之异同,探讨问题之所在及其各类性质,同时委托填表,收集报告,以补直接观察及访问之不及,务期对于各地农情有具体、正确而完整的观念,虽因时间及能力之限制,未能详细调查、到处观察,然主要事项、主要地点尚可尽量包揽,作一鸟瞰。此即集团考察之意义也。"集结专业人员、采用科学方法、历时较长进行实况调查,既注意到了全省"享有农林生产的自然条件,故农村产品之种类繁多,产额颇巨,而品质亦优。每年所产,除供省内自用外,尚有大量输出,以易取其他物品,满足社会需要"的优势,又观察到了农作制度、农业经济、农村社会全省各地差异较大,"农村建设事业,战前已经开始,战时应抗战建国之需要,迅速发展,颇具规模"的情形,以及全省"农业问题之繁杂,其中颇多性质严重、影响重大、急待解决之事项",并分作"生产技术、社会经济、农业改进及有关问题"加以呈现,寻找改进措施,实是对全省农业生态的一次最为直观与真实的摄影。说到考察收获,报告表示:"本团足迹几遍全省,对于各地农业现状,得到具体概念;对于本省农

---

① 《农业考察团第二期工作简报》,《福建省立农学院院刊》1941年第5期。

业问题,得到比较精确之认识,且可供政府当局及社会人士之参考,虽未能完全认为成功,要亦可谓不虚此行。"① 自然,也为自身的教学与科研准备了丰富素材。

1946 年初,福建省立农学院迁往福州办学。1949 年 10 月,更名为福建农学院,1951 年并入厦门大学,成为厦门大学农学院。1952 年,与福州大学农学院合并,成立新的福建农学院。

(三)从省立到"国立"的福建音乐专科学校

福建省立音乐专科学校,可溯源于 1937 年 4 月开始筹办,并于同年 12 月正式开班的福建省音乐专科教员训练班。1939 年 10 月,福建省音乐专科教员训练班于临时省会永安筹办第二期,并更名为福建省音乐师资训练班,于 1940 年 2 月正式开学。与此同时,福建省政府拨款筹建福建省立音乐专科学校,并报"南京(重庆)国民政府教育部"批准。3 月 8 日,"教育部高等教育司"复电准允。开办后的福建省立音乐专科学校设置本科、三年制及五年制师范专修科、选科,兼管福建省音乐师资训练班,另设中学图画劳作师资进修班,1942 年春改制为"国立福建音乐专科学校",1946 年初迁往福州。1950 年 8 月,"国立福建音乐专科学校"并入"中央音乐学院"华东分院(1956 年改制为上海音乐学院)。"省立(国立)福建音乐专科学校"的历程虽然短暂,但其影响不容小觑。作为全面抗战时期"国统区"三大"国立"音乐高等院校之一,"开辟了现代音乐教育事业的先河,在中国现代音乐史上,在现代音乐教育史上,都写下了十分重要和光辉的一页"②。

---

① 《福建省立农学院农业考察团工作报告》,《新农季刊》1941 年第 1 卷第 4 期。
② 章绍同:《开辟了现代音乐教育事业的先河》,载中共永安市委宣传部编《弦歌相承:国立福建音专纪念文集》,海峡出版发行集团、海峡文艺出版社,2015,第 159 页。

1. 抗日宣传与音乐人才训练双重奏：福建省音乐专科教员训练班的开设

1937年4月，经福建省政府允准，福建省音乐专科教员训练班第一期于福州北门福建省小学教员训练所开始筹办，主持者兼班主任为1936年毕业于日本帝国音乐院管弦乐指挥系、以一首《浔江渔火》夺得"国际作曲家协会交响乐曲公募首奖"（中国获得国际音乐大奖第一人）并于是年底回国的蔡继琨（被时任福建省政府主席陈仪聘为福建省参议员兼福建省教育厅音乐指导员）。在蔡继琨看来，要振兴音乐教育，治标的方法是必须大力提高音乐师资素质，培植和扩大师资队伍；治本的方法则是创办音乐专科学校，这也是一个国家音乐文化水平的标志。① 因而，开办音乐专科教员训练班成了一项前期积淀工作。福建省音乐专科教员训练班第一期学员，共计55人，其来源，一是由有关单位在全省各县市抽调在职教师；二是对外公开招生。55人中，调训52人，招考3人。因"七七事变"，预定8月开学的音乐专科教员训练班，直到12月才正式开班上课。作为福建省立音乐专科学校前奏与源头的福建省音乐专科教员训练班，从其创设伊始，除了训练音乐人才，还肩负着抗战宣传的重任。

福建省音乐专科教员训练班学习时间计划半年，设置乐理、视唱、听写、和声作曲、合唱指挥、声乐、钢琴、小提琴、国乐和体育等训练科目。由于学员具备相应基础，加之怀揣报国之心，学习热情与学习效率均达到峰值。"短短几个月，就掌握了较系统的业务水平。"②

---

① 福建省立音乐专科学校校友会编《国立福建音乐专科学校校史》，1999，第5页。
② 福建省立音乐专科学校校友会编《国立福建音乐专科学校校史》，1999，第6页。

第一章 相对完整体系：全面抗战时期永安教育变迁的情况

1938年4月，福建省音乐专科教员训练班在福州的省府大礼堂、文艺剧场、南台电影院和马尾海军驻地公演抗战歌剧《保卫大福建》、诗剧《悲壮的离别》、乐曲《义勇军进行曲》《大刀进行曲》《松花江上》等，深受各界欢迎。不仅如此，因形势所迫，福建省音乐专科教员训练班提前于1938年5月结束后，蔡继琨又受命从中挑选部分学员组建成战地歌咏团，马不停蹄奔赴长乐、福清、涵江、莆田、惠安、泉州、漳州、集美等地进行抗战宣传与慰问演出，并为当地的抗战宣传队和中小学音乐教师作指导、解惑。"战地歌咏团结束之后，蔡继琨先生又受命带领部分学员和文艺骨干杨渭溪、陈福例、陈霖生和叶绵绵等组成福建省政府南洋侨胞慰问团……赴菲律宾宣传和慰问演出。"① 其间奏唱的《我们来自大福建》《抗敌歌》《抗敌战士悼歌》等，以及排演的话剧，极大激发了当地华侨的抗战激情。

1939年7月，福建省政府南洋侨胞慰问团结束使命，返回福建省临时省会永安后，蔡继琨再度向陈仪建议继续举办音乐专科教员训练班，得其应允。1940年1月，筹备中的第二期音乐专科教员训练班奉令接收永安上吉山原福建省保安处新建房屋作为场所，并将音乐专科教员训练班改名为音乐师资训练班，2月，正式开学。设有中学组、小学组和社会音乐组。"中学组、小学组分别调训和招训中、小学音乐教员；社会音乐组培养民众教育馆的音乐工作者，吸收社会青年音乐爱好者参加。"学习时间：中学招训组一年；小学调训组及社会音乐组六个月。②

---

① 福建省立音乐专科学校校友会编《国立福建音乐专科学校校史》，1999，第7页。

② 福建省立音乐专科学校校友会编《国立福建音乐专科学校校史》，1999，第8页。

与此同时，福建省政府拨款筹建音乐专科学校，以解决音乐高级专门人才培养问题，并呈报"南京（重庆）国民政府教育部"审批。在此前夕，蔡继琨筹办第二期音乐专科教员训练班时，已为之进行了师资方面的准备。如邀请音乐界知名人士李树化、画家谢投八等来永安襄助。

2. 福建省立音乐专科学校的宗旨、专业设置、课程方案

1940年3月8日，"教育部高等教育司"允准福建省立音乐专科学校创办："永安福建省政府蔡继琨、李树化先生：铣（十六日）电悉，闽省筹设音乐专科学校，事属可行，希照规定手续呈部核办。奉谕特达。"① 有了"尚方宝剑"，接下来的工作进入了快车道。除向"教育部"报送备案要件外，4月1日，福建省政府正式委任蔡继琨为福建省立音乐专科学校校长，翌日即行就职仪式并补办开学典礼。"至此，福建省立音专正式建成，为中国音乐教育事业添上了一个响亮的名字。"②

依据"南京（重庆）国民政府教育部"规章制定的《福建省立音乐专科学校组织大纲》《福建省立音乐专科学校学则》显示，福建省立音乐专科学校"以教授音乐理论及技术，培养中小学师资及音乐专门人才为宗旨"，设置本科、师范专修科、选科，其中，本科、选科"分理论作曲、键盘乐器、弦乐器、声乐、管乐器、国乐六组"，师范专修科不分组。修业年限：本科五年；师范专修科分三年制和五年制两种；选科年限另定。入学资格：本科及五年制师范专修科招收"凡在公立或已立案之私立初级中学及与初中同等学校毕业者或具有同等学力经本校入学考试及格者"；三年制师范专修科招收

---

① 福建省立音乐专科学校校友会编《国立福建音乐专科学校校史》，1999，第11页。

② 福建省立音乐专科学校校友会编《国立福建音乐专科学校校史》，1999，第12页。

第一章 相对完整体系：全面抗战时期永安教育变迁的情况

"凡在公立或已立案之私立高级中学及与高中同等学校毕业者或具有同等学力经本校入学考试及格者"；选科招收"凡对于音乐曾有研究而欲专攻音乐理论或技术一门者，不限资格年龄，经本校入学考试后得入本校选科肄业"。

课程设置上，以本科为例（师范专修科及选科参考本科分组），大致包含以下组成部分：

（1）普通科目：公民、国文、外国语、中国地理、中国历史、世界地理、世界历史、军事学、军事操、诗歌朗诵、艺术概论。

（2）音乐共同科目：普通乐理、和声学、对位法、曲体解剖、作曲初步、视唱及听音写谱、领略法、音乐史、指挥法、合唱。

（3）音乐专业科目：

键盘乐器组：钢琴

管弦乐器组：管弦乐器、器乐合奏

理论作曲组：理论作曲、配器法

国乐组：中国乐器、国乐研究

声乐组：声乐、合唱、歌剧

（4）选修科目：音乐美学、哲学、音响学。

五年制师范专修科加设教育科目：教学概论、教育心理学、音乐教材及教学法、教学实习。并将下列音乐科目作为共同必修科：

钢琴（风琴）、声乐、管弦乐器、中国乐器、器乐合奏、作曲初步、国乐研究、歌剧。另加舞蹈课。①

福建省立音乐专科学校成立后，第二期音乐专科教员训练

---

① 福建省立音乐专科学校校友会编《国立福建音乐专科学校校史》，1999，第16、17页。

班并入其中,"用同一套师资,参与统一的业务活动,只是学制上有所不同"①。但蔡继琨对音乐专科教员训练班情有独钟,之后又办了第三期,直到1942年因两种形式对应的学制不同才作罢。

随着抗战形势发生变化,尤其是华东文化中心从金华转移到永安,以及曾经作为国内三大音乐高等教育机构之一的上海音乐专科学校被日伪接收,加上其他一些抵牾(如蔡继琨令人将临时省会永安唯一的一架钢琴由下吉山的福建省教育厅处搬到上吉山的福建省立音乐专科学校),蔡继琨适时向"南京(重庆)国民政府教育部"呈请将福建省立音乐专科学校改制为"国立福建音乐专科学校"。1942年8月,"教育部"复电"行政院"核准福建省立音乐专科学校改制为"国立"的呈请,并任命戴粹伦为校长,戴未接受,遂任命卢前为校长。福建省立音乐专科学校改制为"国立"后,办学宗旨、专业设置、课程方案与此前大同小异,但也面临新的机遇与挑战。一方面,"各地投考极为踊跃,经严格考选后只录取六十名,新生人数几等于旧生",因而需要扩充设施;另一方面,因"省立"与"国立"的经费来源差异,又使学校一时陷于困境,教材课本(特别是钢琴琴谱)、师资更是成为难题。当然,学校管理与学习氛围则颇令人欣慰。卢前到任之前,由郑书祥代理"国立福建音乐专科学校"校长的两个多月里,"对于校风之整顿、教导之设施、校务之推进,建树颇多,使得音专在各方面都呈现蓬勃气象。又因实施军事管理,学生生活紧张严肃,过去散漫随便的作风没有了。此外,学习空气之提高、劳动服务之推行,也都有明显的进步"②。

---

① 福建省立音乐专科学校校友会编《国立福建音乐专科学校校史》,1999,第9页。

② 《国立福建音专在艰苦中成长》,《中央日报》1942年11月10日第6版。

第一章 相对完整体系：全面抗战时期永安教育变迁的情况

3."省立（国立）福建音乐专科学校"人才培养成就

"省立（国立）福建音乐专科学校"在学生培养方面，应该说是成效显著。"三期音乐师资训练班及一期书画劳作师资训练班，共培养中小学音乐教师、社会音乐指导员和图画劳作教师 300 多名。"① 即使抛开第一期的 55 名学员不计，仍是不小的成绩。而成为正规建制的"省立（国立）福建音乐专科学校"后，在人才培养的质与量上又有新的进展。据中共永安市委宣传部编辑的《弦歌相承：国立福建音专纪念文集》中整理的"国立福建音专学生概况"所载②：

第二阶段：福建音乐专科学校（1940 年 9 月—1942 年 9 月）

（1）1940 年 9 月

本科第一届：

周雪霞、杜琼英、程华楠、卢炯然、郑昌朝、余瑞珠、沈泳裳、王纯明、陈曒初、赵宝贞、林登庸、陈鋆、洪海样、刘玲观、陈惠群、陈柏龄、周鉴冰、杨若叶、杨碧海、郑沧瀛、詹翠英、蔡国钦、王瑞芳、谢雪如、谢钦敏、陈秀云、陈舜华、俞建莹、沈国栋、张汇川、林鼎叠、林汝杰、王济美、谢学斌、林淑煊、严修青、洪碧华、许岳材、沈炳光、王锡芸、陈宪阶、郭茂栋、林必戒、段仲卿、徐励贞、孙久英、汤西南、张百丰、叶瑞涛、曾爱恩、颜廷阶

"三师"第一届：

孙蕴嘉、林玉萱、沈伯斐、陈乔德、王明午、周行、林有条、马尧英、汪培元、谢文琛、邱人才

---

① 《国立福建音专学生概况》，载中共永安市委宣传部编《弦歌相承：国立福建音专纪念文集》，海峡出版发行集团、海峡文艺出版社，2015，第 16 页。

② 《国立福建音专学生概况》，载中共永安市委宣传部编《弦歌相承：国立福建音专纪念文集》，海峡出版发行集团、海峡文艺出版社，2015，第 16—19 页。

(2) 1941年9月—1942年2月

本科第二届：

蔡丽娟、黄庆森、蔡佩玖、任雪英、吴少兰、朱必学、戴纬文、万昌文、谢尊韫、俞建莹、陈琛、苏秉正、洪惠琼、何正三、梁懿庄、李广才、郑国光、王良华、丘新华、陈惠群、杨凌霄、谢特、朱雪英、杨衍咏、庚兆洪、赵芳杏、王饧芸、黄蓉森、徐学惠、谢雪如、覃捷、杨素治、欧阳如萍

"五师"第一届：

杨凌霄、王飞霞、刘恩秀、施碧琴、王连三、黄清柏、罗志儒、刘兆安、刘国星、姚文肃、阳永光、叶维垣、陶端栾、叶桂芳、侯家声、俞建莹、谢特、詹翠英

"三师"第二届：

潘祖鑫、罗惠南、袁凤荪、卢锦章、吴华青、苏细克、刘里榜、何雪飘、万昌文、胡淑庚、何方远

第三阶段："国立福建音乐专科学校"

(1) 1942年9月（永安）

本科第三届：

吕秀珍、周淑燕、陈其祥、李志盛、刘阿瑛、陈炳煌、蒋青峰、邓汉锦、林元宁、颜宗华、侯任宏、吴文宏、王鼎藩、吴大旺、黄棠馨、林冠西、洪惠琼、童长华、刘思潘、陈誉南、郭朝章、高玉璋、万德滋、郑清植、黄庆森、沈同德

"五师"第二届：

刘恩秀、金梦壬、魏志忠、翁培灯、林碧娥、傅兆璋、张翼、廖璇、李思芳、郑嘉升、冼克、刘展达、廖日昭、刘玉莲、詹月秋、骆嘉猷、李晓东、华启昌、林鸿祥、黄崇仁、黄青白、郭秀英、何雪瑜、高浪、许淮基、许韵笙、胡寿英、袁怀友、饶瑶英、任至凤、雷瑞圭、叶辉娥、胡翠英、姚文绣、

第一章 相对完整体系：全面抗战时期永安教育变迁的情况

叶翼如、钟粤、梁康耀、杨荫芳、曾雄、吴慧娟、于永和、戴敏行、陈如云、程景澄、吴恩清

"三师"第三届：

何正三、戴纬文、池志立、刘明堂、黎明、黄静华、周履端、吴逸亭、翁幼鸿、李小玉、陈宗谷、宋文焕、林爱琛、徐淑英、马一新、庄宝珍、王绿荷、李剑平、叶家慕、方耀梅、林启周、徐兰春

(2) 1943年9月

本科第四届：

方观昌、方雪梅、郑行秀、施君凯、唐敏南、陈鼎臣、吴大旺

"五师"第三届：

盛敩、许文辛、陈蔚杰、金希树、程远、张善才、张源水、傅永根、吴慧芳、徐兰春、何苇、郑培茵、刘韻章、叶林、周凯、杨荫芳、徐长禾、李惠连、梁耀桑、钟粤、曾飞泉、谭庆逢、陈梅圻、杨育强、钱景篓、陈如云、邱福兴、钱林初、陈孜敎、王春官、许韵笙、华启昌

"三师"第四届：

邝惠娟、江士骁、时家蓁、叶翼如、萧而侠、杜希范、侯家声、徐学恩、余禄熙、王雪辛、张慕鲁、陈敬、覃定志、邢育青、张有莲、徐励贞、周履端、王绿茶、何正三、黎明、戴佩、朱青若、黄一虹、谢尊韫、庚兆洪、赵芳杏、陈婉翩、傅敬法、周惠芬、黎绍吉、杨桦、傅长汀、杨民望

(3) 1944年9月

本科第五届：

沈同德、徐长禾、姜杏英、林榕苏、施君凯

"五师"第四届：

陈维华、张为民、罗时芳、陈学兹、张兴贵、陈雪仙、方

雪梅、程远、江载璋、黄义鑫、戴怀恩、盛敉、王瑾、倪秉豫、蔡君豪、余水姬、杨炳维、田景岳、高稚英、李瑞春、阎淑、片冰心、李丽珠、陈石生、侯任宏、苏尔兰、钱林初

"三师"第五届：

王雪辛、吕婉芳、罗耀国、尤民湘、朱永宁、陈华珍、黄蓉森、李敏芳、范静渊、李乃聪、杨海音、萨锡玉、徐学惠、沈晓、李昌极、林钦慈、萧而侠、曾炳旸

(4) 1945 年 9 月

本科第六届：

张修明、邓芬霞、陈蒲

"五师"第五届：

陈赞珍、杨映生、万雪霞、邱人才、陈泉生、钱梅洁

"三师"第六届：

周兰欣、梁昧霜、陈衍彦、李昌极

这其中，既有学习者继续学业、毕业，又有新的学习者怀揣对"省立（国立）福建音乐专科学校"的憧憬、仰慕与热爱，源源不断加入。从"省立（国立）福建音乐专科学校"走出去的校友，秉持着"艰苦朴素、勤奋好学、尊师爱生、团结奋进"的精神，散布于祖国大江南北乃至海外，不仅实现了专业成长，而且在音乐活动和音乐教育事业上做出了重要贡献。据《国立福建音乐专科学校校史》统计：有些校友成为资深作曲家，如杨碧海、何方、姜同心等；有些校友成为著名钢琴、提琴及其他乐器演奏家、教育家，如王鼎藩、杜琼英、朱永宁、唐敏兰等；有些校友成为造诣很高的声乐歌唱家、教育家，如片冰心、甘宗谷、陈赞珍等；不少校友成为音乐理论家，如王雪辛、叶林、何为、何芸、杨育强、罗惠南等；有些校友成为出色的乐团指挥家，如杨桦、吴逸亭、施明新等；有些校友成为省级以上音乐书刊编辑，

第一章 相对完整体系：全面抗战时期永安教育变迁的情况

如许文辛、何雪飘、肖而侠等；有些校友成为音乐活动家，如邓汉锦、陈暾初、黎民等；还有更多奋战在音乐战线上的校友，除了从事创作、演唱演奏、指挥等专业活动，积极编写教材、辅导学生、致力于培养新一代音乐人才，如汪培元、陈万桢、陈华珍、欧阳如萍、赵方幸、倪秉豫等。尤其是一些长期扎根边陲、无怨无悔奉献青春年华的校友，如郑力、何正三、施伯维等，① 令人肃然起敬。《弦歌相承：国立福建音专纪念文集》甚至还梳理了"省立（国立）福建音乐专科学校"部分校友的后裔从事音乐工作的情形，流风所及，余韵犹存。

四、独立建制的师范教育

清末，从日本借鉴的"癸卯"学制，构建起近代中国相对独立的师范教育体系，其实施载体主要为初级师范学堂与优级师范学堂。民国初年颁行的"壬子·癸丑"学制，维护着师范教育自成体系的地位，不过将初级师范学堂改称师范学校；优级师范学堂改称高等师范学校，并收归国家，分区设置而已。1922年颁布实施的"壬戌"学制，丰富了师范教育的办学形式，为其多样化发展提供了制度与政策依托，但此后各地出现的"师中合并""高师改大"等举措，又极大地削弱了师范教育特别是高等师范教育的独立地位。

1925年，永安县大陶洋陶英小学附设农村师范班，为永安县师范教育之发轫；1934年，永安县立初级中学开办农村

---

① 福建省立音乐专科学校校友会编《国立福建音乐专科学校校史》，1999，第183—202页。

师范班,推动着当地师范教育的前行。① 不过,受困于区域以及人力、财力、物力等,师范教育也仅是以附属形式存在。1938年3月,福建省立师范学校迁址永安县城文庙,使当地有了独立设置的师范学校。1942年秋,福建省域的师范学校重新分区设置,福建省立师范学校因属地关系改称福建省立永安师范学校。不仅如此,全面抗战胜利后,当局因闽西北各县初等教育师资缺乏,决定福建省立永安师范学校继续留滞当地办学。1943年,还创办了福建省立永安体育师范学校,壮大了当地师范教育的力量。而1941年开办于永安的福建省立师范专科学校,则成为近代中国高等师范教育制度之创举。

（一）福建省立师范学校组建及内迁至永安

1936年,依据陈仪的号令与福建省教育厅拟定的《二十五年度整理本省教育方案》,原本分布于全省各区的省立福州师范学校、莆田师范学校、龙溪师范学校以及省立福州乡村师范学校、建瓯乡村师范学校被集中到一处,组建成为福建省立师范学校。这一举措,堪称近代中国师范教育制度变迁进程中的特立独行之举。行政当局礼聘时任厦门大学教授姜琦出掌校务,先期在省立福州师范学校原址办学,以"齐一师资训练,发扬民族精神"。

福建省立师范学校的组建,无疑是政令运行的结果。其起因,便是陈仪巡察福建各地时注意到的省立师范学校存在建设程度不同,设备不齐全,学生人数不足额,甚至各自为政,形成派系等弊端,进而思考解决办法,反映了行政当局对师范教育的期望。1936年6月的"总理纪念周"会议上,陈仪做报告时说道:"过去的师范学校,分散于各地,程度不齐一,设备不完全,每级人数不足额,而且教育的精神,学生的思想、意志,

---

① 永安市地方志编纂委员会编《永安市志》,中华书局,1994,第920页。

第一章 相对完整体系：全面抗战时期永安教育变迁的情况

均不能集中统一，甚至有此校与彼校各树派别的恶现象。"在他看来，解决的办法是："现在省立的师范，只要办一个，这些积习，都有法破除，而可以负责改进了。"①《二十五年度整理本省教育方案》中设计的"省立的师范，只要办一个"的具体方案是："将二十五年度省立福师、莆师、龙师二、三年级生17级及福州乡师、建瓯乡师高中制二年级生各1级共19级535人合并为二、三年级14级，并另招一年级新生7级350人，集中后共计有学生885人，设为21级。""集中后改名为福建省立师范学校，校址设在福州近郊，于本年九月前选定地点、确定建筑图样及预算，二十五年度内建筑完成。在新校舍未完成前，社教、体育两科暂设在尚干乡师旧校舍，其余设在乌石山福师旧校舍。"② 不论主政者的意愿能否因此而达成，这番改制，使福建省的师范教育格局发生了重大变化：组建后的福建省立师范学校成为当时全省唯一的高中程度的师范学校（时人称其为"闽师"），较之原本分布于全省各区的省立师范学校，其科目、设施更为完备，有普通师范科、体育师范科、幼稚师范科、社会教育师范科，以及第一、第二、第三附属幼稚园。此外，还在闽侯县尚干乡附设简易乡村师范；组织机构更为庞大，校长室之下的教务处、训育处、事务处，均充实了具体机构与人员。

毕竟没有先例，也不合乎规制，福建省立师范学校的组建，旋即受到"南京国民政府教育部"的责问，并引发一时议论。

"南京国民政府教育部"的责问，基于师范教育相关法律

---

① 《省政府陈主席在纪念周报告本省教育改革方案要点》，《福建教育》1936年第2卷第9期。

② 陈仪：《二十五年度整理本省教育方案》，《福建教育》1936年第2卷第9期。

法规中的"分区设置"原则。据"南京国民政府"1932年颁布的《师范学校法》制定的《师范学校规程》明确规定:"各省教育厅得依各该省情形,将全省分划为若干师范区,每一师范区内得设师范学校及女子师范学校各一所。"① 师范学校"分区设置"的缘由之一即是为了便于辅导地方教育,学人对此也没有疑义:"师范学校除掉训练小学师资,兼负辅导地方教育之责。"② 将全省各区的师范学校集中为一校办学,显然有背师范教育法律法规的精神。学界与社会人士的议论,除了与"教育部"有上述共识,还涉及此举有违"教育机会均等"以及将导致部分教员失业等论调。"有些人以为这种集中师范教育的办法是违背教育普及的原则。详细地说,他们以为师范学校若是只要办一个,那么,远地的学生就不能够来求学,岂不是失掉'教育机会均等'的真义吗?""有些人以为这种集中师范教育的办法是给予少数教员以一个致命伤,因为师范数量减少及学生班次合并,那么,少数教员难免因此而失业。"③ 对此,受聘出任福建省立师范学校校长的姜琦,首先阐述了福建省域师范学校集中一校办理的必要性。他说,就学理层面,由于师范教育不受"地方性"限制,旨在"谋全国国民性之统一",因而尽可"随时随地设立同样性质的师范学校"。同理,"师范学校不妨只要办一个于某个地方,集中地齐一地去训练一般青年的心身,而无须在数量上普设于各地方"。尤其是在财力、物力拮据的处境下,通过改革管理办法,实行

---

① 李友芝 等编《中国近现代师范教育史资料》(2册),1983,第328页。
② 姜琦:《本省高中师范集中一校办理以后的教育方案之检讨及其怎样改进》,《福建师范》1937年第2期。
③ 姜琦:《姜校长报告本省师范教育改革之根据》,《福建师范》1936年第1期。

"统制招生"等,一样能够达成"教育机会均等";就师范学校辅导地方教育问题,姜琦指出,这原本无可厚非,问题在于师范学校能否切实担当起这一职责。其前提,"还须先视师范学校自身是否健全,校长与教员除掉教养或训练自己的学生外是否行有余力"。这点确实说到了痛处。"一般说来,现在我们中国的师范学校有许多地方是很不健全的,校长与教员就是对于自己的学生尚且不能够好好地去教养或训练,还有什么余力去辅导地方教育呢?""所以,在目前的中国,我们只要希望师范学校的校长与教员把自己的学生教养得或训练得好就够了,不必再要求他们去辅导地方教育吧。"至于师范学校集中办理后造成部分教师失业,姜琦认为完全不必担忧,福建省行政当局已着手考虑优化组合以及转岗培训等方式加以解决。①

姜琦还独具匠心,效仿日本严波书店"严波讲座"② 围绕专题、发抒主张,质疑问难、集思广益、总结答复的方式,组织福建省立师范学校的同事展开研讨,并垂询中国教育学会福建分会会员的意见。仁智互见中,彰显着时人对陈仪坚持的师范学校集中办理之宗旨——"齐一师资训练,发扬民族精神"(撰成楹联悬挂在福建省立师范学校内的醒目

---

① 姜琦:《姜校长报告本省师范教育改革之根据》,《福建师范》1936 年第 1 期。

② "'严波讲座'曾经提出许多有关于教育的问题,如小学、中学、师范、职业、大学等等问题;复次,再按照问题之性质,分别地聘请一位专精某一项问题而且富有实际教育经验的教育学者或教育专家对于这一问题发抒种种意见或设定种种质疑;复次,再由严波讲座主席把这些意见或质疑印刷出来,送请其他许多位教育学者或教育专家分头地去讨论、解答、辩难及批评;复次,再由主席把这许多位学者或专家所讨论、解答及批评的种种资料收集起来,汇交那一位首先发言或质疑的教育学者或教育专家请予审议并予以一个总答复;最后,再由严波讲座主席把所有关于这一个讨论问题的资料揭载于讲座特刊《教育科学》。"(姜琦:《为请求参加讨论本省高中师范集中办理方案问题致本校全体教职员书》,《福建师范》1937 年第 2 期。)

位置）异口同声的称道。

有论者分析说，陈仪之所以将全省各地的省立师范学校集中一校办学，"不是说各地的师范程度不能自求齐一，而是以为要求全部的师范程度齐一，非集中一校办理不可。如果全部的师范程度齐一了，那末全省的教育才得均等，全省的文化才得齐一，省治才得有办法"①。更有论者顺着陈仪的意愿解读"齐一师资训练"道："便是要使学校的精神，以及学生的思想、意志程度之同一化而已。""所以要齐一训练之故，即在于要养成有同样的民族意识及国家观念之师资，以复兴民族，以建设国家也。"并表示："现在我们所要讨论的，便是齐一是否可能和办法是否适当；至于理由，那是无须讨论，因为处今时势，当然需要这样的师资才足以谈复兴和建设。"② 可谓道出了论者的共同心声。

此举之效果如何呢？次年春，姜琦关于福建省立师范学校的现状描述，一定程度上证实了师范学校集中一校办理在达成"齐一师资训练，发扬民族精神"宗旨上的相应功效。姜琦言及，虽然在消除"程度不齐一，设备不完全，每级人数不足额"方面不尽如人意，因为这与各地经济社会发展水平、教育投入、中小学教育现状等的客观差异有关，并非福建省立师范学校自身所能解决。但师范学校集中一校办理后，在促使教育精神、学生思想、意志集中统一以及克服"各树派别"方面，则取得了可喜"成绩"。③ 对此，论者多表赞同。"本校自集中办理后，合全闽青年学子于一堂，施以严格齐一的训练，

---

① 李见龙：《本省高中师范集中一校办理的意义的申述及其注意之点》，《福建师范》1937 年第 2 期。

② 龚达清、庄传昇：《论齐一师资训练》，《福建师范》1937 年第 2 期。

③ 姜琦：《本省高中师范集中一校办理以后的教育方案之检讨及其怎样改进》，《福建师范》1937 年第 2 期。

第一章 相对完整体系：全面抗战时期永安教育变迁的情况

气象焕然一新。"①"我且不说别的，当就教育的精神，学生的思想、意志之集中和统一，以及各种畛域界限、学派观念的废除等看来，已不负本省当局集中办理的一番苦心了。所以我们一学期来对于'集中原则'的试验，已有相当满意的结果。"②的确，一般情况下，同一标准在一所学校执行比在分散于各地的数所学校执行更易于统一。1938年6月，接替姜琦出任福建省立师范学校校长的王秀南，对陈仪此举亦大加赞赏："这是福建省政府陈公洽主席的卓见！原来福建各师范学校分区设立，你是福师，我是龙师，此疆彼界，入主出奴，造成了歧视与纠纷。自从合并之后，大家都是闽师，一律是校友，途中相逢，都有一种亲切感。何况合并设立，师资设备俱告集中，自更有利于师资的训练。"③ 权且不论"此疆彼界"能否一时得以消除以及是否更有利于师资训练，各师范学校集中一校办学后，旖旎的校园景观、强大的师资阵容、校长的办学理念、学校的教育特色等，确给学习者留下了深刻的印痕，即便若干年后仍清晰地保存在他们的记忆中。④

不过，是否非得集中一校办学才能达成"齐一师资训练，发扬民族精神"的宗旨，又似不尽然。"集中一校办理，固是一种，但不是唯一的一种；固系可行的一种，但未可遽断为最

---

① 郑春嵘：《对于本省师范学校集中一校办理后的一点感想》，《福建师范》1937年第2期。

② 薛克栓：《对于本省师范制度一个改进的意见》，《福建师范》1937年第2期。

③ 王秀南：《福建师范在战时》，载王秀南《王秀南教授九十回忆录》，新加坡东南亚教育研究中心，1995，第177页。

④ 赖华编：《话说乌石山"闽师"》；柯庆泰：《难忘的母校——福建师范》；张振书：《忆乌山之麓丰富多彩的学习生活》；林文衡：《忆王邦珍老师》等，载政协福建省三明市委员会文史资料委员会、福建省三明师范学校编《闽师之源》，中国文史出版社，1993，第36—38、43—45、48—55页。

有效的一种。"① 换句话说，就《二十五年度整理本省教育方案》中拟定的"师范教育为小学教育基础，与复兴民族关系至大，教育精神宜力求齐一训练，应以集中为原则"② 取向，论者对其中的"目标"并无异议；至于"方式"则值得商榷。"陈主席的意思，集中一校，以同样课材，同样训育标准来训练学生，他们意志、思想程度便易齐一，而经费亦较节省。这固然很好，但倘以同样课材及标准颁布各校，使各校遵照执行，则齐一之效，固未始不若于集中。"③ "解决办法，固不在乎集中与否，况且师范学校实行分区，还可以收到辅导地方教育，指导师范生就业的好处。"④ 虽然，师范学校集中一校办学的其他优势也在论争中为人们所阐发，但不足以构成充要条件。

事实上，陈仪号令将分布于全省各区的省立师范学校集中一校办学，更主要是受制于教育经费支绌的无奈。姜琦一语道破："陈主席所以要提出这种主张，实在是鉴于本省教育经费太缺乏，与其注重分量多设几个浪费的、空虚的师范学校于各地，不如注重品质只办一个经济的、充实的师范学校于福州。"⑤ 即是说，将有限的教育经费撒胡椒面似的分拨给全省各区的省立师范学校，还不如集中到一校以提高"质"，这也符合"南京国民政府教育部"关于学校教育重"质"不重

---

① 邹有华：《对"改进本省师范集中一校办理以后的教育方案"之一些意见》，《福建师范》1937年第2期。

② 陈仪：《二十五年度整理本省教育方案》，《福建教育》1936年第2卷第9期。

③ 龚达清、庄传昇：《论齐一师资训练》，《福建师范》1937年第2期。

④ 高光远：《关于本省师范学校集中办理与分区设立的商讨》，《福建师范》1937年第2期。

⑤ 姜琦：《本省高中师范集中一校办理以后的教育方案之检讨及其怎样改进》，《福建师范》1937年第2期。

"量"的指令。姜琦进而为之声辩说，正是注意到本省师范教育"浪费"与"空虚"的状况，又顾及教育经费支绌，陈仪才企盼"毕其功于一役"，"寓'分区设立'与'教育普及'于'集中一校办理'之中"①，以觊实效。尽管此举颇显"极端"，但与"南京国民政府教育部"的指令并不存在根本冲突，"陈主席岂不知道好像教育部所说'师范学校有兼负辅导地方教育之责而应该分区设立'这个道理吗？由此可见陈主席所提出的这种主张本来与教育部向来所主张的'学校教育应该重质而不重量'那种意思，理无二致的；因此，彼此之间，用不着多所争执的"②。

集中一校办学后第一年的"统制招生"情形，直观地诠释了这一无奈。"统制招生"是师范学校集中一校办学后，福建省政府为了"要使全省六十二个县每县都有师范生，以冀师范教育之普及"而采行的办法。按照规划，"统制招生"由省教育厅组织招生委员会负责实施，根据本年度应招师范生人数，比照各专员区所属各县市人口数、高级小学数及本年度初中毕业生数，规定各区应取名额。"先由省政府教育厅咨请各区行政督察专员公署转饬各县县政府按照教育厅所规定的名额保送于专员公署先行初试，再由专员公署将初试及格者保送于学校再行覆试，然后决定取舍。"③ 应当说，这不失为较合理的方案。但据论者的梳理，第一年"统制招生"的实际情形是："无论各区各县，都显现着畸形的状态，甚至有很多的县

---

① 姜琦：《本省高中师范集中一校办理以后的教育方案之检讨及其怎样改进》，《福建师范》1937 年第 2 期。

② 姜琦：《本省高中师范集中一校办理以后的教育方案之检讨及其怎样改进》，《福建师范》1937 年第 2 期。

③ 姜琦：《本省高中师范集中一校办理以后的教育方案之检讨及其怎样改进》，《福建师范》1937 年第 2 期。

份,只有一个人……还有很多的县份,全付阙如……"总体上看,学生依旧更多地来源于距离福建省立师范学校所在地较近的区域,尤其是第一区的闽侯、福清等县,故而论者称之为"统制招生失败",并特别拿经济因素说事。即,造成这一失败的原因固然众多,但不论是"统制招生方法的不良","路途太远,负担过重",还是"各该县市长奉行不力",均牵扯经济问题。如果考虑到"有志习师范教育的人,都是一般中产阶级以下的子弟,在现在农村经济极端凋敝的时候,为了投考师范学校,筹集一笔的川资,多少的困难",致使他们望而却步的状况,这番论说又平添了几分凝重。"所以现在为谋集中师范、统制招生整个的问题解决起见,从路途遥远,一般学子来省不便这一点看,除了师范分区设立,是无法解决的;但是师范分区设立,福建现在的经济力量,是不允许的,这是值得考虑的一个问题。设使经济不充裕,各区设立师范,因陋就简,这样的重量,还不如重质。"① 较之筹集充分的教育经费,通过改进"统制招生"等方式维持师范学校集中一校办学的实施,确实更为简捷。

姜琦因职责所在,为了既不辜负陈仪极力改进福建省师范教育的一番苦心,又不被误会为破坏既有学制系统而设计的综合方案——"寓'集中原则'与'齐一训练'于'分区设立'之中",一方面表明他自己也认为师范学校集中一校办学并非"唯一"有效之举(不过一时权宜之策);另一方面则再次呈现了此举受制于教育经费支绌的无奈情形。

所谓"寓'集中原则'与'齐一训练'于'分区设立'之中",即,师范教育于目标上,坚持"齐一训练"之精神;

---

① 李伯年、刘有光:《集中师范统制招生失败的原因及其改进意见》,《福建师范》1937年第2期。

第一章 相对完整体系：全面抗战时期永安教育变迁的情况

制度上，尊重一般法令形式，仍旧分区设立，但不再像以往一样各自为政，而是强化彼此之间的联络，以体现"集中原则"的实质。① 用姜琦在他"总答覆"中的话来说："我所主张的分区设立办理，是要寓'集中办理'与'齐一训练'于它之中，换句话说，是用'集中办理'的手段，去达'齐一训练'之目的。不过，此地所谓'集中办理'，并非'集中一校办理'的意思，而是……说的各个师校相互联络组织的'集中办理'的一种主张。"② 具体而言：

第一，学校布局上，"全省所有行政区（七区）各设省立师范学校一所，但视实际情形，某两区得合设省立师范学校一所"。为了防范陷入以往师范学校分区设置造成的各自为政、不相联络局面，尤其没有统一办法的窠臼，应当考虑指定其中一校作为"干部"（即总校，福建省立师范学校因时、因势，自然而然扮演起这一角色——引者注），其他为"支部"（分校——引者注），"一切办法如行政组织、学则、课程标准、训育方针乃至教职员聘请或任用及服务规则等，都必须按照'干部'所拟定的办法而施行的"。但并非意味着总校代行一切事务，而是充当各分校"召集人"，共同议定统一规章，且督促各校共同遵循，同时，各校可视实况微调。

第二，学生培养上，"每区师范学校应按照各该区所管辖的县份人口之多少，由省政府通令各县县政府按比保送合格的师范生若干名，经各个师校考试及格后，方许入学肄业"。但为贯彻"齐一训练"精神，各区师范学校所招收的一年级新生，须一律先送到总校进行一年集中训练；第二学年伊始，再

---

① 姜琦：《本省高中师范集中一校办理以后的教育方案之检讨及其怎样改进》，《福建师范》1937年第2期。

② 姜琦：《我对于参加讨论本省高中师范集中办理方案问题的各种意见之总答覆》，《福建师范》1937年第2期。

返回各校学习；第三学年下学期，再度重返总校肄业，并参加教育实习。

第三，科目设置上，"各区师范学校只办所谓'普通师范科'；其余如体育师范、社会教育、幼稚师范等科，概归第一区师范学校——本校——办理"。

第四，教员交换上，"各区的师范学校……校员也必须在彼此之间随时交换教授"。

第五，课程安排上，"各区师范学校所有的一切课程表必须划一，及一切科目的进度也必须一致"。

第六，组织管理上，"各区师范学校的当局必须于每一学期开始前共同召开会议一次，商议共同进行的一切办法，由干部的本校当局负召集会议之责，并为主席。在平时，每一学期内，干部的本校当局亲往各区的师范学校巡视一周，视察各个师校办理是否整齐划一及有什么改进的地方，并对学生进行精神训话。其他各区师范学校当局也须于一定时期内互相往来参观，以资切磋"。"各区师范学校，不但在招生时或在平时对于一切学生应该有统制的办法，并且在毕业时对于一切毕业生也必须被统制的。"

总之，是在学校布局、学生培养、专业设置、教员交换、组织管理等方面统筹协调，形成一个有机的整体。①

姜琦强调说，他的这个方案（设想），表面上看来"虽则要使集中一校办理的本校再恢复到原来的分区设立师范学校的状态"，然而在骨子里，"是要极力地保持'二十五年度整理本省教育方案'所采取的'集中原则'之精神，不但保持其精神，就是连他的形式也在被保留之列"。认定这是一个能兼顾"厉行

---

① 姜琦：《本省高中师范集中一校办理以后的教育方案之检讨及其怎样改进》，《福建师范》1937年第2期。

第一章 相对完整体系：全面抗战时期永安教育变迁的情况

教育普及"要求与"学校教育，应该重质而不重量"取舍的举措。只不过，其实施的先决条件："要视二十六年度本省教育经费能否增加到若干程度"而定。"如果本省教育经费能够增加到相当的程度，那么，我的建议也许可以实现而无碍的；设使不能够增加，那么，我的建议绝对不会实现，只成为一个空想而已，不啻'空中楼阁'一般。在后一种情形之下，我们与其只注重形式，多设几个浪费的、空虚的师范学校于各地，不如先注重实质，姑办一个经济的、充实的师范于福州为愈的。"为此，姜琦喊话"南京国民政府教育部"："勿过于拘泥法令的形式，而应该迁就于本省现在的事实，予省政府以一个便利，对于现时暂行的'省立高中师范集中一校办理'这个教育方案姑准备案。"并展望："等到二十七年度本省教育经费能够增加的时候，我们再遵照教育部的意思，把省立高中师范分区设立。"① 姜琦"极盼望教育部当轴诸公勿走于极端便指着本省高中师范集中一校办理这个方案是破坏教育部所规定的'师范学校除掉培养小学师资外，还兼负辅导地方教育之责'的那种法令而强令本省省政府在本省经济支绌的情形之下去分区设立"②，与其说是迎合陈仪的主张，不如说是在多番呼吁"南京国民政府教育部"应当"平心静气地把本省省政府当轴诸公所以一定要暂时集中高中师范一校办理之动机探究一下，及把本省各级学校教育程度的参差不齐之现象辨别一下"③，从而体谅、尊重福建省行政当局一时无奈抉择。

---

① 姜琦：《本省高中师范集中一校办理以后的教育方案之检讨及其怎样改进》，《福建师范》1937年第2期。

② 姜琦：《我对于参加讨论本省高中师范集中办理方案问题的各种意见之总答覆》，《福建师范》1937年第2期。

③ 姜琦：《我对于参加讨论本省高中师范集中办理方案问题的各种意见之总答覆》，《福建师范》1937年第2期。

当然，同样不可忽略的是陈仪从救亡图存角度要求师范教育造就统一的国民性所承继的"教育救国"思路以及对师范教育的执着。陈仪坚信："我们最重要的教育，是现在的师范教育，因为要提高一般国民的程度，必须普及小学教育，而且提高其程度；要提高小学教育程度，自然要先有良好的师资，那就要注重师范教育了。"① 在福建省立师范学校首次开学典礼的"训词"中，他重申："过去的本省师范教育，就是太散漫不统一……所以现在要把他统一起来，使大家养成统一的思想和行动。等到将来大家分散各地的时候，仍旧可以向着同一的路线去工作。这统一教育的出发点，是要大家将来一致担负救国工作的重大任务，是要你们将来去造就健全的国民，教育未来建设国家、复兴民族的主人翁。"② 省立师范学校集中一校办学，诚可视为他的这一执着所衍生。

不过，有论者点出了更为实质性的问题：陈仪所看到的全省各区的省立师范学校存在的缺陷，究其原因，虽可归结为"选择不精""训练不严""考试无方"等，但根源在于师范教育发展进程中的内外困难，相关问题得不到解决，哪怕师范学校集中一校办学也无济于事，甚至会产生新的困厄。"因为经费困难，各校不能充实设备；因为选择不精，训练不严，所以程度不齐一，思想不集中；又因外县初中毕业生甚少，所以名额不足。"如此，"即使师范集中一校办理，而经费、选择、训练等问题，若不谋解决，亦难有所补救；且集中以后，更有因交通不便，川资困难及缺乏初中毕业生等问题，各县仍不能保送足额，或全付阙如"。总之，"解决办法，固不在乎集中

---

① 《省政府陈主席在纪念周报告本省教育改革方案要点》，《福建教育》1936年第2卷第9期。

② 陈仪：《省府陈主席在本校开学典礼训词》，《福建师范》1936年第1期。

第一章 相对完整体系：全面抗战时期永安教育变迁的情况

与否"①。

从根本上说，师范学校"集中办理"与否，不过形式之争罢了，原本无所谓孰是孰非。只要能达成师范教育的目标，担起师范教育的职责，完全可以根据统一要求与实际情形而取舍。如同论者所言："如果集中办理，可以辅导地方教育；而分区设立，不能得到师资齐一；那末只有实行集中办理就是了。如果分区设立，能够使师资齐一；而集中办理，不能辅导地方教育，那末就实行分区设立就是了。如果分区设立，能够使令师资齐一，而集中办理，亦可以辅导地方教育，那末两种办法，都可以施行，只要看那种利益较大，那种于特殊情形之下较为适宜，就实行那一种办法就是了。如果集中办理，不能顾及辅导地方教育；或分区设立，不能使师资齐一，那末只有令想出一种补救办法，使双方均得到圆满的效果就是了。"② 这一看似折中的建议，实则更加接近问题的本真。姜琦盛赞其为"集中办理就是分区设立，分区设立就是集中办理"的辩证主张，誉之为"一种师范教育尤其是本省师范教育的进展观"。③ 如此一来，福建省立师范学校的组建及引发的争论，展示的就不仅是近代中国师范教育变迁进程中特殊性的一面，更带着一般性的一面。就像有论者明确表示的那样："总之，我认为目前本省师范制度最亟须改进的地方，应有两点：（一）如何实现集中原则的分区制；（二）如何推进辅导地方教育的功能？同时我又觉得这两个问题，或许还有共通性，恐怕也就是当前中国师范教育问题中一

---

① 高光远：《关于本省师范学校集中办理与分区设立的商讨》，《福建师范》1937年第2期。

② 陈时文：《师范学校集中办理之检讨》，《福建师范》1937年第2期。

③ 姜琦：《我对于参加讨论本省高中师范集中办理方案问题的各种意见之总答覆》，《福建师范》1937年第2期，第20页。

个应讨论的重要问题。"①

首先，陈仪标揭的"齐一师资训练，发扬民族精神"宗旨，不仅是他的师范教育"情结"的具体化，更是师范教育性质、特色与功能的应有之义。论者一再声援："师范人才的训练，如果没有齐一的精神，根本就失却了政治的背景，负不起国家训练国民的责任。"② 姜琦也申明，即便此后福建省的教育经费增加到能够充分保障师范学校分区设立时，"仍然须要保持《二十五年度整理本省教育方案》所规定的'集中办理'与'齐一训练'之精神"③。

其次，"寓'集中原则'与'齐一训练'于'分区设立'之中"的设想，不仅于当时论争中获得较多支持，实践中也逐渐显露这一倾向（尽管未能像姜琦具体设计的那样展开）。

有论者明言："为尊重一般法令的形式，与完成师范学校之特殊使命及适应实际的需要情形起见，我对于今后师范教育制度应如何改进的一个问题，极赞成姜校长所提议之寓集中原则于分区制的主张。"④ 有论者附和："伯韩校长这寓'集中原则'与'齐一训练'于'分区设立'之中的建议，实即确立本省师范教育制度的一个缩影。"并建议设立"国民师范学院"，"以资领导"，"以综其成"，同时，"分立国民师范学校"，"普设中心国民学校"，以改革师范教育制度。⑤

---

① 薛克桎：《对于本省师范制度一个改进的意见》，《福建师范》1937年第2期。
② 邹有华：《对"改进本省师范集中一校办理以后的教育方案"之一些意见》，《福建师范》1937年第2期。
③ 姜琦：《本省高中师范集中一校办理以后的教育方案之检讨及其怎样改进》，《福建师范》1937年第2期。
④ 薛克桎：《对于本省师范制度一个改进的意见》，《福建师范》1937年第2期。
⑤ 许卓群：《福建师范教育之进一步的改进》，《福建师范》1937年第2期。

第一章 相对完整体系:全面抗战时期永安教育变迁的情况

全面抗战爆发后,"南京(重庆)国民政府教育部"似也无力纠察福建省域的师范教育改制情形;由此,之后的一段时间里,虽未经备案,但福建省域的省立师范学校仍延续集中一校办学。不过,碍于"交通阻隔"等境况,一方面,福建省立师范学校采取了"分散、就近寄读"的方式:"省立福建师范学校近年因统制招生,各县都配有名额,现在分散各县,交通阻隔,来往不便,所以为学生便利就学计,除福州本部外,并规定一年级学生籍贯属闽北的就近寄读省立邵武初级中学;属闽南闽西的在省立长汀初级中学寄读,学生的分配由厅核定,教育的分配由师范学校办理。"① 另一方面,福建省立师范学校内迁至闽西北山区县城永安(福建省临时省会)后,亦不时"搭车"各地省立"简师"②,展开教育教学活动。"普通师范,虽只有省立师范学校一校,但来学年新招的班级,拟定于永安本校外,并分在闽清、福安、南靖、建阳、仙游五个简师上课,使各地学生就学便利。"③ 可见,寓"集中原则"于分区设立当更符合师范学校办理的实际。

---

① 郑贞文:《抗战期中本省教育的动态——九月六日在省府联合纪念周报告》,《闽政月刊》(教育辑)1937年第1卷第5期。
② 《二十五年度整理本省教育方案》中,除组建福建省立师范学校外,还利用原省立龙溪师范学校、建瓯乡村师范学校以及龙岩简易师范学校校址,将其余的省立乡村师范学校以及省立初级中学附设的简易乡村师范学班进行归整,改办成为三所省立简易师范学校:省立龙溪简易师范学校(1937年12月迁址南靖,更名为南靖简易师范学校)、建瓯简易师范学校(1938年迁址建阳,更名为建阳简易师范学校)、龙岩简易师范学校,以培养义务教育师资。全面抗战开始后,依据"南京(重庆)国民政府教育部"关于师范教育设施的部署以及福建行政当局的规划,又适时添设省立顺昌简易师范学校(1939年迁址沙县,更名为沙县简易师范学校)、仙游简易师范学校、连城简易师范学校,次年,再增设霞浦简易师范学校(不久迁址福安,更名为福安简易师范学校),1939年,继续增设闽清简易师范学校、德化简易师范学校。
③ 郑贞文:《抗战三年中全国教育与本省教育的进展态态——二十九年七月八日在省政府总理纪念周报告》,《闽政月刊》1940年第6卷第5期。

— 99 —

再次,师范学校分区设立意义的再认。师范学校分区设立,始自近代中国师范教育创制之际,明确见之于政府法令。参考时贤的见解,这种划分办法,是中国师范教育制度的特色,欧美各国,无此先例。教育行政部门的用意,即是为了便于地方教育辅导,故而同样屡见于师范教育的相关规章中〔1936年,"南京国民政府教育部"将"督促各省划分师范区"及"师范学校辅导一区小学之办法"作为当年工作之重;1943年,"南京(重庆)国民政府教育部"更是专门出台《师范学校辅导地方教育办法》,规范、强化师范学校辅导地方教育工作的开展〕。学人对此时有讨论与反思,如辅导的必要性、可能性,辅导的内容、方式等。此番论争中,论者亦不回避。"辅导工作是师范学校最主要职能之一,怎样推进辅导地方教育的效能?今后教育行政当局与师范学校当局均应严切注意的!"[1]

不过,对一般认为的师范学校分区设立更有利于地方教育辅导的论调,有论者具体情况具体分析,指出二者之间并非全然一一对应,应当注意更为切实的影响因素。"过去师范学校对于地方教育辅导工作的失败原因,绝不在于分区与集中的问题。换言之,绝不是因为师范学校分区,便就担任起地方教育辅导的工作;师范学校一集中,便失去其辅导的能力。而如何推进辅导的工作,纯在于师范学校的职能上有没有提高和充实为断。假使对于师范学校的职权和能力没有加以改善,纵使就分区得每一县都有一个师范学校时,也是不能负起辅导工作的使命。"[2] 有论者直截了当解析了"集中办理"也能辅导地方

---

[1] 薛克柽:《对于本省师范制度一个改进的意见》,《福建师范》1937年第2期。

[2] 薛克柽:《对于本省师范制度一个改进的意见》,《福建师范》1937年第2期。

第一章 相对完整体系：全面抗战时期永安教育变迁的情况

教育的情形予以应和。即集中办理的师范学校完全能够像以往分区设立在该区的那所师范学校一样，首先担起该区内地方教育的辅导职责。虽然对其他区域一时鞭长莫及，却也可以借助"文字通讯"、派遣专人分赴各区直接辅导、召开教育辅导研讨会等方式，担起辅导职责。在教育经费支绌情况下，甚至不亚于分区设立师范学校辅导地方教育的功效。①

另外，师范学校分区设立的必要性，甚至不单为了辅导地方教育，还"在使师范教育之内容切合于当地社会需要，及指导师范学校毕业生更有效地为当地小学服务"②。师范学校要有效地推进地方教育工作的辅导，还涉及职权变化，以及与教育行政部门关系的调适等。诸如此类言说，虽有待商榷，但无疑更加真实地呈现了师范学校辅导地方教育的具象。

最后，从姜琦的"总答覆"来看，论者围绕"齐一师资训练"、师范学校"集中办理"还是"分区设立"等问题进行讨论，应当说，触及的是近代中国师范教育变迁进程中众多层面的探讨，理论的、政策的、实践的、实际的，从宏观到微观，从抽象到具体，从内部到外部，生动再现师范教育的价值与担当，"是为着将来的我们全中国师范教育的问题而设想的"③。

1938年3月，福建省立师范学校奉令先于福建省政府机关内迁永安，落户文庙。因二、三年级学生被派遣至全省各地开展民众训练与从事民众教育工作，只有一年级学生随迁，文庙尚能应付使用。与之相随，还有从原来的福州校本部运来的教学设备。"从福州运来的校具，有课桌椅千张，图书数万

---

① 陈时文：《师范学校集中办理之检讨》，《福建师范》1937年第2期。
② 薛克桯：《对于本省师范制度一个改进的意见》，《福建师范》1937年第2期。
③ 姜琦：《我对于参加讨论本省高中师范集中办理方案问题的各种意见之总答覆》，《福建师范》1937年第2期。

册,钢琴三大架,风琴六十多架,显微镜数十架,动植物及矿物石等标本数百种,理化实验仪器无数。特别还有稀少贵重的白金杯、珊瑚树、钻石玛瑙等为数众多的设备。"① 1939年5月,文庙遭受日本飞机轰炸,福建省立师范学校紧急转移至离永安县城10公里外的大湖乡,充分利用当地的祠堂与空地,因陋就简继续办学,展现着生机与活力。时任校长王秀南感慨良多。"于全村中心已被新运会废弃了的华光庙邻旁一间赖氏祠堂作为总办公室,正名之为'敬业院',而收华光庙为门房及会客室,作为全校行政的重心。""敬业院之前有一大鱼池,原名襟清湖。右边一块大旷地,因建为大礼堂,而正名之曰'中山纪念堂'。襟清湖上加盖一湖心亭,四周围植花木,以添其佳胜。""利用这林荫的掩蔽之下,新建有教室四座,以纪念合并前来的四间普师:一曰'三山院',所以纪念福州师范;二曰'芗江院',所以纪念龙溪师范;三曰'莆阳院',所以纪念莆田师范;四曰'芝城院',所以纪念建瓯师范。俱绕建在襟清湖畔,水光松影,相映如画。""此外各特别教室:如'图书馆',则借自赖氏乡贤祠;'科学馆'乃利用陈氏家庙;'美术馆'则租自赖氏旧屋;'工场'系借用赖氏家祠;'农场'办事处,则修葺民房应用;'体育馆'乃借用刘氏祠堂;'运动场'则辟于北邻之'乔木郊墟',广大无比。松荫之下,建一'青年楼',可作为检阅之用,也兼作学校党部与三民主义青年团的办事处。""至于教师宿舍,原名'心远楼',乃租自赖氏私人,专供单身教师住宿者。男生宿舍有六:曰'铨智斋',曰'居仁斋',曰'尚勇斋',曰'立信斋',曰'行严斋',曰'近圣斋',皆住有教官及教师。女生宿舍有一,曰'笃行斋',

---

① 赖华编:《忆永师》,载中国人民政治协商会议福建省永安市委员会文史资料研究委员会编《永安文史资料》(第二辑),1983,第58页。

第一章 相对完整体系:全面抗战时期永安教育变迁的情况

楼上也住有女教师和女教官。这些宿舍,都是利用旧祠堂及大湖文庙改造而成。还有厨房、膳厅、盥洗室、浴室(也有郊外浴房)和男女厕所。更有医务所、青年服务社,及大众俱乐部等。麻雀虽小,五脏俱全。惟占地之广,规模之大,较之乌石山校舍,犹有过之。"①

1941年,接替陈仪出任福建省政府主席的刘建绪认为师范学校不宜集中办理,福建省域的师范学校重新分区设立。1942年秋,福建省立师范学校因属地改称福建省立永安师范学校;不仅如此,为提高师范教育质量,紧随其后,其他省立简易师范学校也奉令全部改制为省立师范学校,全然回归"分区设立"样貌。

福建省立师范学校更名为福建省立永安师范学校,对于即将毕业的学习者来说颇感突然,但他们还是较为坦然地接受这一变更,"这件事来得突然,在我们毕业班(普师6个班,体师、艺师各一个班)的200多位同学中引起了很大的波动。大家认为毕业在即,学校叫'福建师范'才名实相符;况且四年来(普师42届同学除读三年书外,还参加战时民教工作一年),我们一直挂着'福建师范'校徽,一直戴着印有'福建师范'四个大字的雨笠,一直穿着连每颗纽扣也铸上'闽师'印记的草绿色军装式校服,大家自然与校名结下了深情。因此,各班都有几位热心于'名正言顺'的同学被推举为代表,联合向学校提出请求:校名更易之后,这一届的200多位同学的毕业证书,仍旧保留原校名,并钤以'福建师范'的校印。结果,要求归要求,尽管代表们费尽口舌,得到的答复是'上级指示,碍难照准'几个字。更名以后不到一个月,我们

---

① 王秀南:《福建师范在战时》,载王秀南《王秀南教授九十回忆录》,新加坡东南亚教育研究中心,1995,第181、182页。

领到的终于是一张写着'省立永安师范学校首届毕业'的证明信,然后便告别了大湖,告别了母校"①。事实上,变更的也只是校名,学习、训练、生活一切如故。"校名虽改了,但校园是同样的校园,师生都是原班人马……我们这些入学于福建师范,毕业于永安师范的学生,纷纷同时佩戴'福建师范'和'永安师范'的两枚校徽,以示学校历史的一脉相承。"②

1943年5月,福建省行政当局出于强健国民体魄的目的,为开展专项训练、培养体育师资,遂筹设福建省立永安体育师范学校,"经就省粮政局旧址拨给一部,充为校舍,于本月廿四日成立,并由省令饬省立永安师范学校原有体育师范科两班,即日移并该体育师范学校办理,并继续上课。下学期并可招收新生"③。著名武术家万籁声④出任校长。"该校当时分两种学制,一种叫师资训练班,简称师训班,招生对象是高中毕业生,学习时间为一年,毕业后任初中体育教师;另一种叫本科班,招生对象是初中毕业生,学制三年,主要培养小学体育教师。"⑤ 这一举措壮大了当地师范教育的力量。1945年全面抗战胜利后,福建省立永安体育师范学校迁往福州,更名为福建省立福州体育师范学校。不过,当年七月制定的"招生简章"

---

① 陈靖:《大湖——母校忆语》,载政协福建省三明市委员会文史资料委员会、福建省三明师范学校编《闽师之源》,中国文史出版社,1993,第92页。

② 熊寒江:《忆许钦文老师在永安》,载政协福建省三明市委员会文史资料委员会、福建省三明师范学校编《闽师之源》,中国文史出版社,1993,第129页。

③ 邓佐明:《三十二年五月份福建省政动态·文化方面:创办体育师范》,《新福建》1943年第3卷第5期。

④ 万籁声(1903—1992),湖北武昌人,1926年毕业于"国立北京农业大学"(今中国农业大学),曾任职于"国立北京农业大学"、广西大学体育部等处。全面抗战时期,在重庆任"国民党中央训练团"武术总教官。1942年入福建省临时省会永安,1943年出任福建省立永安体育师范学校校长。

⑤ 张在军:《发现永安:被忽略的抗战文化中心》,海峡出版发行集团、福建教育出版社,2018,第58、59页。

第一章 相对完整体系：全面抗战时期永安教育变迁的情况

仍以"福建省立永安体育师范学校"的名头发布，呈现了办学的连续性。如"报名地点：在各县市政府及永安北门外西营坂本校"。"投考资格：甲、师资班：公立或已立案之私立高级中学或同等程度学校毕业生，十八足岁以上廿五足岁以下者。乙、普师科：一、公立或已立案之私立初级中学或同等程度学校毕业生，年在十五足岁以上廿二足岁以下者；二、简师本科毕业经服务期满者；三、编级生（已入读普通高级中学或已毕业而有意愿转读体育师范者——引者注）须初中毕业并在高中修满一年上期有正式转学证书者，但在高中毕业其成绩优良、体格强健者得由该校保送。"①

福建省立师范学校迁址永安后，不仅使当地有志从教的学子有了"近水楼台"的入学机会，据统计，"永安籍学生逐年增加，到1945年止就有70多人"②。而且对当地民风习俗也产生了一定影响。"留在校本部的一年级学生也组织'晨呼队'，黎明即起，列队唱着歌曲，街头巷尾都走转，促使居民早点起来工作。永安冬季多雾，居民叫瘴气，原有习惯，总要睡到九十点才开门来晒太阳；反正俭朴的生活无须多劳动。""留在校本部的一年级学生在做宣传工作中，也劝居民冬季种麦子。高山多旱田，不好多种水稻，种麦子是可以的。以前的永安，地瓜掘起以后，田间空空的，从此冬季，也就可以见到绿莹莹的麦苗了。"③ 迁至大湖乡后，还承接移至当地的福建省义务教育实验区事务，并在紧随其后的大湖乡"国民教育

---

① 永安县政府教育科：《各级师范学校招生卷》，福建省永安市档案馆，83（全宗号）—11（目录号）—470（案卷号）—98（页码）。

② 赖松林：《抗战时期的永安教育概况》，载中国人民政治协商会议福建省永安市委员会文史资料研究委员会编《永安文史资料》（第二辑），1983，第55页。

③ 许钦文：《三干主义》，载政协福建省三明市委员会文史资料委员会、福建省三明师范学校编《闽师之源》，中国文史出版社，1993，第67页。

示范区"建设中刻下了深深的印记。

尤其值得提及的是,1945年全面抗战胜利后,福建省政府机关及所属各单位纷纷回迁福州,而福建省立永安师范学校并未随同,只是从大湖乡迁回县城文庙,继续留守当地。据分析:"原因之一:校名已改称为省立永安师范,不能把永安师范迁到福州去;原因之二:师范已分区设立,各行政区都办有师范,所以不能把永安师范迁到福州而使永安地区无师范学校;原因之三:福建师范系省府未内迁前迁永安的,不能说是随省政府内迁单位而跟着迁去福州;原因之四:省府迁永安已有7年多,对战时省会的教育事业不能不关怀,倘把一所培养师资的学校都迁走,未免遭当地人议论反对。"① 不论其中主要矛盾或矛盾的主要方面为何,抑或还有其他鲜为人知的原因,作为永安乃至闽西北仅存的专业学校,福建省立永安师范学校继续着自己人才培养与服务当地的使命。1951年永安师范学校从永安县城文庙搬迁至西门外东坡原永安县立初级中学旧址,1966年9月停止招生。1971年复办,选址福建省三明市区麒麟山东侧狮子坑重建校园,更名为福建省三明地区师范学校,后定名"福建省三明师范学校"。

(二)福建省立师范专科学校创设

1941年创办于永安的福建省立师范专科学校,既是被中等教育师资饥荒催生而成,更是福建省行政当局持续努力的结果。

1. "师荒"境遇下的抉择

中等学校师资数量与专业训练不足,是1922年"壬戌学

---

① 赖华编:《燕江风云十二年》,载政协福建省三明市委员会文史资料委员会、福建省三明师范学校编《闽师之源》,中国文史出版社,1993,第62页。

第一章 相对完整体系：全面抗战时期永安教育变迁的情况

制"颁行后全国各省区面临的共同困境。一方面，民国初年划区设置的高等师范学校差不多都改制为综合性大学后，作为其下的教育科系，培养目标与训练要求与此前的高等师范学校不可同日而语。翻检民国时期的教育法规，"高等师范学校以造就中学校、师范学校教员为目的"。"大学以教授高深学术、养成硕学闳材、应国家需要为宗旨。"① 较之大学重在学术人才的培养，高等师范学校旨在培育中等学校师资。《高等师范学校规程》关于课程设置的规定，彰显着"学科知识学习与教育专业训练有机结合"的鲜明特色。另一方面，"高师改大"后仅存的北京师范大学，似乎兼顾了高等师范学校与大学的取向："造就师范与中等学校教师及教育行政人员，并研究专门学术。"② 但在具体运作上，"高师改大以后，专业训练之成分日减，学术研究之成分日增，求适合《大学组织法》，几与普通大学无甚出入"③。冲淡了原有意义上的师资训练。即便如此，北京师范大学所培养的师资供不应求又委实不难想象。据统计，1924年至1934年，北京（北平）师范大学共毕业了1759名学生。④ 这对全国各地的中等教育师资需求来说，无异于杯水车薪。

福建省中等教育也面临着"师荒"。一方面，随着中等教育的发展，师资需求（首先是量）问题变得格外突出。据研

---

① 璩鑫圭、唐良炎编《中国近代教育史资料汇编·学制演变》，上海教育出版社，2007，第670、673页。

② 北京师范大学校史编写组编《北京师范大学校史（1902—1982）》，北京师范大学出版社，1984，第73页。

③ 李蒸：《国立北平师范大学之过去现在与将来》，《教育杂志》1935年第25卷第7号。

④ 北京师范大学校史编写组编《北京师范大学校史（1902—1982）》，北京师范大学出版社，1984，第214、215页。

究者的推算，假定中学每增加一个班级，须增加教员2人，"则二十五年度须增加教员180人，二十六年度再增124人，二十七年度再增140人，二十八年度再增138人"①。但自1922年"壬戌学制"颁行后，全省便没有一个专门培养中等教育师资的机构，虽然省内的私立厦门大学、私立福建协和大学、私立华南女子文理学院的教育科系一定程度上承担着中学师资的培养任务，但一者人数有限，二者不像之前高等师范学校以造就中等教育师资为指向。据统计，"全省各大学教育系每年毕业生共计30人左右，到中学工作的不超过20人"②。另有研究者的统计也显示，本省专科以上文、理、教育各院系毕业生，"二十六年度仅84人，二十七年度仅60人"。加上省外专科以上院校文、理、教育各系科的闽籍毕业生，亦难敷所需。并根据省内外大学其他专业、科系在福建省的招生情形，推算了1936年至1940年每年参加中等教育工作的非教育学科大专毕业生人数，也只有60人至120人。③ 何况毕业生还并非全都充任中等学校教师。更令人揪心的还在于，受待遇因素影响，为维持生计而改就他业的教师亦不在少数。

倘若结合全面抗战时期福建省经济建设五年规划方案，中等教育发展对师资的需求将更加捉襟见肘。正像亲历者看到的那样："数年来，省内中等学校聘请教员的困难为行政当局所公认。主管行政机关对于各校教员只能先问'有没有'，才问'合不合'，再问'好不好'，所以量既不足，质就不能苛

---

① 沈炼之：《本省中等学校师资的缺乏问题》，《福建教育通讯》1941年第6卷第5期。
② 檀仁梅：《本省中等学校师资问题》，《中等教育》1942年第八辑。
③ 檀仁梅、庄明水：《福建师范教育史》，福建教育出版社，1990，第104、105页。

第一章 相对完整体系：全面抗战时期永安教育变迁的情况

求了。"①

福建省行政当局一方面积极向"南京（重庆）国民政府教育部"申述并与之协商、沟通，另一方面则想方设法开掘内源，以缓解"师荒"。

1939年，福建省教育厅拟向已迁置重庆的"国民政府教育部"提请设立师范学院一所或扩充厦门大学教育系规模，但均未能如愿。"本厅前以优良师资之是否足用实为改进学校教育之先决条件，惟本省前项师资极感缺乏，且南洋各埠华侨设立之学校又向视本省为师资之来源。最近教育部在国立浙江大学、国立中山大学所设立之师范学院均已远迁他处，因内地交通之不便及其他种种困难，将来所培成之师资，实不足应本省、南洋及浙粤等邻省师资之需要。基上理由，前特由厅呈请教育部准于本年秋间在本省设立师范学院一所，或将国立厦大教育系予以扩充。兹已于本年四月间奉教育部指令，略以：目前无另设师范学院之必要，惟在浙大及中山大尚未迁回原地以前，本年秋季暂准国立厦门大学教育系酌量扩充学额，并于课程内注重师资训练以应需要云。"② 此路不通，只能另行谋划。1940年，陈仪拟创办省立福建大学，除设置医学院、农学院、法学院外，还计划附设师范专修科，以培养中等教育师资。遗憾的是，仍未通过"教育部"的备案，省立福建大学仅是昙花一现。

不过，福建省行政当局并未坐以待毙。同年，未等"教育部"同意与批准，福建省教育厅将原拟设置的省立福建大学师范专修科改办为福建省立中等学校师资养成所，派遣时任

---

① 唐守谦：《福建省立师范专科学校概述》，《中等教育》1942年第一辑。
② 《福建教育通讯》第3卷第18期，第155页，转引自檀仁梅、庄明水主编《福建师范教育史》，福建教育出版社，1990，第106页。

省教育厅秘书的沈炼之①主持具体事务。该所设所长一人,下设"教导""总务"二处,教导处下设"教务""训导""体育"三课及"军事教官室";总务处下设"文书""会计""庶务"三课及"医疗室",另设"图书馆",隶属教务处。"以养成初级中学及简易师范学校之健全师资为宗旨",先期设"国文、史地、数学、理化"四组(视条件许可与否,考虑增设教育、英语、博物、图画、劳作、体育、童军等组),课程参照"教育部"颁发的师范学院课程规程开设,"修业年限视各组性质定为二年或三年"。学生入学资格为:"曾在公立或已立案之私立高级中学或同等学校毕业,或师范学校毕业生经主管教育行政机关核准升学,经入学试验及格者。"福建省立中等学校师资养成所创办伊始,有学生120人,"内二年级数学组16人,理化组12人(由1939年教育厅创办的中学理科师资训练班招收的学员并入);一年级国文组15人,史地组36人,数学组20人,理化组21人"②。俨然一所小规模的高等师范学校。

受制于规模与规范,中等学校师资养成所在解决师荒困境问题上仍缓不济急。1941年,福建省政府再度呈请"教育部"拟设教育学院,依旧未果。"本省为统筹培养各种教育人才起见,拟设省立教育学院呈请中央核示,顷得教育部咨覆,以各省立教育学院以培养社教师资为主,未便兼办中等学校师资训练。"③

---

① 沈炼之(1904—1992),浙江温州人,1925年毕业于北京师范大学,1933年获法国里昂大学文科博士学位。回国后,任教于广州勤勤大学、"北平师范大学"、"南京中央政治学校"等处。1938年来到福建省临时省会永安,主编《改进》半月刊,兼任福建省研究院教授以及福建省教育厅督学、秘书等职,1940年出任福建省立中等学校师资养成所所长。

② 沈炼之:《福建省立中等学校师资养成所概况》,《福建教育通讯》1941年第6卷第12期。

③ 明渊:《通讯:一月省政报道》,《福建教育通讯》1941年第8卷第4期。

第一章 相对完整体系：全面抗战时期永安教育变迁的情况

福建省行政当局仍未放弃，经省、部反复磋商、博弈，1941年6月，"教育部"最终答复同意福建省政府创办福建省立师范专科学校的请求。时任福建省教育厅第三科科长唐守谦①受命出任校长。7月，完成招生任务，8月1日正式开学。诚如学人所言："几经周折，本省第一所独立设置的正规的高等师范学校终于破土而出。这是本省师范教育史上弥足珍贵的一页。当时全国高等师范教育系统中，只有师范学院之设或在师范学院中附设专修科或初级部，独立设置师范专科学校为福建所首创。"②时论亦言福建省立师范专科学校为当时"全国最先的创举，也是新颖高等师范学制的一个试创，在教育的基地里播种着新颖的根苗"③。

2. 福建省立师范专科学校的运行

福建省立师范专科学校性质、定位如何，又将如何切实担负起中等教育师资训练任务？首任校长唐守谦说："本校的产生不是偶然的，也不是升平时代点缀门面的装饰品。它的创立是适应实际的需要，是有特殊的意义。"④由此也就使得该校既"一般"又"特殊"。

第一，学校的任务：一是中等学校师资的培养。该校原本即为应对"师荒"而设，造就合格的中等学校师资自然而然成为第一任务。二是中等学校的辅导。这不仅是将"教育部"

---

① 唐守谦（1905—1998），福建莆田人，厦门大学毕业后，留学美国哥伦比亚大学师范学院，获博士学位。回国后历任厦门大学、安徽大学、福建协和大学教授，福建省教育厅第三科科长。1941年出任福建省立师范专科学校校长。

② 邹有华、徐君藩：《福建省立师范专科学校的筹办和初期概况》，载中国人民政治协商会议福建省委员会文史资料编辑委员会编《福建文史资料》（第二十三辑），1990，第52页。

③ 苍谷：《中学师资的新仓库—福建师范专科学校》，《前线日报》1941年11月19日第5版。

④ 唐守谦：《福建省立师范专科学校概述》，《中等教育》1942年第一辑。

颁行的《师范学院辅导中等教育办法》加以落实；也是承接福建省教育厅所置的"专科视导"之责。三是教育问题的研究。"除中等学校本身，还有国民教育新制的各项问题急待解决。这种研究工作不是行政机关所能办得了，也不是研究会或讨论会一类所能解决，师专必须负起此种责任。"① 看来，福建省立师范专科学校较之同时期的师范学院，职能上大同小异。

第二，学校的专业与课程设置。创办之际，福建省立师范专科学校开设"文史地、数理化、教育、艺术、体育及童子军"五科。其中，文史地与数理化这两个综合性学科，是学校学科和课程设置的显著特色。② 旨在"使学生一专多能，毕业后胜任性质相近的若干科目的教学，但又有主次之分"，文史地科以国文为主，分组选修历史、地理或外文；数理化科以理化为主，兼习数学。各科课程设置参照《师范学院分系必修及选修科目表》及《教育部设置师范学院初级部办法》执行。"普通基本科目占百分之廿四；教育基本科目占百分之十三；分科专门科目占百分之五十；专业训练科目占百分之十三。"③

旨在培养师范学校教育科目教师及教育机关、学校行政人员的教育科，由于"分科专门科目"即主要是教育类科目与课程，为了使学习者能担任中学的相应科目与课程教学，培养方案中安排了分组选修国文、历史或地理的科目，呈现着与其他科目的共性及自身特殊性。

---

① 唐守谦：《福建省立师范专科学校概述》，《中等教育》1942年第一辑。
② 邹有华、徐君藩：《福建省立师范专科学校的筹办和初期概况》，载中国人民政治协商会议福建省委员会文史资料编辑委员会编《福建文史资料》（第二十三辑），1990，第54页。
③ 张振书：《学校生活素描特辑：福建师专的描绘》，《学生之友》1942年第4卷第5、6期。

第一章 相对完整体系：全面抗战时期永安教育变迁的情况

表1-29 教育科科目

类别	必修科目		选修科目		
	科目	学分	组别	科目	学分
基本必修科目	三民主义 国文 外国文 自然科学（生物） 体育、军训 音乐	24	国文组	历代散文选 国学专书选读 国文文法 国文教材及教学法 文字学概要	20
分科专门科目	教育概论 普通心理学 教育心理学 哲学概论 伦理学 教育史 比较教育 教育行政 中等教育 普通教学法 教育测验 教育统计 社会教育 学校行政 教育哲学 教育研究法	56	历史组	中国史 西洋史 历史教材及教学法	20
专业训练科目	教育学科教材教学法 教学实习	10	地理组	中国地理总论 中国区域地理 世界地理 地理教材及教学法	18
合计		90	说明	学生可任选一组修习，毕业后兼任该组相关学科教员	

资料来源：《福建省立师范专科学校民卅级毕业纪念刊》，1944，转引自檀仁梅、庄明水主编《福建师范教育史》，福建教育出版社，1990，第114页。

福建省立师范专科学校的专业、课程设置虽参照师范学院规制，但在修业年限上，较之同时期五年制的师范学院有所调整，规定为三年制。

第三，学校的办学特色：一是注重人格的训练。"师专是培养师资的学校，师道是尊严的，所以人格训练尤为重要。"二是注重实际教育。鉴于师专的修业期限以及学生出路，"应该纠正一般学校'搬运不合国情的外国知识技能'和'偏重理论'的弊病，而侧重适合国情的实际教育"。三是养成刻苦耐劳的精神。"要使师资能安贫乐业，须在训练时养成刻苦耐劳精神。"四是注重政教合作。"使学校成为政府的研究部，政府为学校的实验场。师专的一切计划与实施都要以此为准则。"① 显现着全面抗战时期师范教育变革的要求。

第四，学校的招生及入学资格。福建省立师范专科学校学生来源：一是由学校招考；二是由高级中学及县政府保送。"保送办法有两个要点：（一）公私立高中每校得保送该校成绩优良、经会考及格之毕业生一人至三人升学；（二）各县政府为培养县立初中或其同等学校师资，并奖进服务成绩优良之中心（国民学校）教员起见，得抽选合于投考资格第一款甲乙两项，年在三十岁以下服务确著成绩者一人至三人进修。"② 学生入学资格为具后列其中一项者："（一）公立或已立案之私立高级中学或其同等学校毕业者；（二）普通师范学校毕业服务期满（三年）者（惟服务一年、成绩优良经主管教育行政机关核准升学者）；（三）具有高级中学毕业同等学力者（惟须受以下限制：同等学力录取人数不得超过总额百分之二十；报考同等学力学生以二十九年暑期前修满高中三年级学

---

① 唐守谦：《福建省立师范专科学校概述》，《中等教育》1942年第一辑。
② 唐守谦：《福建省立师范专科学校概述》，《中等教育》1942年第一辑。

第一章 相对完整体系：全面抗战时期永安教育变迁的情况

业，因战事关系未能修毕高中学业在家自修之学生，缴验原肄业学校成绩单经审查合格者为限）。"① 由此呈现的情形是：（1）学生年龄悬殊。"这里，有一半以上是选送来的学生，年龄都相当大，如若把全国专科以上学校的学生的年龄中数编制一个图表，这里必将占有最高的线条。"② （2）生活阅历不一。"有的在社会上已服务了三年五年甚至八年十年，当过县政府督学、科员，当过小学校长、教员，当过党部干事，当过报社记者、刊物编辑，当过国民兵团督练员、巡官等，有着丰富的处世经验的；有的却刚刚离开了中学生的阶段，对于人情世故一无所知的。"③ 尽管如此，同学间却也"都能亲爱精诚，团结无间"。

首届学生的分布情况为："教育科39人，文史地科41人，数理化科19人，艺术科14人，体育及童子军科8人。另由中师养成所移并前来文史地科20人，数理化科5人，编列二年级，学制改为3年。还有省立音乐专科学校移并前来的图画劳作师资进修班（两年制）5人。全校共有本科5科8班，进修班1班，共151人。"④

第五，毕业生服务年限。"师专毕业生服务年限，一律定为三年。第一年，由省政府参酌各生能力、志愿，分发本省各公私立中等学校服务。经指派后，不得以任何理由申请改派；第二年、第三年，得自由受各公私立中等学校聘用，但不得升

---

① 唐守谦：《福建省立师范专科学校概述》，《中等教育》1942年第一辑。
② 苍谷：《中学师资的新仓库——福建师范专科学校》，《前线日报》1941年11月19日第3版。
③ 张振书：《学校生活素描特辑：福建师专的描绘》，《学生之友》1942年第4卷第5、6期。
④ 邹有华、徐君藩：《福建省立师范专科学校的筹办和初期概况》，载中国人民政治协商会议福建省委员会文史资料编辑委员会编《福建文史资料》（第二十三辑），1990，第60页。

学或从事中等学校教员以外之职务。"①

坐落于永安城郊霞岭前省立中等学校师资养成所旧址的福建省立师范专科学校,环抱于群山之中,"一湾溪流恰从校前经过,打破了单调的景色,使智者仁者各得其所"。但由于"现址地势扩充比较困难",无法满足添班扩容的实际需要,1942年5月,奉令迁往南平水南后谷村,接收了原福建省工业人员训练所的场地、房舍,准备了扩大办学规模的基础设施。"三十三年秋,李黎洲先生来长本校,增加科系,罗致专家任教,学风丕振。没有多久,李氏荣任教育厅长,改由林希谦先生继任,更事刷新,校务蒸蒸日上,三十四年秋胜利复员后,即迁回福州乌石山前省立师范学校为永久校址。"② 1941年至1945年的4年间,福建省立师范专科学校共计毕业学生162人,为战时福建教育做出了应有的贡献。尽管在永安驻足短暂,但不妨碍肇端之功。1950年9月与国立海疆学校合并成立福建省立师范学院,1952年6月并入由私立华南女子文理学院和私立福建协和大学合并组建的福州大学。1953年全国高等院校院系调整,福州大学更名为福建师范学院。1972年福建师范学院复办后,更名为福建师范大学。

五、蓬勃一新的民众教育

1912年,"中华民国南京临时政府教育部"设置"社会教育司",为社会教育在近代中国教育行政上的立足之始。1927年,"国民政府"定于南京后,基于理想与现实的考虑,社会

---

① 《福建省立师范专科学校毕业生服务管理规则》,《福建省政府公报》1943年第1499期。
② 林凤岐:《八闽中等师资的摇篮——福建师专》,《教育通讯(汉口)》1948年(复刊)第5卷第12期。

第一章 相对完整体系：全面抗战时期永安教育变迁的情况

教育无论是经费投入，还是实施机构上均有令人瞩目的增长，尤其是随着社会教育实践的深入，"已经展开了一个新的方向"，由城市转向广袤的乡村。福建省行政当局自1928年以来即遵照"南京国民政府"及"教育部"关于推进民众教育的规划与要求，对超过义务教育年龄的失学民众开展补习教育，强制识字，扫除文盲。1934年陈仪主政福建后，更是注意到了民众教育与其他类型教育的均衡发展问题，"设立福建省普及识字委员会，另编识字课本，积极筹设民众学校。二十三年度设民众学校1039校，收容男女失学民众50326人；二十四年度厉行强迫识字，共设民校2052校，收容男女失学民众94190人，较上年增一倍……二十五年度设有民校3123校，收容男女失学民众195010人"①。遂使民众学校逐渐布及各县市（区）甚至乡（镇），推进了识字扫盲的开展。1937年，又颁行《福建省中心民众学校规程》，令各县市每区设立中心民众学校一所，对全区普通民众学校负辅导及示范之责。只是，受制于环境，实际成效有限。如同时人观察到的那样，较之当时定县、邹平等地如火如荼展开的平民教育、乡村建设实验，"在偏处海隅的福建，过去的民众教育仅是教育中的点缀品，以前虽然也办了民众学校、附设民众夜学等，但它的数量是有限的，在百分之八十文盲数字当中，无疑是杯水车薪，无补于事，更何况有些民众教育的机关，简直是设在大都会和城市中，与大多数的乡村民众绝了缘，这些缺陷我们不能'讳疾忌医'"②。如此，地处偏僻山区的永安县，其民众教育的实况可以预见。全面抗战爆发后，福建省的民众教育有了突飞猛

---

① 郑坦：《七年来的福建教育》，福建省地方干部训练团，1941，第22、23页。
② 永安县政府教育科：《永安县推行成人教育半年工作报告》，《国民教育指导月刊（永安）》1941年第1卷第3期。

进的改观，作为临时省会的永安，获得发展新机。

（一）福建省民众教育发展规划与永安县民众教育的实施

全面抗战爆发后，福建省行政当局随即组建福建省民训干部训练总队，于1937年12月号令全省高中以上学生会集福州东湖集训，以便担起宣传、动员民众投入"抗战建国"洪流中的职责。具体安排是：私立学院全体学生、师范及高中二年级和三年级学生、简易师范四年级男生参加民众训练；高中二年级和三年级女生、简易师范四年级女生参加救护训练；师范一年级、简易师范一至三年级及高中一年级学生参加战时后方服务团训练；初中各年级学生，年龄15岁以上者，参加童子军服务团训练；另外，医学专科学校及各类职业学校，依其专业属性加紧相应训练，以备战时之需。① 其中，本次参加民众训练的学生，共计1844人，由福建省民训干部训练总队负责训练，分军事、政治两组进行。军事训练组注重基本战术、游击战术、抗倭战术、总动员及后方勤务等的学习；政治训练组注重保甲、兵役、农村经济及合作、公共卫生、宣传通信、民训工作实际问题等的学习。受训时间：1938年1月5日至19日。② 陈仪的"训词"中特别提到学生集训的意义、目的："就是要唤起民众，抵抗敌人。"谆谆叮嘱受训学生"不懒惰、不浪费、不说谎"，方有可能在之后的实践中做好组织、训练民众的事务。③ 集训期间，福建省教育厅通令学生戴竹笠以御风雨烈日。受训期满后，从中抽调500人到闽侯、长乐两县实

---

① 郑贞文：《高中以上学校学生参加民训工作情形》，《闽政与公余》（非常时期合刊）1938年第14期。

② 郑贞文：《受训学生出发各地工作分配情形》，《闽政与公余》（非常时期合刊）1938年第16期。

③ 陈仪：《学生集中训练的意义》，《民教指导》1938年第14期；陈仪：《学生集中训练的意义（续）》，《民教指导》1938年第15期。

第一章 相对完整体系：全面抗战时期永安教育变迁的情况

习至23日，"这种实习的目的，一面为增加学生服务的能力；一面为体察地方实际情形，以作此后工作的参考"。其余留在总队的学员接受音乐、戏剧等技能训练，待赴闽侯、长乐两县实习的学员返回总队后，举行"除队式"，以示集训暂告结束。"除队式"上，陈仪亲自授予受训学员每人一"剑"（剑柄上刻"捍卫邦家"四字）以助威。时任福建省政府教育厅厅长郑贞文[①]大为感慨学生们"戴笠佩剑"这一形式乃"全国所无而本省特有"，特别阐释"笠剑精神"以示称赞。他说，戴竹笠，可以养成"质朴的风气""勤劳的习惯"；佩铁剑，可以养成"庄严的气象""公正的态度""忠勇的品性"。[②] 并作"笠剑学风歌"加以诫勉："出东湖，意气激昂；我肩上挂着笠，怕甚么狂风暴雨，炙背骄阳；我腰间佩着剑，怕甚么鸷鹰毒虺，张口贪狼；一齐到农村去，倡质朴生活，守勤劳习惯，养端庄品性，表公正态度，奋忠勇气概，唤起民众，效命疆场；角帽怎比得竹笠坚，倭刀怎敌得铁剑刚。准备向炮烟弹雨，锄强权，伸正义，发扬武力，为国争光。返校门，意志坚强；我把笠悬着壁，恍过去山川阅历，镂上箎管；我把剑贮着匣，恍过去星霜淬励，铦并干将；大家归学舍来，戒奢侈风习，除懒惰性癖，革邪曲行动，矫私伪思想，变怯弱气质，勖我同学，励志胶庠，受教要比那竹心虚，养气要似那剑锋藏。

---

① 郑贞文（1891—1969），字幼坡，号心南，福建长乐人。1918年毕业于日本东北帝国大学，获理学士学位。1919年出任商务印书馆编译所理化部主任，负责主持化学及其他自然科学图书的编审工作。1920年10月，参与厦门大学的建校筹备工作，受聘出任教务长。1921年8月，重回商务印书馆编译所。1932年6月，受聘于"南京国民政府编译馆"专任编审兼自然科学部主任和译名审查委员会主任。这年底，经时任"南京国民政府主席"林森推荐出任福建省政府教育厅厅长，直至1943年底卸任，前后11年里，致力于发展家乡教育事业，使当时福建省教育有了长足的发展。

② 郑贞文：《笠剑学风》，《闽政与公余》（非常时期合刊）1938年第17期。

准备当欧风美雨，崇道德，研学术，发展文化，为国争光。"①之后，受训学生被派赴全省各县区从事三个月的抗战宣传与唤醒民众、组织民众训练工作。

郑贞文在之后的福建省党政军联合纪念周会议上详细报告了受训学生此行的具体情状："其工作区域，计一市、三十四县、三种特区，共计三十八个单位。""这三十八个单位中，大半侧重于沿海沿江的地方，但闽北之浦城、建瓯、建阳、顺昌、邵武，闽西之上杭，闽中之龙岩等县，也列在工作范围。"从1月25日至28日，学生分3批出发奔赴上述各地，计男生1587人，女生235人。"工作的组织方面，每县市区设一民训工作队，每一民训工作队以区署数为标准，再分为若干分队。每一分队，设军事训练组和政治训练组。军事训练组，担任壮丁队、少年团及妇女队，实施学科和术科的训练；政治训练组，担任一般民众的政治训练，注重宣传和补助教育。军事训练组和政治训练组，均由男训练员组织之。每县市区男训练员之分配，大约属于军事训练者占三分之一，属于政治训练者占三分之二。另编战时妇女训练工作队，以女训练员组织之，分为五队，每队分配四十五人至五十人，其工作分为两种：（一）关于一般妇女之宣传；（二）关于地方妇女领袖之训练。各工作队到地后，除宣传外，应设短期训练班，讲授妇女领袖应受训练之课程，并注意与该地民训工作队取得联络。""工作督导和协助的方面，每县市区设民训督导委员会负督导之责，以县市区长、当地党部指导员、军训教员、警佐、省派督导员及驻军长官组织之。省派督导员，系由参加民训工作之学校教职员选派充任。"②显然，对于分赴全省各地

---

① 郑贞文：《笠剑学风歌》，《战时青年》1938年第1卷第8期。
② 郑贞文：《教育厅工作报告》，《福建省政府公报》1937年第788期。

第一章 相对完整体系：全面抗战时期永安教育变迁的情况

开展民众训练工作的高中以上学生来说，既是将此前他们接受的学习与训练加以具体落实的机会，又是了解地方与社会实情的难得时刻。由于组织措施得当，效果较为明显。据载，他们"抱着万分热诚，受尽劳苦，深入民间，发动民众抗敌，收效不可谓不大"①。

福建省政府迁至永安后，行政当局更加意识到组织民众力量对于"抗战建国"的意义。"今日中国抗战的问题，不在于一个城池的得失，而在于整个民众力量的如何运用；教育民众，唤起民心，已成为当务之急……战时民众教育便是'抓住民心'的工具。"② 陈仪表示："战时民众教育的手段和目的，一在促进民众之觉悟，使民众有国家的意识、民族的气节、救国的实力，能为外侮而贡献个人的所有所能，实践牺牲的崇高道德；一在强化民众的组织，使民众有统一的意识、自治的习惯、坚强的团结，能同心合力，发挥民族整个力量。"③ 执掌福建省教育厅第三科的唐守谦，以"生聚教训，抗战建国"来定位战时民众教育的手段和目标。"生——生活充实，生计改良，生产增进；聚——团体精神，团体生活，团体组织；教——国民道德，国家观念，现代智识；训——体格锻炼，国民军训，服务技能。"即以"生聚教训"为手段，达成"抗战建国"之目标，坚信"抗战必胜，建国必成"，④ 并对战时民众学校设置再度进行规划。"拟自二十七年八月起，在两年之内开办战时民校一万所，使全省16岁至45岁之失学男女都能受到战时的教育，分为专设的与兼设的两种。二十七年

---

① 郑贞文：《战时民教应有的认识和努力》，《民教指导》1938年第4、5期。
② 郑贞文：《战时民教应有的认识和努力》，《闽政月刊》（教育辑）1938年第1卷第11期。
③ 丁重宣：《福建战时民教的设施》，《教育杂志》1939年第29卷第12号。
④ 丁重宣：《福建战时民教的设施》，《教育杂志》1939年第29卷第12号。

内，拟先办专设战时民校1000所，并由各种小学兼设民校4000所，其余俟廿八年度再行增加。"战时民众学校设成人班、妇女班、儿童班，"将专事扫除文盲的民众教育，扩充为管教养卫合一的战时民教，以适应战时需要"①。亲历者也有具体记录。"全省预定设置战时民校一万所，于廿七年七月起开办，在两年内完成。第一期兼设战时民校四千所，于廿七年八月底以前成立；第二期专设民校一千所，于廿七年九月起陆续开办，至十二月底一律成立；第三期专设民校五千所，自廿八年一月起陆续开办，至廿九年六月一律成立。""民校校数之分配，以每二百户左右至四百户左右设立一所为原则；但在已设有小学（包括完全小学、初级小学、简易小学、短期小学）地方应由原有小学兼设战时民校……专设战时民校设在未有学校之乡村。""专设战时民校校长、教员系动员全省公私立高中、普通师范二年级以上、简师三年级以上学生，特准停学一年，予以一个月集中训练后派充。""兼设战时民校校长、教员，由各县区就兼设学校校长、教员中调训后兼任之。"②

为此，1938年9月，福建省行政当局再度号令全省高中师范二年级和三年级学生、简易师范四年级学生停学一年，先期会集沙县集训四周（9月1日至9月28日）后派赴全省各地从事开办战时民众学校工作。郑贞文解说了集训及派遣学生开办战时民众学校的教育意义与政治意义。从教育方面看，是"实现教育的真正效能，使所得的学问能应用到实际的生活"的具体化，尤其"目前，国家正蒙着空前的大难，学生青年能够尽其所长，将所有知能贡献于国家，挽救民族危机，也是应该的"；从政治方面看，战时的政治措施，如加紧民众训

---

① 郑坦：《七年来的福建教育》，福建省地方干部训练团，1941，第23页。
② 徐君藩：《福建的战时民众教育》，《教育与民众》1939年第9卷第4期。

第一章 相对完整体系:全面抗战时期永安教育变迁的情况

练、巩固后方治安、集中财力、物力等,"专责一般地方行政工作人员去做,收效一定很微。所以今日这种大量地动员知识分子下乡,就是因为他们可以辅助地方行政,促进战时政治的措施"。他还总结了年初学生东湖集训及随后赴各县区办理民众训练事宜的不足之处:"地方当局不大了解民众训练的意义,当学生到某地工作时,有些地方当局还不知道来干什么的,不与学生通力合作;过去保甲长大半是无知识,缺乏民族意识、政治观念的老腐消极之流,他们不知民众训练的重要,和学生不相联络;以前在东湖集训的时间非常短促,一切准备都欠充分,出去工作,自然不能收到多大的效果;到各地工作,时间也不充分,都是来了即去的,不能长与民众接触,遂使民众的抗敌情绪,随学生之来而来,随学生之去而去。"为此,他提出了此番改进之策:"第一,政府于发动战时民教之先,即召集各地地方长官,指示他们协助战时民教的方法,相信将来实施时一定能够收到良好的结果;第二,所有腐败无学识的保甲长,现在都已更换年轻有精神和有学识的,而且都在训练,俾与民教工作者通力合作;第三,这一次准备时间比以前长,当然会充分一点,不至因教学材料不足,影响到工作的效率;第四,工作人员分派各地,其时间为一年。在这么长的时间中,当然可以有计划有系统去,给民众以更深更好的印象。"并以"家国一体、官民一体、军民一体"相劝勉,要求受训学生做到"生活农民化、工作科学化、行动军事化",致力战时民众教育事务。① 集训结束后,由福建省国民军训处派赴各县,担任新设的战时民众学校校长及教员。

亲历者回忆说:"战时民校设立目的:一是宣传抗战,使

---

① 郑贞文:《战时民教应有的认识和努力》,《民教指导》1938年第4、5期。

大众能认识形势，激发起爱国热情为抗日救亡而奋斗；二是扫除文盲，使民众个个能认识字；三是改正不良风气，提倡蓬勃向上精神，反对醉生梦死生活，树立艰苦朴素的作风。"① 相应的，战时民众学校的授课内容，分为政治教育、军事教育、生产教育、文化教育四方面。政治教育分为拥护领袖、服从政府、肃清汉奸、严密保甲、贡献物力等项；军事教育分为壮丁训练、服从兵役、救护知能、防空防毒常识、战时服务组训等项；生产教育分为改进农业、发展工业、推行合作、节制浪费、促进建设等项；文化教育分为国民道德、科学常识、国际情况、语文运用、艺术陶冶等项。② 与福建省行政当局推行战时民众教育的规划、期望如出一辙。

福建省行政当局推行战时民众教育的举措，包括取得的成绩，受到国内各省区甚至"南京（重庆）国民政府"最高当局的称赞与首肯。参加1939年在重庆举行的第三次全国教育会议归来的郑贞文报告说："至于社会教育，大会对于本省义教、民教、特教打成一片的办法，已经大加赞成，认为是很好的建议。"③ 学者也指出："统观福建省从1937年12月开始的战时民训及其后的战时民教和战时国民教育，全省高中以上的学生及部分教师，走出校门，深入农村，运用自己的知识和爱国热情，把抗战建国的种子撒布在全省每个角落，给国家总动员植下了深厚的基础，为抗战建国立下了不朽功勋，也为福建省战时学校教育的改革走出了成功的一步。"④

---

① 赖华编：《战时安砂民校办学记》，载中国人民政治协商会议福建省永安市委员会文史资料研究委员会编《永安文史资料》（第七辑），1988，第97页。

② 刘海峰、庄明水：《福建教育史》，福建教育出版社，1996，第473、474页。

③ 郑贞文：《全国教育会议经过及目前抗战的形势》，《闽政月刊》（教育辑）1939年第2卷第3期。

④ 刘海峰、庄明水：《福建教育史》，福建教育出版社，1996，第475页。

第一章　相对完整体系：全面抗战时期永安教育变迁的情况

永安县借此机会，一方面按要求将原来实施"特种教育"① 的中山民众学校改为战时民众学校，推行民众识字与扫盲工作，招收成人、妇女就学，教读《战时民校识字课本》，另设算术、常识、歌咏等学习科目。截至 1939 年的统计数据表明，全县兼设战时民众学校 33 所，专设战时民众学校 15 所，共 48 个班级，学生 1533 人。② 当地民众的反映与诉求，表明这一时期办理战时民众学校的成绩，特别是对那些有责任心、品行谦逊、业务精湛的办学者，民众可谓翘首以盼。1940 年 12 月 29 日，永安县洪大乡寨上保苏地村村民吴炳德等 30 多人联名上"呈"时任永安县县长张丹崖，恳请让前一年派赴到该村办学、此番已辞职的钟其德校长来村"继续办理，俾收政教之宏效"。他们陈述了钟校长的办学实绩：原本"全村老幼俱靠耕种度活，实不知教育之急务"的情况，因钟校长卓有成效的工作，"乡村教育日见发展，地方事情多方承其指导"。而其辞职后，该村"校风日见衰落，学生日益减少。因之教职员时常他往，无形休假之日计达三分之二，甚至学生到校并无一员，徒劳往返，实无从受教"。称赞钟校长，不论是人品还是责任心、业务能力俱佳："斯人年将不惑，非常和平诚恳，一举一动甚为忠厚朴实，毫无不轨，而管教异常勤劳，每月除往县领款一次外，并无另假他往，甚至教授多方，导民得法，处事条修有理，实得村民盼望。"③

---

① 红军长征北上后，"南京国民政府"在所谓的"收复区"实行的把普通教育和社会教育合并起来办理，把当地的儿童、妇女和失学的民众集中至一处，设立"中山民众学校"进行教、养、卫兼施的教育，称特种教育，以消除"赤化"影响。福建省是当时被指定实施"特种教育"的五个省份之一，永安县则是福建省的"收复区"之一。

② 丁重宣：《福建战时民教的设施》，《教育杂志》1939 年第 29 卷第 12 号。

③ 永安县政府教育科：《教育杂件卷》，福建省永安市档案馆，83（全宗号）—11（目录号）—57.01（案卷号）—10（页码）。

另一方面,借力推进战时民众教育工作。福建省立师范学校迁址永安后,随同到达的一年级学生积极投入当地抗战宣传活动,发动民众,开展扫盲识字等,因地制宜。"特别是有几位师范生,利用我家祖屋大厅举办战时民校,开展民众教育,把我家附近的男女老少都发动起来",颇见成效。"首先,他们挨家挨户动员……由于他们耐心动员,竟有四五十人上夜校。""战时民校就在我家大厅上开学了。厅上放着两张大八仙桌,桌两端放两盏马灯。坐凳由学员自己带,围着八仙桌坐着。教学内容主要是识字,也教唱抗战歌曲。我那时虽是小学毕业班学生,但没有什么作业,所以吃完晚饭,也常到民校去,跟着唱或做小先生。大家学习积极性很高,特别是妇女和失学儿童积极性更高。老师风雨无阻。下雨天,老师提着马灯,穿着黑制服,戴着写有'闽师'两字的斗笠来校,给人留下深刻的印象。"①

派赴乡间开展战时民众教育工作的二、三年级学生自然不甘落后,他们的所作所为,还原着战时民众学校的样貌。1938年秋参加集训后被派至永安县安砂乡办理战时民众学校事务的赖华编说,战时民众学校的建制:"一是成人班,对象是不识字的男青壮年;二是妇女班,对象是不识字的女青年;三是儿童班,对象是无法就读的失学儿童。儿童班每日上午上半天课;妇女班下午上课;成人班晚上上课。"识字、扫盲是工作重点,并考虑干农活需要而合理安排时间。战时民众学校的学习科目:"一是《战时民校识字课本》;二是算术(笔算兼珠算);三是常识(讲抗战形势、史地常识、战时法令等常识);四是歌咏(教唱抗战救亡歌曲)。"不过,鉴于当地实际:远

---

① 赖宝珊:《战时民校掠影》,载政协福建省三明市委员会文史资料委员会、福建省三明师范学校编《闽师之源》,中国文史出版社,1993,第75、76页。

第一章 相对完整体系：全面抗战时期永安教育变迁的情况

离县城，来往客商复杂，赌风盛，风化差，"到那里办战时民校，不但要做扫盲和宣传抗战的工作，还要做移风易俗的工作"。至于具体办学情形，他回顾道："当时安砂共有二百来户，那里原设有小学一所，我就把战时民校设在该小学中，借了一间教室使用。在向乡公所了解不识字青壮年男女及失学儿童的状况后，即去通知他们到战校学习。起初他们都不肯到校，对'战校'二字有些顾虑，以为就是要教他们作战，后经到各户去劝导，特别是苦口婆心动员那些喜爱赌博和作风欠正派的人到校学习后……有所转变，人们就踊跃来上学了。我们对成人班青年，除教他们识字外，还教他们知道赌博的害处，教他们认识抗战意义，知道抗战救国是每个公民应尽的职责。对妇女班，我们教她们认识妇女在社会的地位，改正依赖男子的思想和不正派的作风。对儿童班，除教识字和科学知识外，还注重提高他们的抗日爱国思想认识。"他们的工作赢得了当地民众的认同与支持。1939年6月，他们奉命返校，离开安砂时，"那些青年男女和儿童，依依不舍地噙着眼泪欢送我们到龙江溪畔下船的情景，至今使我难于忘怀"①。

福建省立师范学校迁至永安县大湖乡后，此前迁至大湖乡的福建省义务教育实验区工作由其接续。除了关注适龄儿童入学，还投入更多精力关注失学民众的识字、扫盲事务，成效显著。

其一，创办大湖乡中心民校，为识字扫盲进行示范、指导。"在学校领导的号召下，经过筹备，大湖中心民校首先开学了，举行隆重的开学仪式，王校长亲临参加典礼，给学生讲话，说明农民识字学文化的重要，鼓励农民踊跃参加民校学

---

① 赖华编：《战时安砂民校办学记》，载中国人民政治协商会议福建省永安市委员会文史资料研究委员会编《永安文史资料》（第七辑），1988，第97、98页。

习，团结友爱，互帮互教。在王校长的鼓舞下，农民读书的热情很高，不论晴天雨天，课室中座无虚席。"①

"大湖中心民校，设立三种形式班级：（一）儿童班：吸收十五岁以下的少年儿童，在上午教课，下午给他们看牛、砍柴；（二）妇女班：吸收青年妇女，在下午教课，上午给她们处理家务；（三）成人班：吸收十六岁以上的农民，按年岁编为初、中、高年级进行教课。科目分：识字、算术（包括珠算）、音乐三门，教材由师范生自编。教学采取边教边练方式。同时每个农民有一位师范生辅导。这种教学形式，农民很欢迎，收效显著。"②

其二，发动福建省立师范学校学生到各村创办民校，力争一村一校，普及识字、推进扫盲工作。"每一位师范生都要包教一位农民，女同学包教妇女，使村村中青年男女，人人都识字、会算，能听能讲普通话。附属小学的高年级学生也要当小先生，帮助哥哥姐姐识字。"③

其三，开展抗战宣传。"永师在开展普及农民识字教育工作中，不单是教农民识字，还利用民校这块阵地，开展抗日救亡的宣传活动：组织歌咏队、戏剧队、墙报组等，以诗歌、漫画、戏剧以及标语等形式进行宣传活动。我记得在抗日战争四周年纪念大会后，由民校学生在'中山纪念堂'演出《锄头舞》歌剧，曾博得观众的热烈欢迎。大湖农民从不识字、不会听普通话，进而会写、会讲，登上舞台表演、唱歌，这是永

---

① 赖世孝：《永师在大湖》，载中国人民政治协商会议福建省永安市委员会文史资料研究委员会编《永安文史资料》（第五辑），1986，第38页。
② 赖世孝：《永师在大湖》，载中国人民政治协商会议福建省永安市委员会文史资料研究委员会编《永安文史资料》（第五辑），1986，第39页。
③ 赖世孝：《永师在大湖》，载中国人民政治协商会议福建省永安市委员会文史资料研究委员会编《永安文史资料》（第五辑），1986，第38页。

第一章 相对完整体系：全面抗战时期永安教育变迁的情况

师全体师生辛勤工作的结果。"①

（二）国民教育制度推行与永安县民众教育的铺开

1939 年，福建省行政当局将义务教育机构和民众学校合并而成战时国民学校，旨在"沟通政教""融合校社"，以达成"实施战时国民组训""增强全省民众对于抗战建国之认识与能力"的举措，与 1940 年"南京（重庆）国民政府"颁行的"县各级组织纲要"规划的"保国民学校"制度颇为吻合，②而"新县制"实施要求中推行国民教育的制度设计，尤其是关注民众教育（侧重成人教育）的倾向，同样适时被相关人士准确把握："二十九年新县制施行，乃将初教、战教、民教合并办理国民教育，成人教育却占了国民教育中重要的一部，本省的成人教育由寂静而发动、而变更，至是它在教育行政中已有了正常的系统，将在这体系中逐步进展。"③ 实施国民教育的基本组织机构——乡（镇）中心学校与保国民学校，均设儿童部与成人部。其中，保国民学校的儿童部分为招收 8 岁以上失学儿童的二年制和招收 6 岁至 10 岁学龄儿童的四年制两种班级，成人部则招收 16 岁至 45 岁失学男女民众，按其程度分为初级班和高级班，接受 6 个月补习教育；乡（镇）中心学校较之保国民学校，除了与其一样设置儿童部、成人部及相应班级，还增设高小部，招收 10 岁以上 14 岁以下修毕初小四年及具有同等学力的儿童，完成高小阶段两年学业。从中可见成人教育被纳入制度化体系的情形。郑贞文还特别指出：

---

① 赖世孝：《永师在大湖》，载中国人民政治协商会议福建省永安市委员会文史资料研究委员会编《永安文史资料》（第五辑），1986，第 39 页。

② 何心石：《福建省的"战时国民学校"》，《新军》1939 年第 1 卷第 5 期。

③ 永安县政府教育科：《永安县推行成人教育半年工作报告》，《国民教育指导月刊（永安）》1941 年第 1 卷第 3 期。

"本年国民教育制度确立后,儿童与成人教育相提并重,成为一种'全民'的教育……此外,如发动知识分子办理民教,师范生兼办社教,更为本省近来侧重成人教育的表现。"①

永安作为全面抗战时期福建省临时省会,其成人教育进展无疑备受瞩目。为实现国民教育五年计划,1940年,福建省国民教育委员会第三次会议甚至议定要求永安县提前完成推行成人教育工作,以为各县示范。福建省教育厅为此专门制订永安县推行成人教育计划方案呈报福建省政府。②

该方案包括总纲、办法、推行步骤、附录四部分。总纲阐明了提前完成永安县成人教育工作的意义、目标:改善成人教育办法;严密国民教育视导工作并特别注重民教部分之实施;促进国民教育与地方自治之联系;实验国民学校民教部分各项工作。办法涵盖组织永安县推行成人教育委员会、编造全县失学民众分期就学名册、发动知识分子办理民众教育等十项具体举措。推行步骤及推行阶段安排包括时间(准备时期:1940年11—12月;试验时期:1941年1—6月;初步完成时期,即实现本省国民教育五年计划第二年设校程序所规定扫除文盲数计划至少扫除本区域内文盲数百分之四十八以上:1941年7—12月)及各阶段具体工作部署。附录部分的条文是福建省永安县推行成人教育委员会组织大纲。可见,时间紧,任务重。

从永安县政府教育科发布的推行成人教育半年工作报告③来看,遵循、围绕既定方案,在省、县政府及各机关的大力支

---

① 《闽教厅长郑贞文发表福建教育设施概况(续)》,《神州日报》1940年11月1日第5版。

② 《省令永安县提前完成成人教育》,《福建教育通讯》1940年第6卷第18期。

③ 永安县政府教育科:《永安县推行成人教育半年工作报告》,《国民教育指导月刊(永安)》1941年第1卷第3期。

持下,切实展开推行成人教育的各项事宜,取得初步成效。

首先,明确推行成人教育的目的在于:成人教育与儿童教育统筹实施;试验成人教育推行的方法;成人教育内容的改进;成人教育与地方自治密切联系。成人教育的推行,旨在凸显"抗战建国"主体——民众的地位和对民众进行识字、扫盲的必要性,以及成人教育与地方自治密切联系的必然性。

其次,推行成人教育的具体规划、措施及各项工作如下:

第一期工作(1940.12—1941.1)

1. 组织永安县推行成人教育委员会。"委员由省指派之教育、民政两厅主管国教及保甲人员,县教育、民政两科主管人员,宪兵营、警察局、国民兵团主管长官等十六人组织之,以县长为主任委员,每月举行常会一次……以期达到分工合作,逐步实施的目的。"

2. 组织成人教育研究会。"各乡(镇)应由教育及乡保人员组织乡镇成人教育研究会,研究并解决推行成人教育所遇到的各种困难;县由民政、教育两科及社会教育人士组织县成人教育研究会,研究一般的问题与解决办法。"另外,学期结束时,须将研究结果写成报告呈省查核。

3. 举行成人教育扩大宣传周。召集扩大宣传大会,通过官员播音讲演、戏剧及评话宣传、街头分组宣传、标语壁报宣传等方式,以及由县派员分赴各区署所在地主持各项宣传工作、召开扩大宣传讲习会、训练各乡镇及教育人员到各乡村举行各种宣传活动,营造加紧推行成人教育的氛围,转变社会人士及教育人员的不当观念。

4. 举行乡镇教育人员讲习会。详加研讨"保教联系事项""成教推行的各项问题",知会各乡镇正副乡镇长,乡公所事务员、办事员,各中心及国民学校、私立小学校长、教员等参会，以实现乡保与学校的密切合作，推进成人教育实施。

5. 调查测验失学民众。"旨在对中心学校、国民学校的入学对象有清晰、准确的把握，以备分期征学。"

6. 培训劝学员。每乡镇设置劝学员一名，以加强每乡镇保中心及国民学校督促就学力量。"劝学员于一月间由每乡镇保送一员，资格为高小毕业或有相当程度，曾经服务一年以上者，施予一星期之精神训练，派充各乡担任劝学工作"，侧重负责该乡镇内各校成人妇女就学。

显然，永安县推行成人教育工作，组织严密、措施考究。经过第一期的筹备，各项基础性事务基本就绪。

第二期工作（1941.2—1941.7）

1. 开始征学。除由劝学员挨家挨户劝导外，并由学校所在地乡（镇）保办公处所人员协同组织劝学队分赴各生家庭劝导。

2. 举行就学竞赛。包括：保与保国民学校就学人数竞赛；乡与乡之间各中心及国民学校就学人数竞赛；区与区之间各中心及国民学校就学人数竞赛。

3. 严密督导工作。于学期开始时，召集辅导会议。决定"各乡中心学校校长须普遍辅导乡内各国民学校一次以上；区教育指导员，须普遍视导区内各中心及国民学校二次以上。县督学须普遍视导全县学校一次以上"。另于成人教育委员会下设督导专员十六人，每乡镇一人专责督导该乡成人教育推进事宜。

4. 设置区教育指导员。"于各区设置教育指导员一人，专责该区教育事业之计划设施推进督促之责，由此县与乡保之间得以联络，区与区间教育事业之设施，亦得均衡发展。"

5. 严密设置各级工作人员的奖惩。根据各督导专员及督学科长的视导报告，对乡保长，中心及国民学校校长、教员，各乡劝学员，区教育指导员的工作实况加以奖惩，以使"各工作人员于严密督导之下,尚知奋勉"。

6. 增筹教育经费。原本预算的8万元经费,因物价上涨,"各校经费不敷支配,乃呈请省政府就本县娱乐捐项下追加经费2万8千余元,以适当保障各国民学校油灯及办公费用、教职员薪给"。

7. 设置民教部主任。于学校行政系统中,依照省令规定设置民教部主任一员,以专责统筹成教各项事宜。校内其他人员,则仍须全力予以协助。"此制推行后,过去推诿、散漫、松弛之弊,已日见减少。成人教育在学校系统中,亦将有其永久之地位。"

8. 集中添置设备。1940年,福建省政府于教育经费节余费项下拨支二千六百余元,添置课桌椅200件、黑板20面、时钟30架、国旗45面,分发城乡各校应用,以后并拟分期由县集中添置各校应需校具、教具,以资补充。

9. 编印辅导刊物。先行编印辅导小册第一辑共10本,有推行成人教育法令辑要、推行成人教育半年来工作报告、成人教育工具研究、成人教学及训导等,"嗣后并拟随时编印各项定期或不定期刊物,以为各校办理成人教育之辅导"。

10. 举行示范教学。与省立实验中心学校合并举行示范教学。"经此示范教学后,各校对教学问题之改良,尚能注意。"

11. 举行民教部学生成绩竞赛。由县派各视导人员、第三科全部人员,分赴各乡校抽查成人班、妇女班学业成绩,测验卷由县统筹印制,带赴各校使用,事后即由县评阅试卷,视其成绩之优劣,分别给予奖惩,以资鼓励。

12. 举办暑期师资讨论会。"讨论会项目计分为精神讲话、教育讲座、问题讨论、工作报告等。分别函请当地长官、教育专家讲演,并由本府教育科人员主持讨论报告。"

继第一期工作完成后,第二期工作规划翔实,稳步推进。

第三期工作计划（1941.8—1941.12）：

1. 增设乡中心学校。按照规划，应达到每乡镇设置一所中心学校。"本县十六乡镇，应设中心学校十六所，除现有中心及代用中心共九校外，尚差六校，现正积极筹设。"

2. 提高成人教育师资素质。"选择优良师资，提高其待遇，以之专力办理成人教育。"

3. 严密考察民教部学业成绩。"由县统筹每月举行成绩考查，严密限制各校粗制滥造，使就学者学有心得。"

4. 充实设备。"民众正常娱乐用具之琴、棋、通俗读物、民间画本，均为民众之良友，其他如各种校具教具，其必需者均应就地筹款或由县集中购备，以应需要。"

5. 指导生产。"授以日常生活所必需之知能，与大多数农民有切身关系之生产事业，教育人员须多为研究，以备指导民众致力于生产工作，使教育本身生产化。"

6. 指导卫生。"举凡乡村卫生之改进，学校与卫生机关之联系，学生家庭卫生比赛等工作，均应分项举办，使学校所在地之乡村，得分头改进，协助乡村建设，减少人民之疾病与死亡。"

7. 分区试验各种成教推行方法。"得有成效再推及全县，并贡献于本省主管教育行政机关推行全省各地。"

8. 研究进修。"设置成人教育参考图书，继续编印各种成人教育辅导小册，按期举行各乡镇成人教育座谈会及研究会，讨论研究当地推行成教遭遇之困难与发展。按期举行成人教学，分期参观教育机关设施，以资观摩。"

半年多的时间里，推行成人教育工作成绩（首先是扫盲）还是值得一提。尽管相对于庞大的文盲群体，仍显得微不足道，但毕竟开了一个好头。

第一章 相对完整体系：全面抗战时期永安教育变迁的情况

表1-30 永安县扫除文盲（第一期）统计表（民国三十年八月四日制）

乡镇 \ 统计数 \ 别项	文盲数 男	文盲数 女	本期肃清文盲表 男	本期肃清文盲表 女	附注
燕南镇	603	699	86	39	
燕北镇	532	826	46	51	
吉山乡	733	756	109	91	
贡川乡	870	825	137	134	
大湖乡	622	561	143	137	
岭后乡	236	216	68	76	
曹远乡	527	44	58	53	
安砂乡	1128	1073	27	46	
龙岭乡	567	439	77	80	
上桂乡	936	975	49	55	
龙青乡	1499	1404	127	126	
槐西乡	1299	976	118	104	
洪田乡	1182	1229	99	117	
古马乡	464	518	55	57	
洪大乡	1006	932	102	78	
西洋乡	625	839	55	55	
合计	12829	12689	1356	1297	

资料来源：

永安县政府教育科：《永安县推行成人教育半年工作报告》，《国民教育指导月刊（永安）》1941年第1卷第3期。

注：原表中曹远乡"文盲数"项下"女"一栏数值为"44"，当是笔误；根据后面的"合计"数据，应该是"421"。

通过宣传造势以及对民众教育各要素的调查与统计，如失学民众、教育经费、师资状况、教学组织等，发现问题、找到差距，为后续改进做了积淀。亲历者坦言："半年来我们从艰巨的工作中，所得到一个可贵的经验，是：'一切的事业，都需要我们负担这个责任的工作者去干，收获的多少，就看我们工作努力的程度而定。'虽然事实并不能如我们的理想那般完满，但是从我们工作人员的本身看，已是尽了我们最大的努力！至于尚有未能符合原计划的地方，下期还要继续不断地去进行，最终达到我们预期目的。"①

表1-31 永安县文盲统计调查表（民国三十年四月九日）

项别	总计			识字者			不识字者		
	计	男	女	计	男	女	计	男	女
总计	97374	53054	44320	23304	18826	4478	74070	34228	39842
六足岁以下之儿童人数	9682	4630	5052				9682	4630	5052
六足岁至十二足岁之学龄儿童	11674	6554	5120	3086	2182	904	8588	4372	4216
十二足岁至十五足岁儿童数	9710	5776	3934	4744	3520	1224	4966	2256	2710
十五足岁至三十五足岁人数	26256	14112	12144	7546	5822	1724	18710	8290	10420
三十五足岁至四十五足岁人数	18030	10238	7792	4046	3574	472	13084	6664	7320
四十五足岁以上人数	21362	11166	10186	3810	3656	154	17552	7510	10042
聋哑残疾人数	600	578	82	72	72		588	506	82

资料来源：

永安县政府教育科：《永安县推行成人教育半年工作报告》，《国民教育指导月刊（永安）》1941年第1卷第3期。

注：原表中"聋哑残疾人数"项中"总计"一栏数值为"600"，应当是笔误；根据后面的男、女人数，应该是"660"。

① 省立永安实验中心学校：《示范教学报告》，《国民教育指导月刊（永安）》1941年第1卷第2期。

第一章 相对完整体系：全面抗战时期永安教育变迁的情况

对各乡镇中心学校办理民教部的调查与反馈，证实了相关工作的切实展开。

表1-32 永安县龙青乡中心学校办理民教部情形调查表
民国三十一年十月十五日①

校名	龙青中心学校		民教部班级名称	成人班
开学时间	三十一年八月廿七日		开始上课时间	九月五日
在籍学生数	四十八人		平均每日出席数	三十二人
授课时间	每日下午七时至九时		对于民众是否方便，有无其他困难	颇方便
民教部主任	姓名	钟学隆	年龄	二十七
	性别	男	籍贯	永安
	资历	永安短小师训班毕业	能力如何	颇佳
困难问题	此地居于偏僻乡村，风气闭塞，对于读书多无兴趣，并且他认为人人读书无用，有很多人找借口不出席。			
改进意见	1. 每逢圩作通俗演讲，使风气开通，并演作街头剧，及出壁报等。 2. 组织劝学队，有不出席的，每星期日出发宣传，使与学校接近。			

校长　罗仁铅

当地保甲人士的呈请，也能说明国民教育的推行在乡间获得了认同。1941年2月6日，永安县第二区槐西乡溪南保保长游世前上报永安县县长张丹崖，述及该保国民学校校长乐成章、教员郑有蕊因"语言不通，诸多不便"带来的办理"国民学校非常不善"情形，进而擅离职守，致使正常的教学秩序深受影响，恳请"核准立派语言相通之校长、教员蒞校办

---

① 永安县政府教育科：《国民教育情形调查卷》，福建省永安市档案馆，83（全宗号）—11（目录号）—416（案卷号）—38（页码）。

理",以免"学务不能发达而学生亦多贻误"。①

表1-33 永安县洪大乡中心学校办理民教部情形调查表
民国三十二年四月二十日②

校名	洪大乡中心学校	民教部班级名称	高级成人班、妇女班	附记
开学时间	三十二年三月十日	平均每日出席数	成人班 二十五人 妇女班 二十四人	
在籍学生数	成人班 三十四人 妇女班 三十一人	开始上课时间	三月一日	
授课时间	成人班 下午七时至九时 妇女班 下午一时至三时	对于民众是否方便,有无其他困难	无其他困难	
民教部主任	姓名 罗德炳	年龄	三十二	
	性别 男	籍贯	永安	
	资历 初中毕业,义教师训班毕业,历任小学教员十年	能力如何		
困难问题	油火费不够			
改进意见	本校油火费每月县府规定只有三十元,以现在物价高涨,只可买一斤八两樟油。晚上成人班油火每月至少要四斤余方能够用。恳请钧府增给油火费,以资应用。			
备考				

① 永安县政府教育科:《教育杂件卷》,福建省永安市档案馆,83(全宗号)—11(目录号)—57.01(案卷号)—13(页码)。
② 永安县政府教育科:《国民教育情形调查卷》,福建省永安市档案馆,83(全宗号)—11(目录号)—416(案卷号)—77(页码)。

第一章 相对完整体系：全面抗战时期永安教育变迁的情况

福建省立师范学校继续发挥着推行国民教育的示范作用，尤其是黄震接任校长后，不仅坚持"政教合一"，而且亲自兼任大湖示范乡乡长，并呈请福建省政府由福建省立师范学校在驻地大湖附设福建省国民教育示范区，以助力大湖示范乡的国民教育工作。据参与者回忆，福建省国民教育示范区办事处设在大湖瑚轩公祠，黄震自任主任，下设教导、研究股，分作总务、宣教、组训等组，分派学校师生尤其是毕业班学生赴尚未设置国民学校的各保开办民众教育馆、读书处、夜校，从事扫盲工作，开展抗战宣传。"同学们爱国热情高，工作积极。住在各保，打扫庙宇祠堂，布置文化馆，挨家挨户宣传动员……一时国民教育运动开展得火热。""如坑边这个馆，每夜有三五十人来上学。白天常有七八位女孩子来帮助女'先生'整理书刊，洗菜煮饭。来上学的多数是妇女和失学的十来岁孩子，还有五十开外的老人，壮男是不来的，他们怕抓壮丁。"①"我们一组有男同学四人分配到飞桥保，另有四个女同学组织成女生指导员，负责三个保的妇女指导工作……我们借用小祠堂作为学校。设有三个班组：上午儿童班，下午妇女班，晚上成人班。均以识字为主，兼有唱歌、图画、体育活动。每隔一周的星期日，分别安排理化仪器、卫生模型、生物标本和挂图展览，向农民介绍科技知识，宣传卫生常识。平日进行卫生检查、评比，村卫生面貌大有改观。"② 开展国民教育的效果显著。"我们所在保的教育被学校列为上游，受到嘉奖。而整个

---

① 叶拱枢：《忆"三杆教育"和"国民教育示范区"》，载政协福建省三明市委员会文史资料委员会、福建省三明师范学校编《闽师之源》，中国文史出版社，1993，第79页。

② 邱恒宽、贾临昌：《大湖教泽注心田》，载政协福建省三明市委员会文史资料委员会、福建省三明师范学校编《闽师之源》，中国文史出版社，1993，第122页。

大湖乡的文盲少了，明理达义的人多了，风气大为改变，获得示范乡的美名。"个体收获甚为可观。"任务完成返校时，妇女挥泪送别，男人抢着帮挑行李，彼此怀有深厚的情谊。"① 另有参与者说："参加国民教育，是我踏上工作岗位前的试教演习，同时又了解了社会，可谓受益匪浅。"②

（三）国民教育巡回辅导团与永安县民众教育的巡回辅导

众所周知，办好教育的关键在教师。对于国民教育来说，尤其如此。福建省教育厅曾设置督学及视导员、各区师范学校设有地方辅导员、各县市设有督学，共同分担视察及辅导任务并训练国民教育师资。鉴于其间存在的"视导人员人数有限""工作的区域又甚辽阔""视察的次数少""在各校的时间又极短促""对于学校好的地方未予以提示，以臻完善""坏的地方，多未予以切实的指导，或自行示范，督促立即改进只是例行公事而已"等弊端，福建省政府于1942年2月成立国民教育巡回辅导团，"遴选办理中心学校及国民学校各部门富有实际经验人员为团员"，分区域巡回驻校，实施普遍辅导，"借这种新兴的组织，来补救普通视导所不及，并谋改进国民教育，匡正其缺点，督导其遵循进步合理的途径迈步前进"③。

国民教育巡回辅导团的目标：1. 宣达国民教育实施方针；2. 提示国民教育改进办法；3. 促进保训教的联系工作；4. 解决国民教育实施困难；5. 供给国民教育实用教材；6. 介绍国

---

① 邱恒宽、贾临昌：《大湖教泽注心田》，载政协福建省三明市委员会文史资料委员会、福建省三明师范学校编《闽师之源》，中国文史出版社，1993，第122页。

② 颜水浪：《忆大湖二三事》，载政协福建省三明市委员会文史资料委员会、福建省三明师范学校编《闽师之源》，中国文史出版社，1993，第89页。

③ 郑鹤翔：《本省国民教育巡回辅导团之过去与展望》，《国民教育指导月刊（永安）》1942年第2卷第1期。

民教育新教学法；7. 辅导国民教师实际工作；8. 充实国民教师基本知能；9. 坚定国民教师服务信念；10. 鼓励国民教育人员研究。

工作要项：1. 举行各科示范教学训练演示及保训教联系工作的辅导；2. 介绍各项教材教具以及参考资料并解答有关国民教育咨询事项；3. 召开国民教育研究会或座谈会；4. 协助各校办理行政工作，调制簿籍表册布置学校环境；5. 辅导各校办理各项社会教育工作；6. 其他关于本区国民教育辅导改进事项。

实施方针：1. 注重文化落后区域学校的辅导；2. 注意国民教师实用知识的灌输；3. 注重国民教育现实问题的研讨；4. 注意各学校特殊的困难及需要；5. 注意激发民众对于学校的信仰。

辅导方式：1. 示范　举行各科教学示范、训练示范，并展览自制教具及应用图表；2. 讨论　召开国民教育研究会、座谈会、讨论会及教学批评会；3. 演讲　举行关于国民教育的专题演讲及学术演讲；4. 指导　指导改进学校设施及教员进修研究。

辅导程序：1. 调查概况　调查学校所在地社会状况、学龄儿童及失学民众就学情形，以及学校一切设施概况；2. 诊断视察　视察学校校舍、设备、行政、训育、教学等，抽阅簿籍及学生作业成绩，诊断优点及缺点，以为辅导的依据；3. 举行会议　依据视察结果与教职员会谈商定改进办法；4. 实施辅导　辅助切实进行应改革事项，并举行各科示范教学及训练演示；5. 举行讨论　召集全体教职员开讨论会征询意见，讨论辅导效果；6. 个别谈话　抽调员生施行个别谈话，调查其思想及志趣，并予以适当的指导；7. 供给资料　视各校实际需要发给或介绍参考资料。①

按照规划,福建省政府成立的7个国民教育巡回辅导团分赴全省7个行政区域开展巡回辅导事宜。

表1-34 各巡回辅导团第一期工作概况统计表

团别		1	2	3	4	5	6	7	合计
团长姓名		陈英弼	陈书峰	万九光	郑希介	茅乐楠	卢衍纬	丁重宣	
辅导县份		连江罗源宁德	顺昌将乐泰宁建宁	浦城建阳建瓯	莆田仙游	云霄诏安东山	明溪清流宁化	永安大田	共20个县
辅导乡镇数		20	31	16	74	39	14	19	213
工作日数		67	102	72	65	73	55	77	511
全部里程(千米)		670	828	400	550	650	695	390	4183
辅导校数	中心学校	20	31	16	74	39	14	19	213
	国民学校	42	51		78	22		2	195
	私立小学	6	6	2	16	1		4	35
	合计	68	88	18	168	62	14	25	443
各种辅导活动次数	示范教学	5	9	4	8	12	33	19	90
	训练演示		1	11	8	15	13	12	60
	专题演讲	4	3	4	8	7	4		30
	研究会 座谈会	5	19	17	8	36	24	25	134
	展览会 竞赛会	5			4				9
	协办校务	5	1			7	12	10	35
	解决困难事项	5	33			11			49
	其他活动	7	5		3	6	26	4	51
	合计	36	71	36	39	94	112	70	458

---

① 键宇:《本省推进国民教育新事业——国民教育巡回辅导团》,《国民教育指导月刊(永安)》1942年第1卷第7期。

第一章 相对完整体系：全面抗战时期永安教育变迁的情况

表1-35 各巡回辅导团第二期工作概况统计表

团别		1	2	3	4	5	6	7	合计
团长姓名		陈英弼	陈书峰	万九光	郑锡光	茅乐楠	卢衍纬	叶渊鸣	
辅导县份		晋江惠安	永泰闽清南平	龙岩漳平	政和松溪水吉	龙溪漳浦平和	长汀武平上杭	福鼎寿宁柘洋特种区	共19个县
团员人数		4	4	4	4	4	4	4	28
辅导乡镇数		18	19	20	22	50	17	23	169
工作日数		28	55	80	75	138	92	70	538
全部里程（千米）		368	263	415	730	310	325	820	3231
辅导校数	中心学校	18	19	20	22	50	17	23	169
	国民学校	9	34	6	31	40		70	193
	私立小学	31	7			14		4	61
	合计	58	60	31	53	104	17	97	420
各种辅导活动次数	示范教学	4	4	8	6	8	16	19	65
	训练演示	1	2	11	16	34	13		77
	专题演讲	6	2		3	1	1	18	37
	研究会 座谈会	8	15	13	9	26	30	12	113
	展览会 竞赛会		2		2		10		14
	协办校务	6	8	16	9	2	10	6	57
	解决困难事项	16	18	4	12	34		1	85
	其他活动	4	3	2	4	3	16	4	36
	合计	45	54	57	59	108	101	60	484

资料来源：
蒋道：《本省国民教育巡回辅导团一年来工作的检讨》，《国民教育指导月刊（永安）》1942年第2卷第1期，第28—39页。

由于团长、团员的"专业"资历以及丰富经验，因而，巡回辅导并非"空虚"与"浪费"。

表1-36　福建省国民教育巡回辅导团第一期、第二期团长、团员资历

角色	资历	人数
团长	国内大学教育院系毕业，服务小学教育三年以上，著有成绩者	5
	旧制师范学校本科毕业，服务小学教育十年以上，著有成绩者	4
团员	国内大学教育学院毕业，服务小学教育三年以上者	1
	专科学校毕业并曾毕业于师范学校，服务小学教育三年以上者	5
	旧制师范学校本科毕业，服务小学教育十年以上，著有成绩者	5
	高级中学师范科毕业，服务小学教育十年以上，著有成绩者	5
	高级中学师范科毕业，服务小学教育八年以上，著有成绩者	4
	高级中学师范科毕业，服务小学教育五年以上，著有成绩者	8

资料来源：

蒋道：《本省国民教育巡回辅导团一年来工作的检讨》，《国民教育指导月刊（永安）》1942年第2卷第1期。

注：第一期工作结束后，第4、7两团团长调任他职；第二期工作进行时，第4团团长换成郑锡光，第7团团长换成叶渊鸣，故而团长人数为9。

巡回辅导期间，不仅注意到了各县区国民教育实施存在的共性问题，如"各校民教部办理成绩多欠优良，学额不足，缺席尤多"，"各校对于筹集学校基金工作，多未进行"，"各校对于保训教联系工作，多未做到"，"各校对于办理社会教育工作，多欠努力，殊少成绩"，"各中心学校对于辅导工作，多未办理"，"县及乡镇国民教育研究会，多未组织"，"各校应备表册，多欠周全，格式殊不一律，记载亦欠详尽，影响学校行政殊大，视导考核亦感困难"，"各校对于学生作业及成绩考查，多未能按期办理"，"各校校舍及设备，多嫌简陋"，"各地教师待遇均低，且多未能按期发放，致教员未能安心工作"等，提出改进意见；也针对各县区国民教育实施的特殊问题提出改进意见与建议。

永安县属于国民教育第七巡回辅导团工作范围。据报道：

第一章 相对完整体系：全面抗战时期永安教育变迁的情况

"国民教育第七巡回辅导团兼团长丁重宣，偕团员华寿封、林长源、陈鼎铭等，于本月六日前往永安贡川，辅导私立盐务小学，举行国语、常识、音乐等科教学表演，及国民教育座谈会，十日转赴西洋、洪田、古马等乡中心学校辅导，各校均举行教学表演，而在西洋中心学校并协助布置环境。十九日自古马乡返永，乘船遇险滩，团长丁重宣及团员华寿封等均没水，后得渡船援救，始免于难。廿二日起在永安城区各校照常工作云。"① 尽管遭遇险情，巡回辅导工作仍如期进行。

在巡回辅导过程中，国民教育第七巡回辅导团发现：②

永安县推行国民教育方面的可取之处（优点）：

1. 教育行政人员及大部分校长工作尚见努力；
2. 各校小学部学生数充实；
3. 私立盐务、福利、育才三小学办理成绩尚佳；
4. 城区燕北镇中心学校创办方两个月已初具规模，殊堪佳尚。

缺点：

1. 政教未能联系；
2. 教师待遇过薄且薪俸及公米积欠过久；
3. 城区各校成人班、妇女班学生太少；
4. 代用教员人数太多；
5. 学校办理社会教育徒具虚名。

国民教育第七巡回辅导团提出永安县国民教育的改进意见：

1. 应注意政教之联系；
2. 会计手续应设法简单以便各校能按期办理报销手续；

---

① 《国教第七辅导团在永安工作动态》，《国民教育指导月刊（永安）》1942年第1卷第11期。

② 蒋逍：《本省国民教育巡回辅导团一年来工作的检讨》，《国民教育指导月刊（永安）》1942年第2卷第1期。

3. 教师待遇应予提高；

4. 国民教育研究会除城区已成立外，其余乡镇应督导克日组织成立；

5. 应督导各校积极筹集基金。

应当说，巡回辅导团的工作是积极、认真、负责的，所呈现的问题也是实事求是的。比如，妇女班、成人班人数过少问题。

永安县政府对国民教育第七巡回辅导团工作的评价反馈也可以说明。

优点：

1. 解决困难均有具体办法且能切合实际；

2. 示范教学准备充分，时间与教材分配适当；

3. 专题演讲精彩而切合实际；

4. 其他活动亦切合各校需要。

缺点：

辅导团在每校至多只留三天，仅能作行政、教学之辅导，对于社会活动方式及访问家庭方法无暇顾及。

改进意见：

1. 辅导团辅导各校时，最好每校逗留一星期，实地领导员生举行各项社会活动；

2. 对于成人班、妇女班教学方法宜多作示范并对留生问题尽量指示具体办法，务以切合实际不尚理论为佳。

这种双向互动，对促进国民教育的问题解决、提升师资水准起着积极作用。

此外，福建省立永安民众教育馆的设置，也为当时永安县的民众教育推行积极助力。

1943年，福建省政府当局以原拟办省立南平、永安两处民众教育馆的二十万元经费，集中设置省立永安民众教育馆，调原省立福州民众教育馆馆长陈启肃出任该馆馆长，以永安戏

第一章 相对完整体系：全面抗战时期永安教育变迁的情况

院为该馆施教场所，以永安城内福建省教育厅办事处为该馆办公场所，并调教育厅民众教育第二、第三巡回施教团协助筹办。① 按照《福建省立民众教育馆章程》，省立民众教育馆以"遵照中华民国教育宗旨及其实施方针与社会教育目标，实施各种社会教育事业，并辅导本区内各县（市）社会教育之发展为宗旨"，相较县立民众教育馆，其组织机构与业务范围均更为庞大与宽泛。就组织机构来看，除了"总务部""教导部""生计部""艺术部"，还设置了"研究辅导部"，担当"社会概况调查统计研究实验，及视导本区内各县（市）公私立民众教育馆，暨其他社会教育机关等"；"出版民众教育人员进修刊物，发表实验报告，介绍教材教法，及会同本馆各部及各组，或其他教育机关，举办有关社会教育各种实验或示范事项等"职责。就业务范围而言，也要宽广得多。以"教导"来说，省立民众教育馆设置"教导部"，其下分教学、阅览、健康组，相应职能为："教学组：民众学校、各种补习学校、函授学校、民众代笔处或问事处、通俗演讲学术讲座，及流动教学等属之；阅览组：科学陈列室、图书馆、书报杂志阅览所、流动书车巡回文库，及各种固定或流动展览等属之；健康组：健康活动、民众业余运动、家事指导及民众茶园等属之。"而县立民众教育馆设置的"教导组"，民众学校、补习学校、图书阅览、健康活动、家事指导、通俗演讲及调查辅导等统而揽之。② 就当时永安县的实况，省立永安民众教育馆的业务，虽侧重于戏剧实验与研究，但无论如何，省立永安民众教育馆构成永安县推进民众教育的一股重要力量。

---

① 任山：《四月省政报导：派员筹设省立永安民教馆》，《新福建》1943年第3卷第4期。

② 《福建省立民众教育馆章程》《福建省各县立民众教育馆章程》，《福建省政府公报》1942年第1210期。

第二章 多方互助驱动：
全面抗战时期永安教育变迁的合力

全面抗战时期永安教育的整体情况，毋庸置疑是多方互助驱动的结果，体现了教育变迁的复杂性。主政福建的陈仪、刘建绪，执掌福建省教育厅的郑贞文等人相对开明的政治态度与教育情结，为之营造了较为良性的外部环境；永安抗战文化活动盛况，为永安教育变迁注入了"抗战"元素，其形式与内容影响着各级各类学校的教育教学活动，而永安各级各类学校亦充当着永安抗战文化活动的有效平台，助推其持续与活跃，二者之间人员、信息等的对流与交融，造就了抗战文化活动与教育变迁相辅相成的格局；强大的师资阵容，是永安教育变迁的关键。当年汇聚于永安的文化人士、专家学者、教学人员，凭借深厚学养、精湛教艺、爱国情怀，渲染着永安教育的氛围。

一、陈仪、郑贞文与全面抗战时期
永安教育变迁的外部环境塑造

全面抗战时期，主政福建的陈仪能够容纳、招揽进步文化人士甚至中共地下党员，支持创办出版机构、发行刊物、建立研究院所、发展教育事业等，成为永安抗战文化活动开展（包括教育变迁）的重要保障；执掌福建省教育厅的郑贞文，

第二章 多方互助驱动：全面抗战时期永安教育变迁的合力

"将福建省立师范学校（后改为省立永安师范学校）、省实验小学迁到永安，协同创办省立永安中学、省立音乐专科学校、省立师范专科学校、省立高级农业学校和省立农学院，大大改善了永安的教育状况"①。他们的作为，营造出永安教育变迁相对良性的外部环境。

（一）陈仪："由教育入手，建设民主政治"

当年寓居永安的历史见证者，在后来的回忆中不约而同称赞陈仪主政福建期间对福建文化与教育事业发展的贡献。"陈仪在福建也确实做了很多事情，许多文化事业是他领导创办的，比如省研究院、改进出版社、农学院、医学院、音专、师专、农业改进处、气象局……总之，在福建的文化教育方面，陈仪是做了很多事情的。"② "他在省主席任内，在福建的文化教育和出版方面是确实做了一些事情的。他办了福建音专和医学院，还准备在永安茅坪创办福建大学，后来因国民党中央政府未予批准，大学未能办成，但最后他还把法学院改办成省立农学院，总算苦心经营，又办成了一件事。福建省研究院是他主张创办的，改进出版社也是他创办的。"③ "在陈仪任职期间，曾创办社会科学院、农学院、医学院、师专、音专、永安中学、改进出版社等，并且大力提倡民众教育。"④ 几近雷同的记忆，道出的是历史事实，从中可见陈仪的文化、教育情结。而上述机构，或是全面抗战时期随迁，或是直接创设于

---

① 刘思衡编著《永安抗战历史文化概览》，海峡出版发行集团、福建教育出版社，2023，第76页。
② 谌震：《要促成第三次国共合作》，载中共永安市委党史工作委员会编《抗日战争时期永安进步文化活动学术讨论会专辑》，1988，第235页。
③ 刘子崧：《我所认识的陈仪和刘建绪》，载中共永安市委党史工作委员会编《抗日战争时期永安进步文化活动学术讨论会专辑》，1988，第262页。
④ 詹廷桢：《战时省会杂忆》，载中国人民政治协商会议福建省永安市文史资料研究委员会编《永安文史资料》（第七辑），1988，第146页。

永安。

1939年,以《大公报》记者身份来到福建省临时省会永安的新华社著名记者孟秋江对陈仪的访谈,清晰展露了他"由教育入手,建设民主政治"的思路。

陈仪说,此前的"师范集中、高中集中、限制私立高中、普设初中;高中以上的学生的一切费用由政府负担;开办六千所战时民众学校,提高一般民众的文化水准"等倡议与行动,不过是围绕建设民主政治这一大目标的应有举措。建设民主政治,关键因素是人。"这样'穷''愚''弱'的民族,他怎样能来推行民主政治?我们国家弄到这样地步,一般民众并不负责,这是我们的政府和知识分子的责任。"为此,务求重视教育。只是,过往的教育"是'君子'式的教育",与一般民众不搭边,从而妨碍民主政治的推行。为真正达成"由教育入手,建设民主政治"的局面,陈仪认为,教育上必须确立两项目标:"第一,提高民众的知识,发扬国家观念。第二,提高生产技术,增加生产量。"他还具体言及福建省各项建设事业推进过程中人才缺乏的问题:"最感缺乏的是三种人:一、专门技术人员,二、大学生,三、助手。"并针对"在福建最困难"的第一、第三两种人才的来源,表达了"专门技术人员可以向外省请",但依然应当坚持"自给自足",通过"设研究所来训练农业、工业的技师和医师";至于需求量更大的"助手",应通过"大量培养师资、普及教育、提高文化水平"来实现。① 显然,陈仪不仅关注当下(抗战期间)福建教育应如何改变,而且展望此后(建设时期)教育该如何发展。全面抗战爆发后,叮嘱全省沿海地区的学校向内地疏散、对省外迁闽学校施以援手等,

---

① 孟秋江:《访问陈仪先生》,载中国人民政治协商会议福建省永安市文史资料研究委员会编《永安文史资料》(第七辑),1988,第34、35页。

第二章 多方互助驱动：全面抗战时期永安教育变迁的合力

均显示他对教育的关注。比如，当时福州有一个由马尾海军司令李世甲兼任董事长的私立补习学校，尚未撤离的学生大多集中于此，一度达到几千人。陈仪听闻后，严令福建省教育厅督办此事：疏散学生。因为，一旦战火殃及，学生将滞留沦陷区，势必造成不可估量的损失。鉴于尚未撤离的学生一时间并不愿意撤离的情形，福建省教育厅在征得李世甲的理解与支持后，勒令补习学校停办，从而顺利完成疏散工作。福州沦陷后，陈仪训令福建省教育厅收容学生转送到闽北各地，并设置临时教育机构加以安置等，[①] 亦是其教育情结的注脚。

当时执掌福建省教育厅的郑贞文，1986年在其《在福建教育厅任职的回忆》一文中袒露："陈仪对于福建教育，虽常主观行事，但遇有与他意见相合的措施，也极力支持。为充实教育厅人才，他赞成我提出的创办专科视导制度的建议，由我推荐中小学各科优秀教师，经省府聘为参议或咨议派厅服务，并增设额外秘书及中小学专科视导员共二十余人。又每年收各大学教育系及师范学院闽籍毕业生为服务员，派在厅内各科室工作，遇缺即补。这许多额外秘书、视导员和服务员的预算外薪给，都由陈仪特别办公费项下开支，使我在用人上得到许多便利。"并辟出"陈仪主政时期福建教育的主要措施"部分，包括："师范教育的集中办理""中学教育的调整""职业教育的调整与职业补习教育的创设""高等商业职业学校的设立""省立福建大学的昙花一现""省立师范专科学校的创办""由省立到国立的音乐专科学校""电化和戏剧教育的创办""数学及劳作教具的创制""省立科学研究所的设立"等。[②] 无疑，

[①] 卓克淦：《陈仪言行小议》，载中共永安市委党史工作委员会编《抗日战争时期永安进步文化活动学术讨论会专辑》，1988，第257页。

[②] 郑贞文：《在福建教育厅任职的回忆》，载中国人民政治协商会议福建省委员会文史资料研究委员会编《福建文史资料》（第十二辑），1986，第11—20页。

这也并非简单地为陈仪歌功颂德，而是过往事实的再现。揆诸史实，这些举措大多完成于福建省政府迁至永安时期，可视为永安教育变迁的组成。

福建省立师范学校的组建以及全面抗战爆发后奉令先于福建省政府各机关内迁永安，即是陈仪"文化教育"战略意图的一部分。姜琦在《福建省立师范学校迁移永安宣言》中关于师范学校的职责与担当等方面的言说，显示了二者之间的关联。姜琦说："师范学校之旨趣，本来是在于教养一班成为胜任的国民陶冶者和民众领导者，他们必须为能够与一般民众相接近而唤醒并形成其精神的力量之教育者与领导者。因此，一般师范生自身不可不先惯于乡村生活而感得其兴趣，并养成有实际生产的知能，懂得'教、养、卫'三者之普通的理论和方法。如果我们欲要贯彻这种旨趣，那么，我们非将师范学校移设在乡村不可。至少限度，我们应该为本校在内地县份择一区域设立一分校，每年之中抽出一部分学生派遣到该分校加以乡村生活之训练，使他们培养一种刻苦勤劳之习惯。"如果说，这是基于学理的阐发，那么，陈仪的举动，则体现了当政者决策中融入"文化"因素的取舍。"原来，省政府陈主席早有这种主张，并于前年省政府所颁布的《二十五年度整理本省教育方案》里面拟订一种计划，即一面先把本省各地城市所有旧师范学校学生集中于前福州师范学校，改名为'福建省立师范学校'，施行齐一训练；一面再把校址移设在福州近郊，预定于前年9月前选定地点、确定建筑图样及预算，二十五年度内建筑完成，后来因经费，所以这种计划，一时未能实现。到了本年（即第二十六年度），省政府本来又拟在福州近郊择一地段建筑高中和师范学校合用之校舍，但这种计划甫经议定，不料卢沟桥事变突然发生，因此，这种计划，又变成为流产了。然则这次本校奉令迁移永安，未始不是给予本校学生

第二章 多方互助驱动：全面抗战时期永安教育变迁的合力

下乡训练之一个最好的机会。由此可见这次本校所以迁移永安，其目的不仅仅在于为策一时安全而已。"更包含着将都市的现代文明向乡间社会播撒，促成乡村的现代化，进而实现城乡平衡的考量。①

其实，全面抗战爆发前后，陈仪出席各种场合的讲话，已充分表明他对教育特别关注的态度。譬如，1936年的福建省"中等学校校长教职员暑期讲习会"上，陈仪直抒胸臆："我们现在不再需要软的、弱的教育，我们所需要的是强的、硬的精神，我们尤其需要的是自强独立的教育。"这种教育建立在科学基础上，不仅给学生传授知识，更能使学生的衣食住行整齐、严肃、简单、朴素，养成规律的习惯，以合乎新生活的精神。② 道出了心中对教育的构想。同年的福建省基督教教育协会年会上，受时任私立福建协和大学校长林景润之邀，陈仪作了《福建教育之改进》演讲，指陈当时福建教育与全国教育一样，是"西洋化的教育"，作为一种发展趋势无可厚非，也无须厚非。但是，"我们现在所认为问题者，不是教育应否西洋化的问题，而是教育应如何才能收西洋化效果的问题"。较之日本，中国的"西洋化教育"之所以收效甚微，在于"自我忘却与采花弃果"，即"不能保存中国民族固有的精神与只接受了西洋的皮毛，而没摄取西洋文化的精髓"。改进的方法则是："一方在恢复吾民族的固有精神，一方在明了吾民族所处的现实环境。"具体而言，就是要恢复中国的道德，恢复忠、孝、仁、爱、信、义、和平，礼、义、廉、耻。"注意中

---

① 姜琦：《福建省立师范学校迁移永安宣言》，《闽政与公余》1938年第16期。
② 陈仪：《自强独立的科学的生活的教育》，载福建省政府秘书处公报室编《陈主席言论集》，1938，第94、95页。

国民族所处的现实地位。"鉴于空前的国难,"故所施的教育,应该是国难教育","摄取真正的西洋文化精髓来作适应环境,对付现实之用,尤为目下刻不容缓之急图"①。触及了近代中国教育变迁进程中的实质性问题。

全面抗战爆发前夕,福建省政府秘书处公报室编辑的《陈主席的思想》专列"教育思想"一节,将陈仪主政福建三年半以来在各种场合的讲话,训词中有关教育的言论、主张汇集起来,涉及教育功能、新教育的原则、教师、学生、教育制度、教育视导等方面,较为全方位地呈现了陈仪关于教育问题的思考,虽不乏溢美之举,却也相对客观地反映了陈仪的教育情结。例如,说到"教育的重要性",陈仪将其与"复兴国家""心理建设""政治建设""经济建设"的需要关联起来,表明教育是民族复兴与国家建设的利器;再如,谈论"新教育的原则",陈仪说,新教育应当是"人的教育、公民的教育""自强的、独立的教育""统一的教育""科学的、自动的教育""生活的、实际的教育""生产的、劳动的教育",确也切中时弊。现代社会的教育务必与生产、生活紧密联系,注入科学方法,促进个体身心发展,培养合格公民。如同编辑人员所言:"以上六种教育原则,都是切合现代教育的潮流,而为当今的中国所十分需要的。"又如,关于教师,陈仪强调"人格"与"身教"的必要,提点"进修"的意义。"要办好教育,应该拿自己的人格来做表率,人格的感化力量很伟大。"强调自我反思,自己做榜样,才能切实担负起教导学生的重任;"一面当先生,一面当学生。这样才能够领导青年,推进社会"。关于学生,陈仪要求一要使他们的受教育机会均

---

① 陈仪:《福建教育之改进》,《教育季刊》1936年第12卷第4期。

第二章 多方互助驱动：全面抗战时期永安教育变迁的合力

等，二要由政府为他们统筹毕业出路。① 这些主张，显然不是无端套用或者无病呻吟。

1940年拟制的《福建省经济建设五年计划大纲》，着眼点虽在民生建设，如同时评所言："福建五年经济建设计划，据陈主席语中央社记者，此乃民生建设，着重于农业生产、兴办水利、发展小机器工艺及手工业。"② 但教育亦是其中规划"事业"之一。预计从1940年至1944年，拨款六百万元，完成"科学研究所"、"大学"（力谋发展，三年内增设工学院）、"高中"（提高学生程度，使百分之八十以上学生能升学，但校数及人数，不必十分扩充）、"高级职业学校"（高级农业职业学校：于闽南设高级园艺职业学校一所，闽北设高级森林职业学校一所；高级工业职业学校一所设于闽南；高级商业职业学校一所设于省会或南平；俟抗战胜利，于沿海县份设水产职业学校一所）、"短期培训"（应大量中下级技术人员之需）、"书报"（应提高民众智识之需）、"电影"（作为发展民众教育的重要手段之一）等的建设。③ 这些规划，均在其后得到落实。

在离任福建省政府主席前夕发表的感言中，陈仪仍不忘强调发展教育的意义，建议为全面抗战胜利后的大规模建设工作做造就必需人才的准备。④ 诸如此类教育主张，尽管并非没有商榷余地，但其中的教育情结清晰可鉴。学人有言：主政福建期间，"教育是陈仪极为重视的领域，他将教育视为实施民生

---

① 福建省政府人员训练所编《陈主席的思想》，福建省政府秘书处公报室，1937，第77—105页。

② 《短评：闽五年经济建设》，《前线日报》1940年8月4日第3版。

③ 陈仪：《福建省经济建设五年计划大纲》，《时代精神》1940年第2卷第3期。

④ 陈仪：《治闽的一点感想》，《潭风》1941年第1卷第5期。

主义的社会政策。他对教育有全盘的考虑，既有为目前计，也有为将来计；既考虑基础、师范教育，也关注高等教育；既重视学校教育，也狠抓社会教育"①。应当说是颇为中肯的。

接替陈仪主政福建的刘建绪，"多仍旧贯"，虽"对教育无甚主张，也不重视"，但将全省集中办理的师范学校重新分区设置，以及创办福建省立永安体育师范学校，也为福建教育与永安教育的发展尽了一份力。为配合"南京（重庆）国民政府"于1942年开始实施的战时三年建设计划大纲而制定的"本省三年建设计划大纲"中对"文化建设"的重申，同样值得一提。"至关重要者，即，使国民教育能与新县制相配合。故校数须增，师资须备，素质须提高，生活须有着。此外，原有各级学校须励其改进，使学龄儿童以至置身社会之青年均有一贯之培植。更谋人民生活之扶助，则职教须逐步推进，谋学术本质之长进，则文化事业与设施更不容废堕。"②"不作为"的刘建绪，亦有其可赞之处。

（二）郑贞文的"笠剑轩"与全省教育变革规划

郑贞文在陈仪主政闽省之前即已开始主持福建省教育厅事务。继续受命，他务实有为；自身的教育经历，又助益他在全省教育变革进程中的思考与策划。

全面抗战伊始，除了进行制度变革设计，郑贞文亦在教育实践层面大展身手。从他1937年9月6日在"省府联合纪念周"会议上的报告来看，他安排福建省立师范学校将所招收新生寄读闽西的福建省立长汀初级中学、闽北的福建省立邵武初级中学；与建设厅合作将农业人才移往闽西、闽北相应区

---

① 严如平、贺渊：《陈仪全传》，人民出版社，2011，第119页。
② 林天兰：《本省三年建设计划大纲之检讨》，《新福建》1943年第3卷第1期。

第二章 多方互助驱动：全面抗战时期永安教育变迁的合力

域，将工业学校迁移至安全地带；在省会福州的小学教员训练所及厦门大学设立民众防毒师资训练班；各级学校的训练，为力求切合国防需要，课程内容增添"防空、防毒、消防、警备、救护、工务"等课外练习；组织学校疏散，减少儿童和青年无谓牺牲，以保持国家元气等举动，① 均显示他的实务干练。

福建省教育厅内迁永安后，在驻地吉山，郑贞文将自己的办公场所命名为"笠剑轩"，旨在倡导与树立"笠剑学风"（笠，即学农民戴斗笠去从事生产劳动；剑，即学士兵拿起枪剑去杀敌），要求学生深入乡村进行抗日宣传和开展民众教育，引导广大民众投身"抗战建国"。"笠剑学风"被全面抗战时期福建省临时省会永安的各级各类学校所认同，"国立福建音乐专科学校"校长卢前做的"笠剑诗"即是见证："何以昌闽学，诗歌笠剑篇。无产有恒心，惟士卓然见。海内重许行，一笠亦云善。习稼匪求田，荒斋守古研。珠玉褐中怀，多能始鄙贱。或谓闽士训，其俗喻以渐。君欲振起之，曰有刘琨剑。豪侠与儒林，意将合一传。入手既耰锄，润身复书卷。孔墨归殊途，持此宏大愿。更以十年期，笠剑士当践。"② 时人赞誉"笠剑学风"与当时"全国各方面的言论都主张以严正代宽大、以奋斗代和平、以刚毅代文弱，复兴周秦时代的民族精神"的趋势相符，因而不仅在福建省应该提倡，在全国也应当提倡；不仅当前（抗战时期）要推行，就是将来也需要推行。③ 今时亦有研究者称"笠剑学风"为福建省地方教育史

---

① 郑贞文：《抗战期中本省教育的动态——九月六日在省府联合纪念周报告》，《闽政月刊》（教育辑·战时教育特辑）1937年第1卷第5期。
② 章良猷：《卢前在吉山写的诗文》，载中国人民政治协商会议福建省永安市文史资料研究委员会编《永安文史资料》（第七辑），1988，第44页。
③ 袁昂：《论笠剑学风》，《教育通讯》1938年第9号。

上的光辉一页,"倡导学生下到乡村,唤醒并武装民众,捍卫国家,思想独到"。还"创造了以教育服务政治与民族未来,并取得成功的典型范例",且符合教育与生产劳动相结合的理念及要求。① 彰显了郑贞文对教育的理解与建树。

在永安时,郑贞文"能紧密联系抗日战争形势,通过学校教育工作和其他各种形式,开展抗日爱国教育,提高在校学生和城乡广大民众爱国思想意识"②。坐镇福建省教育厅,发布一道道教育训令,规划全省教育变革,发挥教育在"抗战建国"中的作为。如建立分区、分科视导制度;举办青年训练;发动、组织高中、师范以上学生参加民训工作,开办战时民众学校;策划推动沿海学校内迁;重新划分全省中学区、师范教育区、职业教育区;分区设置国民师范学校,训练国民教育师资等,应对困境,保存薪火。

召集全省教育视导会议、地方教育行政会议,组织成立省教育会等,将各方力量汇到一处,共同推进全省战时教育,为"抗建"奠基,更加显示郑贞文的用心良苦。

1939年于永安召开了全省第二次教育视导会议,出席会员128人,有来自省教育厅的会员46人,特聘会员5人(省政府秘书长陈景烈、高等法院院长宋孟年、首席检察官林炳勋、建设厅厅长严家淦、卫生处处长陈涤寰),各专员署会员7人,各县市会员63人,各特种区会员7人。大会收到提案57件,经审查后合并为31案,围绕"订定教育视导的方针与标准;改订教育视导报告及表格;讨论辅导方法;加强各级视

---

① 陈惠兰:《论"笠剑学风"与闽海抗战》,《闽南师范大学学报》(哲学社会科学版)2015年第1期。
② 邱其永:《郑贞文在吉山》,载中国人民政治协商会议福建省永安市文史资料研究委员会编《永安文史资料》(第八辑),1989,第11页。

第二章　多方互助驱动：全面抗战时期永安教育变迁的合力

导人员的联系；促进视导人员的研究与进修"等问题展开专门研讨，也实现了人员联络的目的，赢得了赞誉。应邀参会的严家淦高度称赞："贵厅开此教育视导会议，亦即图谋改善视导方法及制度，严密辅导各级教育以配合抗战建国之一种有效方法。"① 与会的宋孟年亦赞叹近年来福建省教育发展突飞猛进的态势实得益于教育视导工作的保障。② 陈仪尽管因故未能出席会议，仍对之寄予厚望。一方面，继续强调教育作为抗战建国的基本工作，须注重人的德行培养；另一方面，更是注意到以往谈论教育时指向德、智、体而忽略群育、美育的情形，要求应切实予以重视。③

1939年11月20日至22日，福建省教育厅于永安召开全省地方教育行政会议，出席人员除省教育厅和各机关少数人员外，基本上是实际主持地方教育事务的各县县政府第三科科长和特种区属第二科科长，又因此次会议是继1931年5月召开的全省各县教育局长会议8年之后再度聚集地方教育行政人员，研讨教育实际问题，且适逢全面抗战进入相持阶段，因而所负使命更为重大。"本次全省地方教育行政会议，即在欲对年来因社会政治经济各方面的变动而发生之地方教育实际问题作普遍之研讨，考究其切实有效之改进办法，以配合抗战建国之需要。"④ 郑贞文在大会开幕致辞中希望与会人员能够"注重地方教育量的扩充与质的改善并重""统一青年思想提高国

---

① 《建设厅严厅长家淦演词》，《福建教育通讯》1939年第3卷第24期。
② 《高等法院宋院长孟年演词》，《福建教育通讯》1939年第3卷第24期。
③ 陈仪：《勖勉第二次地方教育视导会议各会员书》，《闽政月刊》1939年第4卷第5期。
④ 唐昌时：《对出席全省地教行政会议代表的希望》，《福建教育通讯》1939年第4卷第17期。

民道德""推进国民体育与学校健教"。① 会议围绕"地方教育行政；地方教育经费；初等教育；中等教育；战时国民教育；社会教育；特种教育"等专题展开，"集全省教育行政人才于一堂，各抒己见，庶几集思广益，谋改进地方教育上许多问题，其意义之深长，可不言而喻"②。

1940年6月组织成立的福建省教育会，第一次会议时出席代表近百人，几乎包括当时全省各县教育会成员。他们期待该会能充分发挥辅助教育行政职责，协助政府推行地方教育事业，促进全省教育发展，尤其是将如火如荼推行的国民教育作为研究的中心问题，提出建议、对策，供教育行政机关采纳施行。③

诸如此类会议的召开，搭建了交流、探讨甚至解决问题的平台。像当时已成为全省地方教育行政中首要业务的战时民众教育的办理，唐守谦认为，务必确保其地位，遵循"普遍、迅速、切实、经济"原则，坚持成人与儿童并重，加强合作，克服困难，努力达成预期目标；④ 陈伯平则将此前巡回施教全省各地所获观感，分列为"经费、师资、学校设备、教师进修研究、行政机构联系"问题，供全省地方教育行政会议与会人员商讨；⑤ 福建省教育厅职员柏鸿铭，接连在福建省地方教育行政会议及福建省教育会第一次大会上呼吁中等教育的推

---

① 郑贞文：《福建全省地方教育行政会议开会词》，《福建教育通讯》1940年第5卷第9期。
② 卓克淦：《对本届全省地教行政会议的希望》，《福建教育通讯》1939年第4卷第17期。
③ 陈若冰：《对于教育会的小小意见——献给这次各县教育会贤明的代表诸君》，《福建教育通讯》1940年第6卷第7期。
④ 唐守谦：《地教行政中的首要业务——战时民教》，《福建教育通讯》1939年第4卷第17期。
⑤ 陈伯平：《心目中所见感的几个地教行政问题》，《福建教育通讯》1939年第4卷第17期。

第二章 多方互助驱动：全面抗战时期永安教育变迁的合力

进问题，引人注目。

1940年11月，郑贞文通过《神州日报》向国人宣告"七七事变"以来福建省"教育设施"的进展概况，欣慰地表示这一时期"教育设施，从消费的进为生产的"，"学校的分布，从畸形的进为均衡的"，"教育的对象，已从儿童的进为成人的"。① 1940年末的"省政府总理纪念周"会上，郑贞文再度陈述："本省教育的设施，在二十九年中有三个显著趋势：一、由合理地分配到均衡地发展；二、从量的扩充到质的改善；三、配合地方自治与经济建设。"并以"配合地方自治与经济建设"说事，列举道："普设中心国民学校，加紧推行成人教育，以增进国民基础知识与政治意识；增设县立初中及县立图书馆等，以提高国民文化水准；推广县区教育会之组织，并成立省教育会，以充实地方自治的基层组织，均为配合地方自治的重要工作。又扩设各种职业学校，设立省立农学院，以培养经济建设的人才；增强建教合作机构的联系，督促各级学校学生厉行生产训练，以增加战时生产，则系配合经济建设的重要设施。"② 离任前夕组织召开的全省教育会议，讨论《福建省计划教育实施方案草案》，亦见真章。该方案乃配合"本省三年建设计划大纲"实施，以达成新福建之文化建设目标，"依据本省人口分布、职业构成及文化程度、教育现状而拟订，分为实施纲领、实施背景、实施要项、实施办法四大项，包括学前教育、国民教育、中学教育、师范教育、职业教育、高等教育及社会教育七类，于计划项目则条分缕析，于所需经费、人才则分年列举，俾便实施"。经大会议决后，提交省政

---

① 《闽教厅长郑贞文发表福建教育设施概况（续）》，《神州日报》1940年11月16日第5版。

② 郑贞文：《一年来福建省教育设施的综合检讨——二十九年十二月三十日在省政府总理纪念周报告》，《闽政月刊》1941年第8卷第1期。

府委员会议定夺。① 这份全省教育发展规划蓝图，一方面，势必对全省教育建设产生深刻影响。如《实施纲领》中述及的"教育机会均等""兼顾群性与个性""社会教育与学校教育并重""积极培养师资，统制学生入学、升学、就业"等，均对教育发展作出了原则性甚至战略性规定。另一方面，直接为永安教育发展办实事。"郑贞文任厅长时，教育的工作颇有建树。"如创办儿童游艺园，每天定时开放，人人都可以参加活动，园内各种设施、设备相对齐全，每天都吸引数百儿童前来，热闹非常；创办省立永安实验小学吉山分校，配备优良师资，保障教学质量，该校教学严格，因此凡能毕业者都可以升入中学，当时在农村读私塾的，纷纷来到这所小学读书，民众中甚至以到此就学为荣，常有人为此举行家宴，以示祝贺；创办省立永安中学，以高质量的教育教学吸引各县学生争相报考；举办壮丁夜校，不仅教授识字，而且开展抗战宣传；开设民众教育馆，配备相应设施，供各界人士阅览娱乐之用。② 郑贞文1986年所作《在福建教育厅任职的回忆》一文，系统、全面地回顾了任职福建省教育厅厅长期间的作为，既体现职责所在，也体现教育情怀。同样，这些举动，大多开展于永安时期，并赢得当地民众赞扬。

政令的连贯是教育事业推进的强劲外力。不论主政者当初的真实意图如何以及其间因时局变幻而出现的决策波动，其结果都值得亲历者与后人客观评说。陈仪、刘建绪的举动，折射出政治与教育之间互助的意义；郑贞文平易近人的品格以及福建省教育厅公务人员与当地民众融洽相处的场景，有助于教育事业的顺利推进。这一切，对当时永安的教育变迁，无疑均是有利的外部环境。

---

① 郑贞文：《教育工作报告——三十二年十一月十五日》，《新福建》1943年第4卷第4、5期。

② 刘维模：《抗战时期的吉山》，载中国人民政治协商会议福建省永安市文史资料研究委员会编《永安文史资料》（第七辑），1988，第154、155页。

第二章 多方互助驱动：全面抗战时期永安教育变迁的合力

二、相辅相成：永安抗战文化活动与永安教育变迁

全面抗战时期，随福建省政府内迁以及从沦陷区辗转而至的文化教育人士、名家，在临时省会永安聚成了一支强有力的队伍，形成声势浩大的抗战文化活动场景，成就了永安作为东南抗战文化中心的地位。永安市委党史研究室等编印的《抗日战争时期永安进步文化活动陈列室解说词》中说："当时小小一个永安山城，拥有这样的文化阵势：文化学术团体40余个，编辑单位近20家，出版社42家，印刷所19家，出版各种报纸12种，杂志129种，出版各类专著700多种，丛书、丛刊近40套。内容涉及政治、经济、军事、文学、艺术、新闻、教育等各个领域。在永安发表作品和出版专著的作者、学者有100多人，其中不少是名家。"这首当归功于陈仪、刘建绪等人相对开明的政治态度以及危难时期表现出的为国为民意识。如同论者所言："战时的福建，聚集一批文化界的爱国知名教授、作家、学者和记者，永安成为战时东南沿海的文化中心。这同陈仪政治上较为开明，重视文化教育事业，重用和保护文化界的进步人士，都有密切的关系。"① 1942年入读"国立福建音乐专科学校"的陈宗谷回忆说："当时的国民党省政府主席刘建绪表面上比较开明，对进步文化活动很少干预。永安还有好几家出版社和书店，出了一些好书，外地的一些进步刊物，也被允许发行。正因为有这样有利因素，音专的学生运动才能活跃一时。"② 其他历史见证者也充分肯定这一点。

---

① 陈能南：《陈仪主闽期间功过述评》，《福建师范大学学报》（哲学社会科学版）1989年第2期。

② 陈宗谷：《回忆在音专的战斗岁月》，载邱文生主编《永安抗战进步文化活动》，海峡文艺出版社，1984，第408、409页。

1985年在永安召开的"永安市抗日战争时期进步文化活动学术讨论会"上,王一帆总结永安进步文化活动取得成就的历史条件时,即明确表示陈仪、刘建绪是"又一政治因素和条件";郑庭椿、卓克淦、李一凯、刘子崧等人也都对当年陈仪、刘建绪的作为做了回顾与相应认可。① 二十多年后,虞韶年认为王一帆当初所言尚显"语焉不详",特作《两任省主席与永安抗战进步文化活动》一文对此加以细说。② 自然,其中更离不开的是中国共产党的"抗日民族统一战线"政策的引领,亲历者及研究者的认知殊途同归。时任改进出版社编辑发行的《战时木刻画报》主编的萨一佛事后说:"改进出版社就是得到党的支持,才团结了一些作家,组织了一批力量,才出了许多好书的。"特别提及地下党员卢茅居、邵荃麟所起的指导作用。③ 虽然,当时的永安不像重庆、桂林等地那样有中国共产党的公开组织,即不存在中国共产党的组织领导,但不论是隐蔽战线上的共产党员,还是国统区的爱国民主人士,以及进步的文化人士、热血青年与知识分子,都自觉甚至主动接受与执行中国共产党的"抗日民族统一战线"政策,"坚持抗战,反对投降;坚持团结,反对分裂;坚持进步,反对倒退",从而共同推动永安抗战文化活动的发展。亲历者明言:"当时永安党的领导,主要表现在来自各个方面的、坚持爱国抗日的同志自然而然地形成一个战斗的集体。从各方面接受党的抗日统一战线的主张,这就是抗战期间在国统

---

① 中共永安市委党史工作委员会编《抗日战争时期永安进步文化活动学术讨论会专辑》,1988,第254—264、283页。

② 虞韶年:《两任省主席与永安抗战进步文化活动》,载永安市政协文史资料委员会编《永安文史资料》(第二十九辑),2010,第64—69页。

③ 萨一佛:《地下党员在改进出版社中所起的作用》,载中共永安市委党史工作委员会编《抗日战争时期永安进步文化活动学术讨论会专辑》,1988,第207页。

第二章 多方互助驱动：全面抗战时期永安教育变迁的合力

区党的领导的一个重要特点。"① 中国共产党的"抗日民族统一战线"政策发挥的政治领导作用，成为永安抗战文化活动推进的根本动力。作为永安抗战文化活动组成部分的永安教育，既因永安抗战文化活动盛况而注入"抗战"元素，又充当永安抗战文化活动的有效平台，助推其持续发展与活跃。二者之间的人员、信息等对流与交融，造就了抗战文化与教育变迁相辅相成的格局。

（一）永安抗战文化活动：永安教育变迁的重要推手

亲历者曾以"省立（国立）福建音乐专科学校"为例说明："永安进步文化活动对当时在永安吉山的福建音专影响很大，有两件事可以说明：一是毛主席《在延安文艺座谈会上的讲话》，在福建音专进步学生中传阅，甚至一些老师，如郑书祥老师（原是中共党员，当时与组织失去联系）也看了。缪天瑞先生是教务主任，倾向进步。陈宗谷同学也通过进步的学生池志立拿《讲话》给他看。他看过之后说：'很好嘛！'他还说，当时有一个朋友想邀他一起去延安，后来没有去成，感到很后悔。音专文艺研究小组同学读后写的一些文章，有的登在《铁草》壁报，有的登在《民主报》，反映了毛主席《讲话》的观点。另外，《方生未死之间》② 中论述的'生活的三

---

① 赵家欣：《自觉接受党的政策领导是永安抗战文化的一大特点》，载中共永安市委党史工作委员会编《抗日战争时期永安进步文化活动学术讨论会专辑》，1988，第204页。

② 《方生未死之间》是于潮（乔冠华）所著，由当时创办于永安的东南出版社出版发行。该著作表面上讲的是文艺问题，实际讲的是政治问题。指出当时中国正处于新的刚在生长而旧的尚未死去的年代，反映了广大群众和青年知识分子痛恨旧的社会制度，盼望新的社会制度出现的共同心理。文笔流畅，辞章华美，读之令人不忍释手，成为当时最盛行的书，流传很广，对许多青年读者革命思想的确立有很大的促进作用。（陈耀民、王毅林：《随风潜入夜 润物细无声——永安进步文化活动的政治影响》，载中共永安市委党史工作委员会编《抗日战争时期永安进步文化活动学术讨论会专辑》，1988，第171、172页。）

度'在音专同学中的影响也很大。许多同学看了这本书,懂得应当深入群众,和人民同呼吸、共命运,脚踏实地做工作。"① 永安抗战文化活动对当时永安教育变迁的影响,并非"省立(国立)福建音乐专科学校"专属。概括说来,永安抗战文化活动中坚持的抗战必胜信念、产出的成果,依托刊物、戏剧、音乐、文艺、美术等形式,及时传递给了永安各级各类学校,带来教育教学活动的变化。

其一,永安抗战文化活动的鲜明指向,导引着永安各级各类学校的抗战宣传、动员。研究者指出:抗日是永安进步文化活动的标志。② 1985 年,参加永安市纪念抗日战争胜利 40 周年大会及"抗日战争时期永安进步文化活动学术讨论会"的历史见证者王一帆,在总结发言中指出:"永安进步文化活动解决了或努力解决着八年抗日艰苦斗争过程中广大爱国进步青年和民主爱国人士普遍关心的三个重大问题,即:1. 抗战的前途怎样?包括能不能战胜日本帝国主义?怎样才能战胜?怎样支持抗战?谁在全面抗战?谁在片面抗战或阻挠、破坏抗战?2. 抗战胜利之后,中国的命运怎样?是旧中国继续存在,人民继续被压迫,被一党专政,还是能够争取诞生一个新的民主进步的中国?3. 全世界反法西斯战争胜利以后,世界将走向何方?"永安进步文化活动"通过各种艺术形式(文艺的、美术的、音乐的、戏剧的)及时事政治与社会科学、哲学等各个领域、各个方面,向广大读者回答了上述三个重大问题","它用生动活泼、人们喜闻乐见的形式,去激发人们感

---

① 许文辛:《永安进步文化活动的作用和对福建音专的影响》,载中共永安市委党史工作委员会编《抗日战争时期永安进步文化活动学术讨论会专辑》,1988,第246、247页。

② 曾梅生:《抗日是永安进步文化活动的标志》,载中共永安市委党史工作委员会编《抗日战争时期永安进步文化活动学术讨论会专辑》,1988,第216页。

第二章　多方互助驱动：全面抗战时期永安教育变迁的合力

情上的强烈爱憎，启迪人们应当爱谁、恨谁；它还用有说服力的对时事政治的分析，向人们指明前进的方向；同时，为了增进人们的勇气和坚定人们的信仰，它还以辩证唯物主义与历史唯物主义为武器，从理论上阐明社会前进的不可逆转的真理"[1]。青年学生是其中重要受众。"我们有一个共同的奋斗目标，就是按照党的方针政策，开展抗日救亡工作。我们逐步形成一个核心，团结了一批进步教师和学生，开展了一系列进步活动。"[2]

其二，永安抗战文化活动的形式与内容激发了各级各类学校学生的"抗战"热情。不论是音乐、戏剧，还是文艺、美术等形式及其承载的抗战文化活动内容，均在当时永安各级各类学校引发共鸣。

以戏剧为例，亲历者说："戏剧即教育。""坏的戏剧既可'伤风败俗'，好的戏剧自可'移风易俗'，成为教育上的有效工具。戏剧固然是一种娱乐，可是因娱乐而获慰藉，因慰藉而生感动，因感动而促起自我的觉醒，因觉醒而影响生活的改善，不是不可能的，所以戏剧最初目的是娱乐，最终目的是教育。一种剧的演出，从舞台的前后，可以分成两种不同立场的人——演的人和看的人，演的人从语言和动作中，可以训练记忆，表现能力，启迪思想；看的人从视觉与听觉里，可以涵养德性，增加知识，宣泄情感。这可见戏剧具有双重的教化作用。"[3] 戏剧的这种"双重教化作用"，全面抗战时期发挥得淋

---

[1] 王一帆：《永安进步文化活动的历史贡献》，载中共永安市委党史工作委员会编《抗日战争时期永安进步文化活动学术讨论会专辑》，1988，第273、275页。

[2] 陈宗谷：《回忆在音专的战斗岁月》，载邱文生主编《永安抗战进步文化活动》，海峡文艺出版社，1994，第409页。

[3] 高时良：《推进本省剧教运动》，载邱文生主编《永安抗战进步文化活动》，海峡文艺出版社，1994，第134页。

漓尽致。随福建省教育厅内迁永安的陈启肃,是全面抗战时期福建省剧坛的领军人物之一。他率领的战时国民教育巡回教育团(福建省教育厅戏剧委员会组建)到哪里演出,哪里抗日的戏剧活动就轰轰烈烈地开展起来;他与林舒谦、石叔明等人先后创办的《剧教》《福建剧坛》《剧讯》刊物,在全省各地受到热捧。

在当时的福建省临时省会永安,陈启肃等人卓有成效的工作,使"永安音专、福建农学院、永安师范、永安中学等大中专院校,纷纷成立业余话剧团,走出课堂,奔向街头、农村巡回演出抗日的话剧、戏曲、歌舞,对动员民众起来抗日,起了很大的作用"①。譬如,省立永安中学的抗日话剧宣传演出,轰动一时。亲历者记忆犹新:"永中抗日话剧的宣传演出,曾风靡吉山,载誉燕城。记得最早演出是独幕剧《有力出力》和《破除迷信》等,由方丽清老师执导。《破》剧演员有:陈瑜(饰母亲)、龚文俊(饰父亲)、宋瑛(饰女儿)、林雄(饰神棍)以及我(饰伤兵),曾在上下吉山村作宣传演出。幕间穿插有叶永辉的魔术,郑植青的独舞等。演出激发了农民抗日救亡的热情,收到很好的效果。之后,由于演员阵容逐步扩大,布景、道具等不断充实更新,又先后由方丽清、何佑先、郭占随等老师联合导演过《群魔》《人约黄昏》等独幕剧,进而排练《红心草》《生命之花》等多幕剧,聘请许栖萍老师担任化妆及舞台设计。各剧主要演员有林君英、魏良炎、卢蕻英、陆锦华、高宝良、刘宏业等,我也积极参加演出。""这支由十五六岁初中生所组成的'话剧宣传队',活跃在燕江城乡……虽然演员年龄小,舞台经验不足,但演出的认真、

---

① 赖承光:《永安剧坛上的一员骁勇战士》,载中国人民政治协商会议福建省永安市文史资料研究委员会编《永安文史资料》(第八辑),1989,第32页。

第二章 多方互助驱动：全面抗战时期永安教育变迁的合力

感情的真挚，布景的精心设计，都不逊于战时一些专业剧团，因此这支剧队巡回所到之处，人们夹道欢迎，掌声不绝，在永安剧坛中，可说是'别树一帜'。"① 当年的小演员魏良炎、卢葭英，此后终身从事话剧、电影事业。

　　福建省立师范学校学生于"七七事变"之际便成立了"吼声剧社"，该校内迁至永安后，同学们以之为依托，先后排练过《放下你的鞭子》《到前线去》《不识字的苦处》《活在上海的人们》《出发之前》《通敌》《东北的一角》等二十余部剧作，"以艺术斗士的精神，努力扛起抗建的工作来"。他们赴永安城里以及下渡、吉山、黄历、西洋、大湖、贡川等地演出，引起当地乡民的热烈反应。"从此抗战建国的种子便深种在民众的心田，以至现在永安剧运的永无止息，民众欣赏戏剧水准的提高，都是事出有因的。"不久，由于时任校长王秀南受命兼任永安抗敌后援会宣传工作团团长一职，于是在该团底下组织了抗敌剧社，将学校原来的"吼声剧社"社员及省立永安实验小学"实小剧社"社员纳入其中，同时邀请地方剧作人士参加，以充实力量。抗敌剧社继续发挥戏剧的"抗建"功能，尽管外部环境更为不利，但在福建省立师范学校的新所——大湖乡，"差不多每星期有一次戏剧演出"。1940年元旦，抗敌剧社在省立永安实验小学举行了一次以"肃奸"为主题的演出，剧目为《秋阳》和《民族公敌》，在"一·二八"纪念日，又演出了《雪地忠魂》《烙痕》《最后一计》等剧目，② 颇见成效。

　　福建省立农学院组织的"新农剧团"，先后演出过《雷

---

　　① 赵震：《校庆怀旧》，载中国人民政治协商会议福建省永安市文史资料研究委员会编《永安文史资料》（第八辑），1989，第41、42页。
　　② 林竞志：《永安抗建剧社的过去现在与将来》，《抗敌戏剧》1938年第2卷第9期。

雨》《日出》《麒麟寨》《雾重庆》等剧作,"尤其是当时演出曹禺的名著《雷雨》,很像一声惊雷,惊得国民党当局要禁演,惊得校内外一片欢歌笑语"①。

出版、文艺,同样可激发青年学生的"抗战"情绪。受邀来到永安的著名作家黎烈文,以"推重车上峻坡"姿态主持改进出版社,短时期内便出版发行了《改进》《现代文艺》《现代青年》《现代儿童》《战时民众》《战时木刻画报》等刊物以及系列丛书,以"对抗战和建国两重工作都能有些许贡献",② 在推动永安抗战文化活动的发展以及奠定永安作为"战时东南地区抗战进步文化中心的历史地位"上,有筚路蓝缕之功。③ 其中,《现代文艺》被誉为"东南抗战文艺的堡垒",刊登的"针砭当时丑恶现实的战斗性文章,脍炙人口,盛行一时,深深地打动了许多知识分子和青年学生的火热的心"④。《现代青年》也多取材抗战,担负起宣传、引导青年学生投身全面抗战洪流中的职责。如,《从"五四"看今日的学生运动》旗帜鲜明地指出:"半封建、半殖民地的中华民族,民族的文化水准和政治水准非常低落,只有学生青年站在抗日解放斗争的最前线,才能广泛地唤起全国人民一致加入斗争。"并以二十年前的五四运动发出的"外抗强权,内惩国贼"呐喊作类比,揭示目前与当年如出一辙的处境下,"学生运动自然应以开展抗日的文化运动为当前急务"。只有广泛地

---

① 张在军:《发现永安:被忽略的抗战文化中心》,海峡出版发行集团、福建教育出版社,2018,第109、110页。
② 黎烈文:《发刊词·我们的希望》,《改进》1939年第1卷第1期。
③ 黄顺力:《黎烈文与永安抗战进步文化三题》,载永安市政协文史资料委员会编《永安文史资料》(第二十九辑),2010,第55、57页。
④ 陈耀民、王毅林:《随风潜入夜 润物细无声——永安进步文化活动的政治影响》,载中共永安市委党史工作委员会编《抗日战争时期永安进步文化活动学术讨论会专辑》,1988,第171页。

第二章 多方互助驱动：全面抗战时期永安教育变迁的合力

宣传群众，才能"引导出一个广大的群众运动"，"向着精诚团结抗日锄奸的大道上迈进"。① 因此，对身在后方读书的青年学生，《现代青年》号召："要读书不忘救国。"《学习的目的》一文以上海《大美晚报》中报道的山东泰安萃英中学学生因参加抗日救亡活动被日本宪兵捕去，受尽严刑酷法而不屈服为锲子，点明"在民族遭受到空前的苦难的今天"，学习的真意义何在的问题。呼吁："学习不只是为着个人的出路，更重要的，是为着全民族的解放。我们应该鄙弃'过去之教育上散漫凌越、自私自利的风习'，而采取新的学习方法，从事新内容的选择。"② 《抗战与学习》中再次提及："我们的学习，应该是由于时代的需要，由于为人类求生存的斗争而学习。尤其是在这抗战的大时代中，我们不是为着想要学习着去当奴才，也不是为着想要学习着去做特权阶级，我们要为着中华民族的自由和生存，去学习，去斗争。"③ 与此相应，《青年们所希望的新教育》中期待青年学生应当接受"以社会做教室，以民众做教师，以事物做课本"的"新教育"。④ 这些主张与言论，对青年学生观念与行动的指引作用不言而喻。

继改进出版社之后成为永安抗战文化活动主阵地的东南出版社，编辑发行《联合周报》《国际时事研究》，出版近30部著作，力求有益读者开阔心胸、鼓舞斗志、指明方向，为沉闷的氛围吹进一股清新之风，在青年学生群体中同样引发强烈反响。"每逢节假日，在永安吉山的福建音乐专科学校，在黄历

---

① 陆亦平：《从"五四"看今日的学生运动》，《现代青年》1940年第2卷第1期。
② 孟达：《学习的目的》，《现代青年》1940年第2卷第2期。
③ 云峰：《抗战与学习》，《现代青年》1941年第4卷第4期。
④ 刘树源：《青年们所希望的新教育》，《现代青年》1942年第5卷第4期。

的福建农学院，在大湖的永安师范等学校的青年学生，他们每人进入县城的头一件大事，就是到东南出版社门市部订阅《国际时事研究》，看书、买书。"福建省立农学院的简印泉、傅孙焕、真树华、唐景坤、赵家鼎，"国立福建音乐专科学校"的许文辛、谭庆逢、苏尔兰、徐兰香，福建省立永安师范学校的张礼瓶、苏醒华等学生，都是东南出版社门市部的热心读者。[1]

其三，永安抗战文化人士的不少作品，用作各级各类学校的补充材料，丰富了各级各类学校的教育内容。《老百姓》报重要编辑人员之一的徐君梅，在永安创作和编辑的战时国民读物《抗战诗歌十九首》《抗战歌谣选》《抗战声律启蒙》《黑旗将军刘永福》《中华好儿女》《我们的家乡——福建》《怎样认识你自己》等，以及不同体裁的宣传抗日救亡作品，均由福建省教育厅出版发行或赠送给各地小学和民众教育馆；由任职于福建省教育厅的高时良所撰、以民族解放运动和反法西斯斗争为主题的《欧洲风云》《非洲风云》《亚洲风云》《风雨海洋洲》等著作，也均由福建省教育厅编辑委员会以中等学校补充教材形式出版发行。[2] 与此同时，高时良还在福建省教育厅主办的《中等教育》上发表了一系列关于欧战的文字，如《英国的决斗》《意大利参战》《希腊的荣哀》《德军开进罗马尼亚》《南斯拉夫王国的毁灭》《德国人保危及苏联》《德苏战争》等，作为中等学校史地科补充教材。由福建省教育厅编辑的《抗建三年》，在"七七事变"三周年之际，汇集"各项抗建工作之叙述"为一册，作为中等学校公民科补充教

---

[1] 李振林：《关于东南出版社》，载邱文生主编《永安抗战进步文化活动》，海峡文艺出版社，1994，第426页。

[2] 高时良：《燕城心影》，载邱文生主编《永安抗战进步文化活动》，海峡文艺出版社，1994，第373页。

第二章 多方互助驱动：全面抗战时期永安教育变迁的合力

材之一，"使青年学生读之益增抗战之信心，继续为建立新中国而努力"。① 而《建设导报》则按照刘建绪的指令发行至全省基层的"各保各校"，影响甚广。

其四，永安抗战文化活动为青年学生的成长、成才创造了锻炼机会。永安抗战文化活动在人才培养方面的作为已为学界、政界共同肯定。1941年入读福建省立师范专科学校文史地科的郭风，入学之前，便已在改进出版社发行的《现代文艺》《改进》上发表了《收获》《枪》《驿路》《夜行军》等诗歌，崭露头角；入学之后，继续在上述刊物以及《现代儿童》发表《棕榈》《证件》《江》《春天》《公路》《都市》《被系住的木帆》《桥》《调色板》《犁及其他》《探春花》《海》《唱给镰刀们》《村思》《米》《林中》《鸟羽》《木偶戏》《蜗牛和田螺》等诗歌、散文，为他日后的文学创作取得成就奠定了坚实基础；更有一批青年学生从永安抗战文化活动中受到心灵洗礼、提升认识、坚定信念，投身抗战活动及之后的解放事业，实现了新的人生价值。

（二）永安各级各类学校：永安抗战文化活动的有效平台

相较于与政治、经济的关系，教育与文化之间的关系显得更为密切，教育传承、选择、创新文化的功能早已为人熟知。全面抗战时期，抗战文化人士充分借助教育活动实现"文化动员"职责。

"文化动员"的必然性与必要性，在日本侵华的"速战速决"策略失败，遂"以政治为主、军事为辅，以文化麻醉的政策作为主要的进攻手段之一"后，尤为学人所关注："为粉碎敌人的阴谋毒计，我们就要积极加强大后方的文化工作，配

---

① 《中等学校补充教材〈抗建三年〉业已出版》，《福建教育通讯》1940年第6卷第22期。

合着目前的军事形势,展开大规模的文化反攻,以排山倒海的气势,发挥每一个文化据点的效能,形成一条强固的文化战线……提高民众的民族意识,激发国人的民族精神,加强全国人士对于抗建的信心与认识,形成一个伟大的力量,予敌人以顽强的打击。"就"文化动员"的途径而言,"发动教育工作者的力量"即是其一。① 1943 年"南京(重庆)国民政府"颁布《国家总动员法》后,学人深度阐释"文化动员"在其中价值以及教育活动的担当。"文化总动员在国家总动员实施时,具有领导作用;对于实施后的成败,起决定作用也不为过。"其实质:"是整个文化界以高度自动的密结的意志,来整理组织并创造文化的力量,同时增强民众的力量,并发动民众的力量,全部供国家运用,以达成抗战建国的神圣使命。""实施文化总动员,首须充实文化本身的力量,方能增强国力,发动国力。这个充实力量增强国力的最好工具,就是教育。教育的功用,是文化总动员的核心力量。"② 负责教育活动具体展开的各级各类学校令人期待。

有研究者指出:"永安当时有两项进步文化活动很有声势。一是学生抗日歌咏活动,特别是大中学生步行一二十里到城里举行的万人歌咏大会;二是活跃城乡的抗战戏剧活动。这两项活动的骨干是地下党员和进步人士,主力是学生,基地则是学校。"③ 诚然,当时永安以学生为主力,以学校为基地展开的抗战文化活动,并非仅有上述两项。譬如,"省立(国立)福建音乐专科学校"素有"进步文化据点"之誉。该校

---

① 徐君梅:《论文化动员》,《新福建》1942 年第 1 卷第 3、4 期。

② 何雨农:《福建抗战教育与文化总动员》,《新福建》1942 年第 1 卷第 3、4 期。

③ 虞韶年:《两任省主席与永安抗战进步文化活动》,载永安市政协文史资料委员会编《永安文史资料》(第二十九辑),2010,第 68 页。

第二章 多方互助驱动：全面抗战时期永安教育变迁的合力

学生自治会下设的研究股，在陈宗谷等共产党员同学的带领下，讨论过新音乐运动、音乐的民族形式、新歌剧等问题。其中的时事组，"经常请郑书祥等进步教师作时事报告，帮助同学开拓眼界，了解国内外政治军事斗争形势，很受同学欢迎"。文艺组则组织同学阅读鲁迅著作和其他进步文学作品，讨论文学理论，研究作者生平、思想等。曾广泛传阅过《铁流》《夏伯阳》《钢铁是怎样炼成的》《静静的顿河》等，也曾秘密传阅《新华日报》和《群众》等报刊。此后还出版壁报《铁草》，以示不畏艰难的决心，[①] 配合着抗战宣传与"文化总动员"的进展。

永安各级各类学校借力抗战文化活动的各种形式，如报刊、音乐、戏剧、文艺以及组织学会等，助推抗战文化活动前行。譬如"抗战时期设在永安黄历的农学院，学生中有从洋口英华中学来的原地下党员简印泉、傅孙焕等人，连同当时公开职业在永安下渡省卫生试验所的原地下党员孙道华，利用当时永安所能得到的进步书刊，团结教育了周围的一大批进步同学，如真树华、陈锋、汪震华、施作师、石崇光等多人。其中真树华和施作师还是《新语》的重要作者，常在《新语》投稿。他们经常传阅进步书刊，组织小型的半秘密读书讨论会"[②]。

1943年3月，永安的改进出版社奉命印行蒋介石的《中国之命运》一书。其时任教于福建省立永安师范学校的何柏华、赵天问老师随即在《东南日报》副刊《采桑》上发表《吕不韦著书》一文，借抨击历史上的吕不韦不学无术、攫取

[①] 陈宗谷：《回忆在音专的战斗岁月》，载邱文生主编《永安抗战进步文化活动》，海峡文艺出版社，1994，第409、410页。

[②] 陈耀民、王毅林：《随风潜入夜 润物细无声——永安进步文化活动的政治影响》，载中共永安市委党史工作委员会编《抗日战争时期永安进步文化活动学术讨论会专辑》，1988，第175页。

门客著述（《吕氏春秋》）据为己有一事，讥讽蒋介石的类同勾当以及伪造、涂改中国历史，贩卖法西斯毒素的行径，令人拍案叫绝。另外，"何柏华还在该校组织学生阅读革命书刊，开展进步活动，还通过进步学生陈文治等组织'文学研究会''史地研究会''惠安同学会'，出版《自学》墙报，开展学习鲁迅、介绍高尔基的活动；发表杂文《阿Q在鄴都》，讽刺三青团和军事教官是牛鬼蛇神；写招贴，宣布军事教官十大罪状"①，引导同学明辨是非。该校创办的《教战导报》号召"明耻教战"，通过形式多样的栏目，宣传抗战，促进抗战文化活动的开展。如"特载""专载"栏目中的《中国的统制抗战与领袖》《日本在中国之侵略战》；"漫画"栏目中的《公理战胜强权》《打退外寇》；"文艺"栏目中的《满江红——慰前方抗敌将士》《全国动员抗战歌》；"论评""抗战特写"栏目中的《从现代战争说到各个人应尽的责任》《把国民精神向复兴民族的大道上动员》等，均透着强烈的抗战宣传底色。如同研究者所言："《教战导报》诞生于中华民族最危险的抗战时刻，展示出福建省立师范学校师生参与民族解放、自力的担当，它利用各种形式的文体，大量刊载了密切联系战争形势、反映抗日局势的变化、描写抗战时期社会状况、富于民族意识、宣传号召青年参与抗战、保家卫国的文字和图片，是历史的真实记录者，因而有利于培养青年学生的爱国情怀，激发了他们努力学习、报效祖国的热情。"②

由"国立福建音乐专科学校"、省立永安中学、福建省立

---

① 永安市委党史办：《抗战时期永安地下党、进步团体、进步人士活动大事记（一九三八——九四五）》，载中共永安市委史工作委员会编《抗日战争时期永安进步文化活动学术讨论会专辑》，1988，第186页。

② 龙丹：《民国时期抗战期刊〈教战导报〉介绍》，《兰台世界》2020年第7期。

第二章 多方互助驱动：全面抗战时期永安教育变迁的合力

（永安）师范学校、省立永安实验小学和永安燕江小学等女学生组织的"永安女学生歌咏团"，于1944年中秋佳节举办的大型"月光音乐会"，呈现了当时永安各级各类学校学生集体参与、介入，助推抗战文化活动的情形。

"月光音乐会"会场，设在永安东门"中山纪念堂"门前广场，音乐会开始，担任报幕员的"国立福建音乐专科学校"女生愤怒声讨七年来日本侵华的种种暴行与罪恶。大合唱《义勇军进行曲》拉开音乐会序幕，紧接着，各校音乐队用"二重唱""独唱""管弦乐""打击乐"等形式演唱、演奏了《满江红》《流亡三部曲》《黄水谣》《毕业歌》《游击队之歌》等抗日歌曲。慷慨激昂的场景令人动容。"那一晚的音乐会，省会永安的党、政、军、商、学各界人士有一万多人参加。大家都受到一次极其生动的抗日爱国主义教育。特别是各校的青年学生，热血沸腾，大家都想投笔从戎到前线杀敌，报效国家。"①

1944年12月9日，由福建省立永安中学、福建省立永安师范学校、"国立福建音乐专科学校"、福建省立农学院，以及福建省政府与永安县政府所属机关公务人员参与的为响应福建省政府动员十万知识青年从军的号召，在永安县体育场举行的"万人大合唱"，"响遏行云"，"震撼山城"。"国立福建音乐专科学校"教授陆华柏作词作曲并指挥的主题歌《知识青年从军歌》，更是激起了永安以及全省各地知识青年学生投笔从戎的热潮。"一切在前线，一切在胜利，战争决定一切。一切在前线，一切在胜利，战争决定一切。新青年，新战士，保卫祖国上前线。新青年，新战士，保卫祖国上前线。没有国

---

① 陈同达：《一曲江南月 万众抗敌声——记"永安女学生歌咏团"》，载福建省艺术研究所编《国立福建音专校史资料集》，1988，第112、113页。

家,知识何用?没有国家,职业何用?放下书本,背上枪炮,丢下职业,跨入军营。消灭敌人,再回学校,先保国家,后谈职业。一切在前线,一切在胜利,战争决定一切。一切在前线,一切在胜利,战争决定一切。新青年,新战士,保卫祖国上前线,上前线。"① 道尽黎明前的取舍。"爱国之心激发了青春的热情和正义感,在永安人民中留下了深刻的印象,雄壮激越的歌声萦绕着山城,这场面令人至今难忘。"②

不仅如此,永安抗战文化人士更是直接将教育活动尤其是战时民众教育作为建设内地国防文化的内在条件,期盼通过重新推行普遍的识字运动,设立民众学校、采取流动识字办法;添设民众阅览室,改善阅览内容,使民众有继续受教育的机会;印发各种通俗小型报,增加各种常识,采用故事形式;不断地公开演剧,宣传教育民众等基本步骤,开拓内地国防文化建设,促成"抗战建国"事业。③ 教育界人士则将文艺通俗化运动的促进,民众文化水准的提高,视作"教育工作者的当前任务",呼吁"立即鼓起自己的工作兴趣和热情","把教育工作和文艺通俗化工作配合起来","教学生运用通俗文艺来进行民众的教育工作,同时更要以'文艺通俗化'责望于一般学生,首先使学生获得文艺通俗化的技术和能力"。④

抗战文化活动借助教育也更显声势。戏剧、音乐、文艺、刊物等抗战文化活动形式及其承载的内容,通过教育活动产生更大威力。譬如,戏剧与民众学校关联产生的功效,正如亲历

---

① 陆华柏:《知识青年从军歌》,《联合周报》1944年第2卷第9期。
② 陆华柏:《记永安的一次"万人大合唱"》,载中国人民政治协商会议福建省永安市文史资料研究委员会编《永安文史资料》(第八辑),1989,第45页。
③ 董秋芳:《怎样建设内地的国防文学》,《闽政与公余》1938年第32—34期。
④ 陈培光:《文艺通俗化运动》,载邱文生主编《永安抗战进步文化活动》,海峡文艺出版社,1994,第123页。

第二章 多方互助驱动：全面抗战时期永安教育变迁的合力

者所言："我们普设了民校，全省的民众都是民校的学生，那么戏剧与战教配合起来，是绝好不过的机会，因为戏剧的本质是说服民众，教育民众，激励民众。而民校的目的是训练民众，组织民众，动员民众，如果两者融为一体，收效来得一定更大。我们宣传的对象是广泛的民众，就是民校学生，那第二步的任务，组织民众，训练民众，当然不会放松的。"①《老百姓》报亦如是。福建省教育厅随福建省政府内迁至永安后，当时任职于教育厅的陈培光，邀集同在教育厅任职的林浩藩、高时良、卓克淦、陈启肃（不久为福建省立永安初级中学兼职教师）以及章振乾（时为福建省银行董事会秘书）、姚勇来、沈嫄璋（时为"中央日报社"记者）等人创办了《老百姓》报，以宣传抗日民族统一战线为宗旨，栏目有"谈话、常识、故事、诗歌、通讯、时事讲解"，"它抗日气息深厚，质量也还不错，消息和文章都很简短，而且能吸引人，有图文并茂、雅俗共赏的优点。时事讲话和诗歌尤富教育意义。报上并有不少在别的报刊上所没有的东西，可供教学及宣传抗日之用……农民、学生、工人以及小学教师都喜欢它，也都买得起。南平印刷厂一个排字工人每期都拿几份寄赠家乡亲友。由于覆盖面广，社会影响广泛，报份也不断有所增加。别看一张小小的油印报纸，它却是打破沉寂空气的一阵惊雷"。② 作为永安抗战文化活动先行者的《老百姓》，在当时永安抗战文化活动中发挥了重要作用。亲历者说《老百姓》曾得到福建省政府的经费补助且可以作为当时福建战时民众学校补充读物。"当时大量在学中学生被派为战时民校教员，他们抗战救国热

---

① 石叔明：《战时教育与戏剧》，载邱文生主编《永安抗战进步文化活动》，海峡文艺出版社，1994，第126页。

② 章振乾：《忆永安〈老百姓〉》，载邱文生主编《永安抗战进步文化活动》，海峡文艺出版社，1994，第279页。

情澎湃、政治敏锐性强，对《老百姓》报易生好感，成为基本读者，为此该报发行量很快达到四五千份。又通过他们对广大的战时民校学生所起的作用，在估量《老百姓》报的影响广度时，是不可忽视的。"①

（三）人员、信息对流与交融

当时汇聚于永安的抗战文化人士，有不少受聘、任职于永安各级各类教育机构，由此产生的人员、信息对流与交融，既关联着学校教育教学活动的变化，又繁荣了抗战文化活动。

身处永安各级各类教育机构的文化人士，主动参与抗战文化活动，发挥优势，使抗战文化活动形式与内容的功能更加一目了然。郑贞文身先示范，不仅主持福建省教育厅事务，还积极创作抗日歌词，宣传抗日救国，为改革学校音乐教学和课余歌咏活动提供教学材料。出自其手的《保卫福建》《收复金门》《战地歌咏团团歌》《民众动员》《上战场》等歌词，均由蔡继琨谱曲，成为当时受全省城乡广大民众，特别是爱国青年欢迎的抗战歌曲。像《保卫福建》所唱："福建是我们的家乡，一千三百万的斗士，守着这十二万方公里的地方。敌人来吧！杀！把铁血安定我闽疆。瞧！那蜿蜒的江水，崎岖的山脉，正等着吮吸敌人的血肉，可别想在这里有半点儿猖狂！来吧！我们一千三百万的斗士，不怕死，不怕伤，守着这十二万方公里的地方。保卫福建，保卫我们的家乡！"② 朗朗上口，通俗易懂，乡情溢于言表，抗战到底的决心倾注其中。福建省教育厅职员高时良，专门阐述了音乐与抗战的关联："音乐是

---

① 徐君藩：《谈〈老百姓〉报》，载邱文生主编《永安抗战进步文化活动》，海峡文艺出版社，1994，第286页。
② 邱其永：《郑贞文在吉山》，载中国人民政治协商会议福建省永安市文史资料研究委员会编《永安文史资料》（第八辑），1989，第14页。

第二章 多方互助驱动：全面抗战时期永安教育变迁的合力

激发战争情绪的工具。"因而应充分利用之，以唤起一般民众的民族意识、民族意志和增加前方抗敌的勇气。为此，必须注意"要一扫过去靡曼颓废的乐风"，"要达到音乐教育大众化"。① 这番言论，无疑有助于深化推行音乐教育的必要性以及对音乐的抗战价值的认知。在"省立（国立）福建音乐专科学校"，"以蔡继琨为首的音专教师们，谱写了大量抗日歌曲，如《捍卫国家》《我是中国人》《抗战的旗影在飘》等，在民众中广为流传"。② 1942 年任职于"国立福建音乐专科学校"的校长卢前③创作的《永安之夜》，由该校教授、德国籍犹太人尼哥罗夫谱成曲，传唱一时。"燕溪水，缓缓流，永安城外十分秋。月如钩，勾起心头多少愁。潮生又潮落，下渡照孤舟。吹南管，长夜何漫漫，有人正倚栏。明月好，明月好，好月共谁看？一笑回头问吉山，山中流水几时还？萧萧落叶袖生寒。山不语，水向东流去，写出愁人句，今宵没个安排处。"④ 尽管被部分文化人士批评为脱离抗战生活现实，不合时宜，但其忧时愤世、苍凉凄婉的基调还是一览无余。

1936 年便开始在福建省立师范学校任教的著名文学家许钦文，随迁永安后，教学之余，积极参与永安抗战文化活动，是《民主报》副刊《新语》的重要撰稿人。在他的影响下，

---

① 高时良：《音乐与抗战》，《教育通讯（福建）》1937 年第 5 号。
② 叶劲光：《烽火岁月的永安——永安抗战遗址考察记》，《台声》2015 年第 12 期。
③ 卢前（1905—1951），原名正绅，字冀野，自号饮虹、小疏，江苏南京人。毕业于东南大学国文系，先后受聘于金陵大学、暨南大学、"中央大学"等高校，讲授文学、戏剧等，诗词、剧作方面有相当造诣。1938 年起，任"国民参议会参议员"，1942 年受聘出任"国立福建音乐专科学校"校长。
④ 《永安之夜》，载刘思衡编著《永安抗战历史文化概览》，海峡出版发行集团、福建教育出版社，2023，第 213 页。

福建省立师范学校不少学生向《新语》投稿，抒发爱国热情；1938年随福建省教育厅内迁至永安的徐君藩，不仅参与《老百姓》报的编务工作，还担任《民教指导》主编，1941年任职福建省立师范专科学校，1943年兼任由改进出版社接手的《现代青年》月刊主编。该刊目标"是想在各方面供给青年朋友一点知识"，"以满足其旺盛的求知欲望"，"补学校教育的不足，或给失学青年的业余的进益"。[1]

1941年到达永安的章靳以，任福建省立师范专科学校教授、文史地科主任。接手主编《现代文艺》后，不仅使该刊继续保持着战斗性强的特色，自己也通过这一阵地发表了一系列高质量作品。如1941年至1942年的第4卷合订本中的《珊瑚坝》《两路口》《窗》；1942年第5卷合订本中的《众神》；1942年第6卷第1期中的《别人的故事》等，助力抗战文化活动。

1943年9月来到福建省立永安师范学校担任美术教师的朱鸣冈，随后便在永安歌林出版社出版《鸣冈木刻画集》第一集、第二集，"其中《同志，我们的血不能白流》（1939）、《囚——不愿做奴隶的人们》（1939）、《搜索》（1939）、《跋涉》（1940）、《敌机走后》（1940）等多幅作品人物鲜活，有血有泪，控诉了日本帝国主义的侵略，受到当时全国木刻界极大的关注与好评。该画集的出版也丰富了永安抗战文化内涵"[2]。

概言之，抗战文化人士、名家对时局动向的敏感与把握，借助音乐、戏剧、文艺、出版等途径，依托各级各类学校这一

---

[1] 邱文生主编《永安抗战进步文化活动》，海峡文艺出版社，1994，第636页。
[2] 刘思衡编著《永安抗战历史文化概览》，海峡出版集团、福建教育出版社，2023，第78页。

第二章　多方互助驱动：全面抗战时期永安教育变迁的合力

平台，得以更有成效地张扬，也促使各级各类学校教育教学内容、组织形式等的变化；各级各类学校亦发挥自身优势，助力抗战文化活动的前行，二者之间形成相辅相成的格局。

三、教师队伍聚集：
全面抗战时期永安教育变迁的关键

"省府迁移奠永安，人才荟萃纪毫端。"① 时人的礼赞，不仅是感慨，更是历史事实写真。其时，相当一批随福建省政府及各机关内迁的专家、学者和文化人士，以及从港、粤、沪、苏、浙、赣、湘、桂等地辗转而至的知名人士云集永安，也为全面抗战时期永安的教育变迁准备了厚实的师资基础。教育战线上"名师荟萃"，成为办好教育、发挥教育功效的关键。

（一）各级各类学校教师队伍概况

全面抗战时期，永安各级各类学校（特别是大中专院校）集成了强大的师资阵容。

省立永安中学，"一开始就拥有一支雄厚的师资队伍，他们毕业于交大、浙大、厦大、大夏、中央大学等名牌大学"②。首任校长林天兰（1887—1960），美国普林斯顿大学硕士，美国西南大学荣誉法学博士；历任浙江大学教授、福建省教育厅督学等职。

福建省立师范学校教职员，据王秀南等人于1941年编撰的《今日的师范学校》中统计，如下表：

---

① 赖简友：《题赠翁春雪〈永安史迹〉》，载中国人民政治协商会议福建省永安市文史资料研究委员会编《永安文史资料》（第七辑），1988，第160页。

② 赖林炳：《卧薪尝胆，磨砺以须——记永中学生战时生活》，载中国人民政治协商会议永安市文史资料委员会编《永安文史资料》（第十四辑），1995，第24页。

表 2-1　福建省立师范学校现任教职员

姓名	年龄	性别	籍贯	学历	经历	职务	担任学科	专任或兼任	到校年月
王秀南	38	男	福建同安	中央大学教育学士	河南大学讲师，福建省立龙溪中学等校校长	校长	教育	专任	1938年6月
汪养仁	38	男	福建厦门	留学日本，社会学士	省立福州师范教员	教务主任	教育	专任	1939年8月
陈秉煊	38	男	福建莆田	美国惠顿大学学士、州立密歇根大学硕士	武昌中华大学教授，省立龙溪中学、福州高级中学教员	训导主任	公民、经济	专任	1940年8月
李价民	30	男	浙江镇海	中央大学教育学士	镇海民教馆主任、本校体育教员	体育主任	体育	专任	1940年8月
梁士杰	35	男	福建云霄	福建省教育厅检定教育教员	集美幼稚范教员、上海儿童书局编辑、省立福州及永安实验小学校长	事务主任	教育	专任	1941年6月
陈国栋	29	男	福建莆田	福建省保安处干部训练所军官队毕业	海军陆队福建保安团队分中队长，军管区司令部附员，省立福州高级中学、沙县简易师范教官	军事教官	军事训练	专任	1941年11月
王章宪	37	男	江苏江阴	中国体操学校毕业、南京时期童子军教练员班毕业	江苏省立一中教员，暨大附中教员，集美中学教员，福建政干团教师	教员	童子军、体育	专任	1941年8月
陈金铭	30	男	福建莆田	上海东亚体育专科学校毕业	中国童子军总会司长，莆田哲理中学、省立福州、邵武等中学教员	教员	体育	专任	1939年8月
朱闲开	24	女	广东台山	中央大学教育学士	本校体育教员	教员	体育	专任	1940年8月
翁国樑	37	男	福建龙溪	中央大学文学士	平潭县立中学校长，省立龙溪职业学校教员，私立崇正、寻源等中学训育主任	教员	公民	专任	1940年8月

第二章 多方互助驱动：全面抗战时期永安教育变迁的合力

续表

姓名	年龄	性别	籍贯	学历	经历	职务	担任学科	专任或兼任	到校年月
许钦文	45	男	浙江杭州	国立北京大学文学系毕业	浙江省立高级中学、福建私立集美中学等校教员	教员	国文	专任	1936年8月
吴孝乾	42	男	浙江永嘉	东南大学教育学士	瓯海中学校长、省立福州高级中学教员	教员	国文	专任	1941年8月
陈大法	32	男	浙江平阳	国立暨南大学文学士	暨南大学、中山大学助教，省立福州高级中学教员	教员	国文	专任	1940年8月
陈勋	55	男	福建闽侯	私立福建学院法律专科毕业	福建私立三一、英华、福建学院附中等中学教员	教员	国文	专任	1940年8月
王景纪	33	男	福建霞浦	大夏大学毕业	福建省立乡村师范教员、政干团教师	教员	国文	专任	1941年8月
王义	44	男	福建仙游	上海南方大学毕业	福建省立仙游简易师范教员	文书组长兼教员	国文	专任	1941年8月
刘大澄	26	男	安徽六安	省立安徽大学毕业	浙江遂昌县立师范教员，江西私立祝同中学教员	教员	国文	专任	1941年8月
朱茂珍	28	女	安徽泾县	国立四川大学文学士		教员	国文	专任	1941年8月
杨时英	30	女	浙江义乌	上海私立大同大学文学士	上海开门中学、四川国立二中教员	女生指导员兼教员	英文	专任	1941年8月
李云程	29	男	江苏常熟	大夏大学师范专修科史地组毕业	上海正风高级中学、福建省立闽清简易师范等校教员	教员	历史	专任	1941年2月
谢诗白	36	女	广东潮安	国立中央大学理学士	省立南京中学、福建私立集美女中、师范、省立龙溪中学等校教员	教员	历史、地理	专任	1938年6月

续表

姓名	年龄	性别	籍贯	学历	经历	职务	担任学科	专任或兼任	到校年月
王邦珍	51	男	福建闽侯	全闽优级师范学堂毕业	任本校教员三十年	教员	算学	专任	1912年6月
郭东炳	31	男	福建南安	厦门大学理学士	厦大附中教员,省立厦门中学、龙溪中学等校教员	科学馆主任兼教员	算学	专任	1939年3月
王景纯	38	男	福建霞浦	大夏大学数理化系毕业	福建省立龙溪中学教员	教员	物理、化学	专任	1941年2月
季天祐	29	男	福建浦城	国立清华大学理学士	浦城县立初级中学教员、本省研究院研究生	教员	化学	专任	1941年8月
罗振夏	48	男	福建莆田	私立协和大学理学士	福建省立莆田师范、省立莆田、龙溪、三都高级农林学校等校教员	教员	博物、生产训练	专任	1941年8月
吴启瑶	41	男	福建福清	日本国立东京高等工艺学校研究院工艺图案科毕业	福建省立第一高级中学教员	美术馆主任兼教员	美术	专任	1939年8月
王克权	39	男	福建宁德	上海中华艺术大学西画系毕业	宁德初级中学教员	教员	美术、劳作	专任	1940年8月
林椿	29	男	福建霞浦	上海美术专科学校毕业	福建省立邵武初级中学、省立霞浦、福安简易师范教员	教员	美术、戏剧	专任	1941年8月
邱景昇	35	男	福建连江	上海私立新华艺术大学毕业	福州私立榕西中学教员	教员	劳作	专任	1941年8月
宋居田	40	男	山东蓬莱	上海艺术大学毕业	交通大学教授	教员	音乐	专任	1939年10月
郑语樵	58	女	福建莆田	美国俄勒冈州幼稚师范毕业	福州协和幼师代理校长,私立集美幼师教务主任	教员	音乐、教育	专任	1929年8月
陈赞昕	26	男	福建闽侯	国立厦门大学教育学士	福建省立长汀中学、省立永春中学教员	教员	教育	专任	1940年8月

第二章 多方互助驱动：全面抗战时期永安教育变迁的合力

续表

姓名	年龄	性别	籍贯	学历	经历	职务	担任学科	专任或兼任	到校年月
叶纪川	28	男	福建长泰	国立厦门大学教育学士	本校图书馆主任	图书馆主任兼教员	教育	专任	1938年7月
郭化祥	26	男	福建南安	厦门精武体育会讲习科毕业		教员	国术	兼任	1939年8月
杨谦光	25	男	福建同安	福建私立集美农林学校农科毕业	厦门市政府技士	农场主任	生产训练	专任	1940年2月
林怀民	39	男	福建莆田	福州塔亭医院附设医科毕业	海军闽口要塞总台部军医官、闽卫防疫队医师	校医兼卫生组长	救护、卫生	专任	1939年7月
陈步青	29	男	福建闽侯	福建私立集美商科学校毕业	省立上杭师训班会计	会计		专任	1938年10月
黄超云	24	男	福建晋江	福建省立龙溪中学毕业	《漳州闽南新报》编辑、《永安福建民报》编辑	文书组员		专任	1940年5月
张能俊	23	男	福建云霄	福建省立师范毕业		庶务员		专任	1941年8月
赖世志	37	男	福建永安	福建南平初中肄业	永安县第一区署录事	庶务员		专任	1941年2月
陈树人	34	男	广东潮安	广东龙溪中学毕业	福建私立集美师范教务员	出纳员		专任	1941年2月
刘俊儒	25	男	福建南靖	福建集美师范学校毕业	福建南靖小学校长、省立永安实小教员	注册组员		专任	1941年8月
陈秀英	29	女	福建莆田	上海美术专科学校毕业	福建莆田华星中学、省立邵武中学教员	训育组员		专任	1941年8月
陈远凤	41	男	福建福清	福州国学专修学校毕业	本校图书管理员	图书馆管理员		专任	1936年8月

续表

姓名	年龄	性别	籍贯	学历	经历	职务	担任学科	专任或兼任	到校年月
周在锟	23	男	福建闽侯	福建省立师范学校毕业	尤溪县涪头战时民校校长	科学馆管理员		专任	1940年8月
李良训	20	男	福建安溪	福建集美农林学校毕业	农业改进处兽医事务员	生产训练助理员		专任	1941年8月
曾韵秋	25	女	浙江永嘉	上海惠生高级产科职业学校毕业	省会卫生事务所大湖分所主任	护士		专任	1941年8月
陈汉承	35	男	福建同安	福建私立集美师范毕业	福建同安县立马巷中心学校校长	驻城办事处办事员		专任	1938年3月
施宗瀚	54	男	福建闽侯	开智学校毕业	集美学校书记	首席书记		专任	1938年7月
高翔	27	男	福建闽侯	福建龙溪寻源中学肄业	福州培青中学文牍员	书记		专任	1941年2月

资料来源：
王秀南等：《今日的师范学校》，福建省立师范学校，1941，第203—205页。

时任校长王秀南离任前夕，述及福建省立师范学校教师队伍，颇为欣慰。"教师方面：教育的，有我和汪养仁、郑永祥、郑幹溙、梁士杰、郑语樵、茅乐楠、黄振祺、叶济川、王景纪、陈赞昕、李安水等；公民的，有陈秉瑄、谢新周、翁国樑、陈之良等；国文的，有许钦文、齐毓照、吴晋澜、吴孝乾、陈大法、陈勋、王义、刘大澄、林鸿蓍、朱茂珍、刘天兴、张永明、曹守瑞、邵倩侬等；史地的，有谢诗白、李云程、王新民、魏而立等；英文的，有杨时英、陈谨英、陈秉瑄、郑语樵等；数理的，有王邦珍、郭东炳、吴仁民、陈富

第二章 多方互助驱动：全面抗战时期永安教育变迁的合力

玉、王景纯、李大佑、罗振夏、陈梅夔、杨锡建等；美工的，有吴启瑶、王一帆、王克权、林椿、邱景升、林竞志、刘正咏、陈再思等；音乐的，有宋居田、郑语樵、卢禹昌等；体育的，有李价民、包和清、王章宪、陈金铭、朱间开、李兰芳、江秀荪、林甲庄、郭化祥等；军训的，有汪瀚、文少平、陈国栋、周达武、朱经犹、施雨泉、骆树帜、陈耀民、万益皋、刘世琦、李葆林、钟震崇、陈修慧、吴赣卿、龙介卿、周鼎、张汉青、陈人石、王绿荷等；生产训练的，有杨锡建、罗振夏、俞洞谟、杨谦光、李良训、张开拔、钟日成等；校医林怀民、护士曾韵秋。人才济济，称于一时。"① 确实，像王秀南、许钦文、王邦珍等人，均是久负盛名。

王秀南（1903—2000），1931年毕业于"中央大学"，获教育学学士学位。历任河南大学、中山大学、暨南大学、厦门大学等校教授及私立集美师范学校、福建省立龙溪中学校长，1938年受命接替姜琦出任福建省立师范学校校长，1942年底离任后赴中山大学师范学院任教。

许钦文（1897—1984），1917年毕业于浙江省立第五师范学校，留任该校附属小学。1920年赴北京，在北京大学旁听鲁迅的《中国小说史》课程，并因乡谊与之过从甚密，自称鲁迅"私淑弟子"。1922年发表第一篇短篇小说《晕》，此后经常在《晨报》副刊发表小说和杂文，得到鲁迅的扶持与指导。1926年由鲁迅选校、资助的短篇小说集《故乡》出版，颇受好评。历任杭州高级中学、成都美术学校教师，1936年来到刚组建的福建省立师范学校任教并在之后随迁至永安，直到全面抗战胜利。

---

① 王秀南：《福建师范在战时》，载王秀南《王秀南教授九十回忆录》，新加坡东南亚教育研究中心，1995，第185页。

即便是已离任或1941年之后到任的福建省立师范学校教职员,绝大多数也是受过专业教育或专门训练的,甚至声望卓著。如首任校长姜琦(1885—1951),先后就学于日本东京高等师范学校、美国哥伦比亚大学,获得教育硕士学位,担任过浙江省立第十师范学校、第一师范学校校长,南京高等师范学校教授,上海暨南学校校长,上海浦东中学校长兼大夏大学教授,安徽大学文学院院长,湖北省立教育学院院长,厦门大学教授等职务。

省立农学院、"省立(国立)福建音乐专科学校"的师资队伍建设也不逊色。

省立农学院创办伊始,任职于该校的教员情况如下:

表2-2 福建省立农学院教员

职位	姓名	学历	经历	通讯处	备考
教授兼院长	严家显	金陵大学农学士、私立燕京大学理学硕士、美国明尼苏达大学农博士	雷氏德医学研究院昆虫组研究员、国立武汉大学教授、广西省政府技正兼广西省农事试验场病虫害组主任兼国立广西大学教授、广西省农业督导专员	本院	
教授兼农艺系主任	徐天锡	美国明尼苏达大学农学硕士	广西省农事试验场技正兼农艺组主任、国立浙江大学教授	本院	
教授兼园艺系主任	程世抚	美国康奈尔大学农学硕士	广西省政府技正兼农场场长、国立浙江大学教授、广西大学教授兼园艺系主任	本院	
教授兼森林系主任	马大浦	美国明尼苏达大学农学硕士	国立广西大学教授兼森林系主任	本院	
教授兼畜牧系主任	卢润孚	国立东南大学农学士、美国明尼苏达大学农学硕士	江西省农业院技师、福建省政府专员兼省立农事试验场畜牧兽医组主任、四川省农业改进所技正	本院	

第二章 多方互助驱动：全面抗战时期永安教育变迁的合力

续表

职位	姓名	学历	经历	通讯处	备考
教授兼农业经济系主任	包望敏	美国明尼苏达大学农学硕士	金陵大学教授兼中央农产促进会专员	本院	
教授兼农化系代理主任	陈恩凤	德国柯尼斯堡大学理学博士	经济部地质调查所技正	本院	
教授兼植物病虫害系主任	陈鸿逵	美国爱荷华大学农学博士	金陵大学教授、国立浙江大学教授兼植物病虫害组主任	本院	
教授	李凤荪	美国明尼苏达大学农学硕士	中央棉产改进所技师、湖南农业改进所技师兼病虫害组主任、浙江大学教授	本院	
教授	吴留青	美国明尼苏达大学农学硕士	国立广西大学教授	本院	
教授	符致逵	美国华盛顿大学经济学硕士	朝阳大学、东北大学、南开大学教授	本院	兼任
教授	张彬忱	美国明尼苏达大学农学硕士	广西省建设厅技正兼农业改进所秘书	本院	
教授	陈鸿佑	金陵大学农学士、美国明尼苏达大学硕士及农业博士	委员长南昌行营技士、国营金水农场技士	本院	
教授	钱宗起		福建大学教授、福建省政府秘书、福建省民政厅秘书	本院	兼任
教授	骆君骕	金陵大学农学士、美国路易斯安那州立大学农艺学硕士及植物病理学博士	广西省政府技正兼广西糖业农务股股长、广西农村建设试验区技正兼农业试验场场长兼农垦殖农场场长	本院	
教授	萧辅	美国明尼苏达大学农学硕士	国立浙江大学教授兼农艺系主任、浙江省棉作试验场场长、广西大学教授兼农艺系主任	本院	

续表

职位	姓名	学历	经历	通讯处	备考
副教授	余廷献	金陵大学农学士	陕西省棉产改进所农业经济组副技师兼泾惠渠区指导所主任及洛惠渠区指导所主任、湖北省立联合中等以上学校农事分校讲师、四川省农业改进所农业经济组一等技士	本院	
副教授	何学尼	国立上海商科大学商学士	国立上海商学院讲师、训育委员，上海法政学院教授，省立福建大学副教授兼训导长	本院	
副教授	金德祥	厦门大学理学士、岭南大学理学硕士	岭南大学助教、国立厦门大学生物学讲师及生物材料供给所主任兼海产生物研究场研究员、福建省农业改进处技正	本院	
副教授	陈明璋	岭南大学农学士	岭南大学助教，福建省立福州农林中学、私立福州妇女职业传习所专任教员、农科主任、农场场长，广东省番禺县农林推广处主任兼优良种苗场场长，广东省政府蔗糖营造场技正兼植蔗组长，福建省政府建设厅第一科秘书	本院	
讲师	王清和	金陵大学农学士	金陵大学助教、国立清华大学农业研究员	本院	
讲师	田泽民	上海圣约翰大学文学士	福建省警官训练所教官，福建省公务人员训练所、中学理科师资训练班及省立福建大学师范专修科教师	本院	
讲师	金作栋	国立浙江大学农学士	浙江大学助教兼浙江大学代办省立高级农业职业学校园艺教员、广西省桂林县农场技士、广西省第一区农场技士兼推广股股长、广西大学园艺系助教	本院	

第二章 多方互助驱动：全面抗战时期永安教育变迁的合力

续表

职位	姓名	学历	经历	通讯处	备考
讲师	林龚谋	厦门大学理学士、教育部无线电指导员训练班毕业	福建省立科学馆物理部指导员、福建省县政人员训练所兼任教师、福建省统计人员训练所讲师、福建私立协和学院讲师	本院	
讲师	胡笃敬	武汉大学理学士、清华研究所研究三年		本院	
讲师	裘维藩	金陵大学农学士	金陵大学助教及讲师等	本院	
讲师	蓝乾德	金陵大学农学士	湖北省棉业改良委员会试验总场技师兼代总务主任、湖北省农业整理运销处技术员、西康省政府建设厅技士兼农业改进所总务主任	本院	
讲师	莫祖明	国立浙江大学农学士	国立广西大学助教、广西省南宁县农场场长、广西省第一区农场技士兼省政府农业指导员	本院	
助教	王祖昌	金陵大学理学院工业化学系毕业	浙江省立温州师范学校理化教员、浙江省立衢州中学化学教员	本院	
助教	王华尧	福州私立英华中学毕业、东吴大学理学士		本院	
助教	陈心娃	上海圣约翰大学理学士	上海正中女子中学教员、福建省经济计划设计委员会农业技术员	本院	
助教	陈天春	福建协和大学理学士	福建协和大学助教	本院	
助教	项斯鲁	国立武汉大学理学院生物系毕业		本院	

资料来源：《福建省立农学院教员一览》，《福建省立农学院开学纪念刊》1940年第1期。

到1943年上半年，各系教员情况如下：

农艺学系

系主任：施华麐（教授）

教授：赵仁镕、陈振铎；讲师：郑肇城、包敦璞；助教：许鹏同、余松烈

园艺学系

系主任：徐绍华（副教授）

副教授：杨孙鎏、金作栋；讲师：陈肖柏

森林学系

系主任：李先才（教授）

副教授：杨赐福、方建初、牛瑞延、滕咏延（兼任）

植物病虫害学系

系主任：周明牂（教授）

教授：严家显（院长兼）；副教授：陈其曝、陆馥初；讲师：张蕴华、张慎勤；助教：王世深

农业经济学系

系主任：符致逴（教授）

副教授：余廷献、宋瞻骥、郑行尧、李奋（兼）；讲师：王祖寿①

其后的岁月里，这支队伍还在继续充实。据《福建农林大学70年（1936—2006）》记载，曾在福建省立农学院担任教授、副教授的人员有：万籁声、王大顺、王性良、王益滔、方建初、牛瑞延、石延汉、甘景镐、卢浩然、卢润孚、冯奎义、包望敏、包敦朴、刘子崧、向立才、孙醒东、孙凝澄、吕潜、汪仲毅、严家显、沈遒、沈荣熙、余廷献、宋瞻骥、何景、何学尼、何家泌、李凤荪、李先才、李树青、李善劝、李信旬、陈竹君、

---

① 严家显：《本院史略》，《福建省立农学院院刊》1943年第23期。

第二章 多方互助驱动:全面抗战时期永安教育变迁的合力

陈存朴、陈肖柏、陈伯丹、陈明璋、陈其曝、陈哲人、陈新民、杜俊东、吴英东、陆馥初、余庆贤、林镕、林天兰、林凤仪、林传光、林成耀、林礼铨、林汶民、林伯欣、林空鹤、林振骥、林龚谋、林景亮、林谓访、金作栋、金肇源、金德祥、罗清泽、杨孙鎏、杨名声、杨振先、杨赐福、郑庚、郑林宽、张木匋、张效良、张振铎、张彬忱、周桢、周长信、周明牂、周昌芸、周家炽、易希陶、易希道、胡少波、赵仁镕、赵伯基、施华麐、骆君骕、徐大衡、徐绍华、顾华孙、钱宗起、符致逴、黄农、黄震、黄友迪、黄齐望、梁灼华、程世抚、傅邦杰、蒋芸生、裘维藩、雷寿彭、虞威廉、滕咏延。① 即便扣除1946年至1950年任职于该校者,也仍是一支强大的队伍。

福建省立音乐专科学校教职员情况如表2-3所示:

表2-3 福建省立音乐专科学校教员

职别	姓名	性别	年龄	籍贯	学历	经历
理论作曲教授	蔡继琨	男	29	福建晋江	日本东京帝国音乐学院管弦乐指挥系毕业,曾以交响乐曲《浔江渔火》于日本东京当选1936年国际作曲家同盟交响乐曲公募第一名	福建省政府参事、福建省政府教育厅战地歌咏团团长、福建省政府南洋侨胞慰问团团长、福建省政府教育厅专科委员、福建省小学教员训练所音乐班主任、福建省音乐师资班训练班主任
理论作曲教授	马古士	男	40	日耳曼	维也纳大学罗新斯多克教授和加芝教授学生	1917—1938年,任维也纳各大学音乐教授兼合唱团歌剧院指挥
小提琴教授	尼哥罗夫	男	36	保加利亚	捷克(又名拍拉克)音乐学院毕业、舍夫契克教授小提琴班毕业	舍夫契克教授之助手,南捷克国立音乐学院小提琴独奏,上海工部局交响乐第一小提琴演奏员,曾任若干城市音乐教师

---

① 福建农林大学编撰组编《福建农林大学70年(1936—2006)》,2006,第22页。

续表

职别	姓名	性别	年龄	籍贯	学历	经历
理论教授	李树化	男	38	广东梅县	法国里昂国立音乐学院毕业、法国里昂学院研究生	北京国立艺术专科学校音乐系教授、北京公立师范艺术科主任、国民政府大学院教育委员会委员、国立杭州艺术专科学校音乐系主任、国立北京专科学校音乐主任
法文美学西画教授	谢投八	男	40	福建海澄	菲律宾大学美术学院毕业、法国巴黎朱利安美术学院毕业	曾任厦门美术专门学校教务主任兼教授
党义教授	陆雪塘	男	47	浙江海宁	国立北京大学及山西大学法学士、司法部法官训练所第五届第一名毕业	历任地方法院推事庭长、高等法院推事庭长、福建省立警官训练所教授、福建省高等法院庭长、福建地方公务员惩戒委员会及律师惩戒委员会委员
大提琴副教授	曼者克	男	59	日耳曼	柏林格林华士音乐学院毕业，就学于安东海京教授处	曾在知名指挥家如格莱伯、斯泰因贝格、施蒂德里等所属欧洲著名乐团担任大提琴演奏员35年
钢琴副教授	曼者克夫人	女	64	日耳曼	普鲁士柯尼斯堡音乐学院毕业，就学于安东斯纳贝尔教授处	钢琴独奏者，在易丝道格拉斯等地从事钢琴伴奏教学40余年
艺术教育副教授	莫大元	男	46	福建上杭	日本东京高等师范学校艺术科、教育研究科毕业	曾任福建私立集美学校美术馆主任、上海新华艺术学校艺术教育系主任、福建省政府教育厅科长
教育学、英文副教授	吴玉德	男	43	福建南靖	日本东京高等师范学校本科毕业	福建省立第八中学校长、南平中学校校长、福建省龙溪县教育局局长、福建省政府教育厅视导员、福建省立建瓯简易师范学校校长

第二章 多方互助驱动：全面抗战时期永安教育变迁的合力

续表

职别	姓名	性别	年龄	籍贯	学历	经历
声乐副教授	叶葆懿	女	27	福建漳浦	国立艺术专科学校音乐系毕业	历任各中等以上学校音乐专科教员，福建省公务人员训练所、音乐师资班及音乐训练班专任讲师
钢琴讲师	邵家光	男	30	浙江嘉善	国立音乐专科学校毕业	上海美术专科学校音乐系讲师
钢琴讲师	王政声	男	30	福建海澄	上海沪江大学文学士	私立沪江大学音乐教师、国立浙江大学音乐教授
图案讲师	林沧友	男	30	福建龙岩	私立上海美术专科学校图案组毕业	曾任上海市救济委员会训导员、中国美术公司广告部主任、福建省教育厅科员
国画讲师	吴存模	男	36	浙江绍兴	浙江省立甲种工业学校毕业	孙福熙先生办孑民美育院高中部教师
园艺讲师	李养真	男	29	福建诏安	福建私立集美高级农林学校农林科毕业、福建省中等学校校长教员讲习会毕业	福建诏安简易师范学校教员，诏安、南靖等县农场主任，福建省政府建设厅技术指导员，现任福建省农业改进处推广员
理论讲师	宋亨嘉	女	27	福建莆田	私立华南女子学院毕业	省立福州师范学校、福州中学及省立师范学校、福建省小学教员训练所等校教员
理论助教	曾毓英	男	21	福建龙岩	福建私立集美学校毕业、上海国立音乐专科学校肄业	福建私立集美高中艺术科音乐教师，厦门基督教青年会音乐指导、钢琴伴奏，福建省立龙溪中学音乐教员，福建私立集美中学音乐教师
理论器论助教	汪精辉	男	24	福建龙溪	福建省立龙溪职业学校高级艺术科毕业、福建省小学教员训练班普干班毕业	福建省政府教育厅战地歌咏团组长、福建省政府南洋侨胞慰问团演出委员会委员兼音乐干事、福建省政府服务员

烽火中的涅槃：全面抗战时期福建省临时省会永安的教育变迁

续表

职别	姓名	性别	年龄	籍贯	学历	经历
声乐助教	杨渭溪	男	36	福建思明	福建省立十二中学（旧制）毕业、福建省小学教员训练所普干班毕业	福建省政府教育厅战地歌咏团组长、福建省政府南洋侨胞慰问团劝募委员兼戏剧干事、福建省政府服务员
国乐助教	陈福例	男	27	福建同安	福建私立集美高级师范学校毕业	曾任越南堤岸福建学校总务主任、福建省政府南洋侨胞慰问团交际干事、福建省政府服务员

资料来源：福建省立音乐专科学校校友会编《国立福建音乐专科学校校史》，1999，第58—61页。

其中，几位"外教"的加盟尤为令人眼前一亮。马古士（E. Marcus），尼哥罗夫（P. Nicoloff），奥斯卡·曼者克（O. Manczyk）、克拉拉·曼者克（M. Clara）夫妇，均是"二战"期间流亡到上海，为蔡继琨校长所聘请的专业人士，他们在福建省立音乐专科学校展现出来的品格、工作态度、专业素养，深得师生称道。

福建省立音乐专科学校改制为"国立"后，师资阵容继续充实，尤以萧而化任校长期间最为突出。"除省立时期留任的近十位教师之外，大多是改国立之后陆续聘请的；以后还有一部分应届毕业生留校任教。"具体如下：①

理论作曲：萧而化（兼）、缪天瑞（兼）、刘天浪、宋居田、陆华柏、曾雨音、林超夏、张慕鲁

钢琴：曼者克夫人、李嘉禄、王政声、蔡韵文

弦乐：曼者克、尼哥罗夫、徐志德、黄飞立、章彦、朱永

---

① 福建省立音乐专科学校校友会编《国立福建音乐专科学校校史》，1999，第90页。

第二章 多方互助驱动：全面抗战时期永安教育变迁的合力

镇（兼）

声乐：薛奇逢、程静子、方成甫、朱永镇、李英

国乐：顾西林、顾宗鹏、王沛纶、刘天浪（兼）

其他学科：史地教师郑书祥，国文教师缪天华、许文锵，英文教师吴志顺、黄顺清、陈菊英等

像萧而化、缪天瑞、陆华柏等人，早已声名在外。

萧而化（1907—1985），江西萍乡人，1929年毕业于杭州艺术专门学校，1933年留学日本上野音乐专科学校作曲科，1937年愤而归国，投身抗战活动，在江西推行音乐教育委员会工作，并主持音乐师资训练班，后任教于广西省立艺术专门学校。1943年接替卢前担任"国立福建音乐专科学校"校长。

缪天瑞（1908—2009），浙江瑞安人，1926年毕业于上海艺术师范学校音乐科，1933年至1938年，在江西推行音乐教育委员会主办的《音乐教育》月刊担任编辑；1939年至1941年在"南京（重庆）国民政府教育部"音乐教育委员会编《乐风》期刊；1942年应邀出任福建音乐专科学校教授兼教务主任。

陆华柏（1914—1994），江苏武进人，1934年毕业于武昌艺术专科学校师范科，后在武昌、桂林等地从事音乐教育工作，1937年创作了著名的抗战歌曲《故乡》。1941年在桂林欧阳予倩主持的广西艺术馆音乐部任主任兼合唱团、管弦乐队指挥。1943年，当"国立福建音乐专科学校"的学生听闻陆华柏受聘来校任教的消息，欢呼雀跃。"相互传播佳音，也散布着他的轶事。"

福建省立师范专科学校在克服各种困难后，逐渐组织起专业人员，为教育教学活动的开展提供保障。"师专创办时，觅选教师困难。好在教育厅曾创设专科视导制度，各专科视导员都是富有学识和教学经验的科技人才，可转任师专各科教师，

而原视导事宜改由师专进行。一方面又在省内外招聘专家，从而解决了师资的问题。"① "最初教师只有19人（教授、副教授、讲师各6人，助教1人）。到1942年增至25人，其中教育科5人（教授2人，副教授1人，讲师2人）；文史地科6人（教授2人，副教授1人，讲师3人）；数理化科3人（教授1人，副教授2人）；艺术科6人（教授2人，讲师3人，助教1人，擅长西画、国画、工艺者齐备）；体育及童子军科2人（副教授、讲师各1人）；音乐和英语等特种科目3人（其中副教授1人）。另有兼职教师若干人。"②

多年后，亲历者还能努力忆及1941年8月至1944年7月间绝大多数时任教师的名单：③

教育科：吴家镇（兼科主任）、邹有华、汪养仁、徐君藩、林浩藩、崔钟英、林作瑜、陈嘉训、李敬妙

文史地科：章靳以（兼科主任）、林天兰（继任科主任）、包树棠、杜琨（以上中文），詹剑峰（哲学、伦理），齐一崑、朱维干、江子润、王文杰（以上历史），林宗熹、王宠、林厚道（以上地理）

数理化科：黄开绳（兼科主任）、陈秉乾、陈富玉、陈建生（以上化学），王邦珍、方德植、尤崇宽（以上数学），池钟瀛、黄国璋（以上物理）

艺术科：谢投八（兼科主任、西画），齐正咏（图案画），

---

① 郑贞文：《在福建教育厅任职的回忆》，载中国人民政治协商会议福建省委员会文史资料研究委员会编《福建文史资料》（第十二辑），1986，第17页。

② 邹有华、徐君藩：《福建省立师范专科学校的筹办和初期概况》，载中国人民政治协商会议福建省委员会文史资料编辑委员会编《福建文史资料》（第二十三辑），1990，第57页。

③ 邹有华、徐君藩：《福建省立师范专科学校的筹办和初期概况》，载中国人民政治协商会议福建省委员会文史资料编辑委员会编《福建文史资料》（第二十三辑），1990，第57、58页。

宋秉恒（版画、素描），唐一帆、林鉴清（以上工艺）

体育及童子军科：庄文潮（兼科主任）、熊舒果（继代科主任）、张捷春、包和青、王禾、余德恩、王大琛、裘树涵、许洁

英语教师：何尚友、徐绍赓

音乐教师：宋亨嘉

教师中不少为省内外学术界、教育界知名专家、学者。如章靳以（1909—1959），毕业于复旦大学国际贸易系，1931年至1937年，曾与郑振铎、吴敬恒、柳亚子、巴金、朱自清、鲁迅等合编过刊物。1938年任内迁至重庆的复旦大学国文系教授，兼《国民新闻》文学副刊《文群》编辑。

黄开绳（1895—1954），1916年赴日本留学，先后在东京第一高等学堂和九州帝国大学深造，成绩优异，获化学硕士学位。1933年春，经时任福建省教育厅厅长郑贞文推荐，出任当年创设的福建省立科学馆馆长。

谢投八（1902—1995），1925年毕业于菲律宾大学美术学院绘画系，1934年毕业于法国巴黎朱利安美术学院。曾任教于福建厦门美术专门学校、杭州艺术专门学校，1940年受邀出任福建省立音乐专科学校秘书，1941年转至福建省立师范专科学校任职。

概言之，全面抗战时期永安各级各类学校的教员，绝大多数接受过专业训练，不少还是出自当时国内外知名高校（像福建省立农学院前期几乎成为美国明尼苏达大学农学专业留学归国人员的大本营），甚至可以说，全面抗战时期永安各级各类学校集合了学术、专家群体，他们融教育情怀、民族情怀与爱国情怀于一身，为永安教育前行保驾护航。

（二）各级各类学校教师队伍风采

亲历者的感触与回忆，更为细腻地透出福建省临时省会永

安各级各类学校教师的风采。

1942年至1947年任教于"国立福建音乐专科学校"的薛奇逢,日后用诗情画意的方式追忆该校诸师(连同自己在内)的特点与担当,颇为生动、形象。

四位校长:

1. 蔡继琨:六年创业奠基伟人,首建音专培育后生。
2. 卢冀野:七绝才子登《练存轩》,诗文治学鼓吹中兴。
3. 萧而化:代理校长职务冗忙,行家治校教授瀛堂。
4. 唐学咏:国土光复走马上任,宏图建校历史使命。

两位教务主任:

1. 缪天瑞:首任教务任重负远,组织教学译著名扬。
2. 刘质平:弘一高徒乐坛元勋,龙脉相承守志因循。

外籍教师:

1. 曼者克:鹤发斜睨倚琴抚奏,大提琴家重奏名手。
2. 曼者克夫人:和颜慈态碧眼炯光,钢琴专家室乐中坚。
3. 尼哥罗夫:乐观健硕粗指细奏,弓不离弦琴不离手。
4. 福路:美籍教授钢琴佼佼,精通古典蜚声演奏。

其他教师:

黄飞立:中音提琴不同凡响,训练合唱指挥管弦。
李嘉禄:更阑"夜曲"琴声铿锵,猛练"狂想"键飞弦断。
吴志顺:英语专家诲人不倦,贤惠伉俪笃随琴旁。
朱永镇:倍低提琴男低歌声,高躯硕立巨琴争鸣。
陆华柏:"故乡"抗战名曲情深,"大禹治水""汨罗江边"。
刘天浪:吟诗作曲和韵卢前,创新乐理善编文章。
缪天华:经纶博古通读史篇,词颂"大禹"赋"汨罗江"。
甘宗谷:僮裔歌喉天赋美声,名曲传世首唱"故乡"。
陈乔德:朴实无华小号能手,小径通幽笛弱吹奏。
汪培元:笑容可掬一专多能,赞唱"世梦"译著"和声"。

第二章 多方互助驱动：全面抗战时期永安教育变迁的合力

沈瑞明：脱身"孤岛"屈居"亭角"，怀才奔波爱国心焦。
顾西林：独身守业南胡创新，昆腔娓娓箫声绕梁。
顾宗鹏：大小二顾名噪华南，二胡拔萃韵盖苏杭。
林超夏：勤研乐理与人无争，按时上课缄默守家。
陈桐：文学专业闭门颂诗，书声琅琅读书成癖。
薛奇逢：练曲频繁宣叙咏叹，"全省巡回""出省独唱"。
王沛纶：勤练提琴二胡革新，独创"谐曲""灵山梵音"。
徐志德：越南归侨专小提琴，教协作曲"孟德尔松"。
曾雨音：德性端庄乐理专擅，伏案寡出授课谨严。
片冰心：片片冰心裔袭东瀛，攻习声乐勤奋练琴。
宋居田：音乐前辈理论元老，闭门推理德重望高。
陈易园：经纶文史榕城名士，落笔潇洒校歌传世。
周遇春：总务主任自沪抵榕，男中一曲四座掌声。
陈玄：师劳景贤新秀应聘，笑唱"挑夫"咏叹"弄臣"。
冯坤贤：一师同堂对台演唱，欢歌"饮酒""马侬"咏叹。
陆仲任：沪系音专作曲擅长，师承黄自指挥有方。
陈宗辉：子离沪江执教有年，窦睦无语不如还乡。
莲娜："美女"高音越洋应聘，开独唱会格调新颖。
陈田鹤：教务主任来自金陵，"绿汀田鹤"同窗齐名。
李永刚：余飞渝间忽来永刚，河南名曲"万里长江"。[①]

当年汇聚于福建省临时省会永安各级各类学校的教师，不仅投身抗战前沿，为抗战宣传蓄力，更以渊博学识、精湛教艺、执着追求、高尚人格塑造了永安教育的良好氛围，殚精竭虑，好似春风化雨，从为人、为学等方面感染、影响学习者，从而达成教书育人、管理育人的目标；融洽的师生关系，留给

---

① 薛奇逢：《追忆教师的业绩》，载福建省艺术研究所编《国立福建音专校史资料集》，1988，第224—227页。

当事人历久弥新的回味。

1942年至1945年在"国立福建音乐专科学校"求学的王雪辛,给这一时期该校老师的"教功"作了一番集体"素描"。"教钢琴的老师,现在记得的有叶葆懿、曼者克夫人、李嘉禄、王政声……李嘉禄老师来校较晚些,但他的苦练劲头,给人印象深刻。也是他来了以后,才有弹琴是腕用力还是指用力的议论。李老师主张在强音时要运用腕的力量,这对当时的演奏确实起了很大的推动作用。""曼夫人是伴奏家,弹奏细腻深刻,教学细致认真,这些都使人永志不忘。""视唱练耳课,我一直是黄飞立先生教的。黄飞立先生的热情、认真、教法灵活,很能启发人的精神,使我一生受用不尽。"除此之外,还涉及对缪天瑞、萧而化、刘天浪、陆华柏、林超夏、李中和、张慕鲁、宋居田、薛奇逢、朱永镇、顾西林、王佩纶、章彦、郑书祥等老师的回忆。尤其是外籍教师的举止中透出的超越民族、国家界限的国际友谊,更是难能可贵。"教小提琴的外籍老师尼哥罗夫是位性格奔放、情感外露的艺术家,对小提琴是琴不离手,与你谈话时,手指也在按着把位练习……他和曼者克夫妇的弦乐三重奏等,对当时音专同学学习古典音乐起了很好的作用。他自己演奏时常常触景生情,声泪俱下,颇为感人……他对音专生活是热爱的,从他创作的合唱曲《永安之夜》中充分地表达出来了,这歌曲充满了中国情调又略带忧伤。他对中国的好作品也是非常喜爱的,一次他参加女生合唱《山在虚无缥缈间》的弦乐伴奏时曾说:'这音乐是天上才有的。'他很喜欢。""我觉得特别要提到大提琴老师,这位奥籍犹太老人,慈祥和蔼,饱经风霜的脸庞上架着一副深度近视眼镜,老是对你微笑着。当他演奏犹太民族的乐曲时,真是令人心灵震颤。那一首首乐曲好像诉说着犹太民族的

第二章 多方互助驱动：全面抗战时期永安教育变迁的合力

苦难和浩劫。"①

在福建省立农学院，严家显院长任教的"农业概论"课上，"'唰、唰、唰！'他的粉笔在黑板上挥舞几下，一只蚱蜢活生生地显现出来。我注视着他佩戴在鼻梁上的眼镜，实在好像蝗虫的一对复眼，我不理解，一位昆虫博士，怎么脸谱也有点像昆虫呢？""符致逸教授讲'农业经济学'，他常常举出社会不公正的事，会出现那样这样的怪事、笑话。由于他常说的'笑话'变成了他批评的武器，后来我远远地听到符教授皮鞋走路声，我就对我邻桌的同学说'笑话'来了。"卢润学教授关于畜牧业在国民经济上的重要性的说教，甚至成为回忆者当初选择畜牧专业的机缘。②

福建省立师范学校国文教师许钦文，则给学习者留下"未见其人，先闻其声"的记忆，被许钦文老师教过的学子都有相同的体会。"我到校后，听说我们这一班的级任导师（即班主任）、语文教师叫许钦文，我立即从心底升起了一团疑云：他会不会是鲁迅先生写的小说《幸福的家庭》中提到的'拟许钦文'那个人？高年级的同学告诉我，许钦文老师就是与鲁迅先生有交往的、名噪一时的小说家。此时，一股欣喜的暖流淌过我的心扉"，"他教学很认真，重视作文，对同学的较佳作品，常拿到课堂上向大家介绍，分析文章的优点和不足之处。他还向同学介绍优秀小说，指导欣赏，析评名作，同时结合讲授小说的写作方法。他对待书写十分严肃认真，对作文中的错别字，按字扣分，一错再错的，则加倍扣，培养了同学

---

① 王雪辛：《福建音专学习生活的回忆》，载福建省艺术研究所编《国立福建音专校史资料集》，1988，第82—84页。

② 黄劭：《忆在黄历福建农学院的学习生活》，载中国人民政治协商会议永安市委员会文史资料委员会编《永安文史资料》（第十四辑），1995，第29、30页。

们注意用字、写字的习惯"。①"鲁迅先生曾称他是'青年的导师'。""他教语文,深入浅出,使人易于领会。经常介绍优秀小说的写作艺术,指导阅读和写作,解释文字用'六书'方法……这种传授方法,对我们后来从事教学很有启发。他对学生作文要求严格,发现错别字要批评、扣分。到他家中请教,老师均细心指导,热情鼓励。同学将毕业时,各备纪念册,请老师和同学题词留念。同学的题词,由于受许老师影响,多以鲁迅的话互勉。"② 该校其他科任老师,同样给学习者留下了难以磨灭的记忆。

梅之芬对王邦珍老师的记忆是:"他富有教学经验,讲了几十年数学课,对教材十分熟悉,早已融会贯通。他每讲一节课时,首先把这堂课要上的内容讲清楚,然后把关键地方连根点出;有时还重点联系过去教学的章节,恰当地引导后续章节,使学生把整个数学看成是一个整体,启发学生认真钻研。""王老师的钻研精神是非常感人的。课余时间我常到王老师家里……我每次去时,都看到王老师手握小楷笔在埋头著作。据说他几十年都这样坚持下来,就是在走路时,他脑子里也是思考着数学问题。""我在王老师的熏陶下,在数学上狠下功夫,取得一定的成绩,为后来升入厦门大学学习电机工程打下扎实基础。"③

1939年至1940年求学于福建省立师范学校艺师科的叶清

---

① 熊寒江:《忆许钦文老师在永安》,载政协福建省三明市委员会文史资料委员会、福建省三明师范学校编《闽师之源》,中国文史出版社,1993,第127、128页。

② 印恒宽、贾临昌:《大湖教泽注心田》,载政协福建省三明市委员会文史资料委员会、福建省三明师范学校编《闽师之源》,中国文史出版社,1993,第121页。

③ 梅之芬:《怀念王邦珍老师》,载政协福建省三明市委员会文史资料委员会、福建省三明师范学校编《闽师之源》,中国文史出版社,1993,第124、125页。

第二章 多方互助驱动：全面抗战时期永安教育变迁的合力

水，忆及劳作课教师兼班主任唐一帆："他能说会干，有一手好手艺，木工、竹工、金工样样都行，而且做得很精巧。每个工种都有教具，例如教木工做榫头，用几块小木做成教具，使学生看了一目了然，比只用嘴讲效果好多了。竹工就更精巧了，不仅用竹片编织成各种实用家具，而且利用各种不同大小形状竹块做花瓶、花篮等装饰品。唐老师双手精巧，头脑聪明，我很敬佩他。"忆及曾留学日本的美术老师吴启瑶："听吴老师讲，他在日本曾经常给大商场搞橱窗设计，吸引顾客光临。根据商品大小、包装色彩，排出各种不同图案，这项工作技术高，报酬多。他常常用这种半工半读的形式来维持在日本的费用。""吴老师在美术方面的造诣，赢得了我们的钦敬。"忆及音乐老师宋居田："教抗日革命歌曲，声音洪亮，很有感染力，会引人共鸣。每天早晨路过他宿舍，便见他站在楼上练声。""宋老师对差生不另眼相待，而是耐心辅导，和蔼可亲，他常鼓励我努力学习，我很尊敬他。"①

省立永安中学的学子回忆数学老师陈筱洲："他教书的特点：其一是对数学的每一个定理和公式讲解得详细透彻，充分说明这定理、公式是如何形成的，并予以论证，使同学们理解定理的内涵，而不是叫你死记定理、公式；其二是对习题的演算不单求演算出正确的得数为满足，而是要同学们明白这习题有几种演算的方法，又以何种方法为简便。总之使同学们对各个数字之间的关系和应用变化有深入的理解。如此教书，可以使同学们的思路更加广阔。"② 回忆1943年由县立永安中学调

---

① 叶清水：《忆艺师科的三位老师》，载政协福建省三明市委员会文史资料委员会、福建省三明师范学校编《闽师之源》，中国文史出版社，1993，第132、133页。

② 邓有章：《怀念陈筱洲老师》，载中国人民政治协商会议永安市委员会文史资料委员会编《永安文史资料》（第十二辑），1993，第40页。

任省立永安中学任训导主任的陈咏棠老师："他是一个辛勤耕耘的好园丁，一贯都以'勤、严、俭'三字为准则教导学生，从不含糊。勤即'勤于学，勤于问'，但勤中不能影响身体。"严即严师出高徒，严中出威望。俭即节俭、朴素。①

类似场景，在当时永安各级各类学校随处可见。这笔不可多得的精神财富，伴随学习者的成长历程，越发醇香浓厚。比如，杨碧海回忆中称赞的"李嘉禄效应"："抗战时期物资奇缺，全校钢琴不过十几台，李先生在白天很难有练琴机会，他只能每天晚上在教师授课的教室练琴。在福建永安的深山沟里，每晚夜深人静时，从钢琴科教室里边传出李先生的琴声。他花很多时间练基本功：音阶、琶音……然后引人入胜地弹李斯特的《匈牙利狂想曲》……美妙的音乐便清晰地传入学生的耳朵。李先生的琴声是每个同学回忆永安时代的特殊记忆，这琴声是激励同学刻苦学习的动力。这琴声波及整个校园，国立福建音专再也没有安静的夜晚了。可怜的十几架旧钢琴，每天24小时被学生排定、轮番弹奏，这就是李氏的效应。"② 而几位外教的专业造诣与人格魅力，不仅印在学生的脑海里，也为其他老师所赞誉。1943年初由上海前往重庆、途经福建永安时被卢前校长"截留"下来任教的黄飞立，晚年口述（文靖执笔）的《上帝送我一把小提琴》一书中对他们仍赞不绝口："学校最好的三位老师都是外籍的，一是教小提琴的尼哥罗夫，保加利亚籍犹太人，他的老师舍夫契克是欧洲近代小提琴大师，现在学小提琴的都要拉舍夫契克编的音阶和练习曲。

---

① 谢明潮：《忆陈咏棠老师》，载中国人民政治协商会议永安市委员会文史资料委员会编《永安文史资料》（第十二辑），1993，第43页。

② 赵方幸、杨碧海 等：《怀念李嘉禄先生纪念文章（摘选）》，载中共永安市委宣传部编《弦歌相承：国立福建音专纪念文集》，海峡出版发行集团、海峡文艺出版社，2015，第126页。

第二章　多方互助驱动：全面抗战时期永安教育变迁的合力

还有一位是教大提琴的曼者克，大家叫他'曼先生'，德国犹太人，琴拉得很好，据说他每天都做几道数学题，让头脑保持灵活……曼者克的太太，我们叫'曼夫人'，她是大钢琴家施纳贝尔的弟子，可以说，她是我遇到的最好的钢琴家之一，也是我遇到的最好的老师之一……和曼先生一样，非常温和，从来不骂学生，也不会说令人生畏或者泄气的话。""这三位都挺有水平，业务上很有修养。"且专门提及尼哥罗夫的"发明"为自己教学所用一事："Nicoloff 的技术非常好，他有许多练琴的好方法……当时有的学生是初学，要从拉空弦开始，很难听，Nicoloff 发明了一个方法，用一条大手绢从两个对角向中间卷，卷到最后留出一道坑，刚好是弓的高度，然后绑在提琴上，只在刚才留出的那道坑上拉弓。他的这个方法蛮不错，一来，这样一定可以拉直，二来不会出声音，我也用来教给学生。"①

---

①　黄飞立：《一笑回头问吉山（摘选）》，载中共永安市委宣传部编《弦歌相承：国立福建音专纪念文集》，海峡出版发行集团、海峡文艺出版社，2015，第121、123页。

第三章 应对与坚守：
全面抗战时期永安教育变迁的景象

全面抗战时期永安的教育变迁，缘于特定境遇，因而有着别于常态社会的景象。一方面，应对"抗战建国"的教育诉求，永安各级各类学校从治校方略、组织机构到教育内容、教学方法等都进行了相应调适，直至直接介入抗战活动，呈现出鲜明的"战时性"；另一方面，教育作为培养人的活动，又有自身的逻辑，基础知识、基本技能传习，教学改革实验，学术研究开展，师资队伍充实等常规事项，需要有条不紊地推进，反映了"坚守"的抉择。福建省立音乐专科学校、福建省立农学院校歌，可谓唱出了全面抗战时期永安教育变迁的"应对"与"坚守"气质："美哉音乐正人心兮，厚风俗和谐同胞兮，复兴民族发扬国光兮，威震绝域，泱泱乎大风也哉，表东海者唯吾国。泱泱乎大风也哉，表东海者唯吾国。""农为邦本，训自前贤，中华立国五千年。授民时，尽地利，深耕易耨，古相沿。功宏耕战，政以为先，吾闽屹立东海缘。果蔬遍野，禾黍连阡。勖哉我同学，科学宜精研。拓经界，均地权，报国效殖边。农工并进，服膺拳拳。"[①] 王秀南执掌福建省立师范学校期间推行的"三杆"教育，围绕"教战"

---

① 刘思衡编著《永安抗战历史文化概览》，海峡出版发行集团、福建教育出版社，2023，第214页。

第三章 应对与坚守：全面抗战时期永安教育变迁的景象

布局谋划，成为全面抗战时期永安教育"应对"与"坚守"的典型。"应对"与"坚守"交织，烘托出一幅色彩斑斓的画卷。

一、"应对"与"坚守"的政策依据

全面抗战时期，不论是"南京（重庆）国民政府"的"抗战建国"方针，还是中国共产党的"抗日民族统一战线"政策，第一时间都指向了抗击日本帝国主义的入侵，全民抗战、同仇敌忾，乃民族、国家、社会的共同诉求。教育活动、学界人士自然也不例外，一定程度上甚至比平时担负着更为重要的任务，适时应变势所必然。1937年8月3日，"南京国民政府教育部"上呈《总动员时督导教育工作办法纲领》于行政院请其核发，其中便涉及学校安置、课程设计、学生训练、教育管理等的变革。如同学人所言，尽管这份纲领奉行了蒋介石"和平未到绝望时期绝不放弃和平"的错误指示，但"各级学校之训练，应力求切合国防需要。课程之变更，仍须遵照部定范围"，"各级学校之教职员暨中等以上学校之学生，得就其本地成立战时后方服务团体，但须严格遵照部定办法，不得以任何名义妨害学校之秩序"① 等规定，还是比较切合战时实际。② 1938年4月，国民党临时全国代表大会制定《抗战建国纲领》，一并通过《战时各级教育实施方案纲要》，检讨过往教育缺失，应对全面抗战，实施战时教育；《教育部订定之战时各级教育实施方案》则系统地规划了各级各类教育的变革举措，从中清晰可见"战时须作平时看"的思路。

---

① 《行政院核发〈总动员时督导教育工作办法纲领〉的指令》，载中国第二历史档案馆编《中华民国史档案资料汇编》（第五辑第二编·教育〈一〉），凤凰出版传媒集团、凤凰出版社，1997，第1、2页。

② 余子侠、冉春：《抗日战争时期中国教育研究》，团结出版社，2015，第91页。

1939年3月2日于重庆召开的第三次全国教育会议,再度确认了"战时须作平时看"的方向。福建省政府贯彻"南京(重庆)国民政府"及"教育部"训令,采取了相应措施,不仅进行制度设计,还进行了舆论、理论方面的动员与准备,为全面抗战时期全省教育更张运筹帷幄。

(一)《战时各级教育实施方案纲要》与《战时各级教育实施方案》颁布

《战时各级教育实施方案纲要》关于战时教育方针训示道:"今后教育之实现,其方针有可得而言者,一曰三育并进;二曰文武合一;三曰农村需要与工业需要并重;四曰教育目的与政治目的一贯;五曰家庭教育与学校教育密切联系;六曰对于吾国固有文化精粹所寄之文史哲艺,以科学方法加以整理发扬,以立民族之自信;七曰对于自然科学,依据需要,迎头赶上,以应国防与生产之急需;八曰对于社会科学,取人之长,补己之短,对其原则之整理,对于制度应谋创造,以求一切适合于国情;九曰对于各级学校教育,力求目标明显,并谋各地平均发展,对于义务教育,依照原定期限,以达普及。对于社会教育与家庭教育,力求有计划之实施。"据此方针拟定的教育改善方案,涉及现行学制的维持与变通、各级各类学校的迁移与设置、师资训练的开展、各级各类学校各科教材与教学科目的调整、各级各类学校训育的实施、教育管理的取向、教育经费的筹集与使用、各级教育行政机构的完善等十七项要点。① "南京(重庆)国民政府教育部"据此拟定了更为具体详细的战时各级教育实施方案。其中,各级教育设施的目标与施教对象规定:"幼稚园教育应为协助家庭教养幼稚儿童,借以辅助家庭

---

① 《国民党临时全国代表大会通过之战时各级教育实施方案纲要》,载中国第二历史档案馆编《中华民国史档案资料汇编》(第五辑第二编·教育〈一〉),凤凰出版传媒集团、凤凰出版社,1997,第13—16页。

第三章 应对与坚守：全面抗战时期永安教育变迁的景象

教育之不足，故保育与教导并重，增进幼儿身心之健康，使其健全发育，并培养其人生基本的良好习惯，以为养正之始基。""小学教育应为国民基础教育，以发展儿童身心，培养其健全体格，陶冶其善良德性，教授以生活必需之基本知能，养成其好学习惯，使其应对、进退合乎礼节，以为将来自立之准备。故施教之对象，应及于全体学龄儿童，国家对于全国各地应普遍设立各类小学，使全国学龄儿童均有入学之机会，在预定年限内，达到普及教育之目的。""中学教育应为继续小学施行国民基础教育，以造就社会一般事业之中级中坚分子及准备进修专门学术为两大目的。"初级中学，"应以一县之所需为其计划之根据，由省统筹平均普遍设立于各县。其教学除一般规定外，应特别注重公民常识之灌输，生产劳动之训练，以及本县乡土教材之讲授，使其爱国而同时爱乡"。高级中学，"应以一省数县之所需为施教计划之根据，由省分区设立，为初中毕业生之能升学者入之，以养成地方自治及建设事业之中级干部人才，并预备一部分学生升入专科学校及大学，继续训练"。"职业学校教育应为发展生产事业之教育，以注重公民道德与职业道德之陶冶，劳动习惯之养成，职业知能之增进，创造精神之启发，俾养成各种职业界中等创业及技术人才为目的。""师范学校教育应为培养小学健全师资之教育……用最新式的科学教育及最严格的身心训练，养成具有忠孝仁爱、信义和平诸德及各种专科学识为教授方法之德智体三育所需之师资为目的。师范学校应与社会沟通，造成教、学、做合一之环境，使学生对于教育及社会事业有改进的志愿与终身服务的精神。""专科学校教育应为培养各业专门技术人才之教育。其课程应视各省市地方建设事业之需要，而以应用为主，并应尽量充实其生产技术训练之设备，注重设计与实习。……专科学校应由省市地方视其事业之需要，为施教计划之根据，分别设立于现有企业之附近地区,专以造就本省市各项事业应用之专门人才为主。""大学教育应为研究高深学术,培养能治学、治事、治人、创业之通才与专才之教育。其农工商医等专门学院,应施行高深专门技术教育,养成高级技术人才,以国家物质建设之需要,为施教之对象。其文、理、法、教育等学院,应注重各项基本学问之广博研究,再由博返约,养成能治学、治事、治人之技能,应以国家文化建设、经济建设、社会建设之需要,为施教之对象。"社会教育,"其施教之对象为全民,其施教之目的为'作新民',故应分为普及民众识字、公民训练、青年训练与妇女训练各项,在各地分别实施。其推行此种教育之工具,应充分扩展科学馆、图书馆、美术馆、博物馆及民教馆、展览会、戏剧音乐院、广播电台等,而推行此等教育之机关,应充分利用政治的及社会的一切已存之组织,并应与各地党部、中小学校联络实施,俾得普及易而长效速"。同时,将十七项要点加以扩充,以便实际操作。①

此举体现"战时须作平时看"的要求。正如"教育部"在指示"今后之设施"中所言:"自抗战发生以来,国人咸感觉过去我国之教育未能完全适合战时之需要,惟教育本身原无所谓战时与平时之分,平时教育实应包含战时之准备,战时教育之未能适合战时需要,正因平时教育未尽完善之故。""其因战时之需要及经验而认识之各项方针,尤应于今后教育实施中充分贯彻。"② 不论"战时须作平时看"的政治意图如何,

---

① 《教育部订定之战时各级教育实施方案》,载中国第二历史档案馆编《中华民国史档案资料汇编》(第五辑第二编·教育〈一〉),凤凰出版传媒集团、凤凰出版社,1997,第22—24页。

② 《教育部订定之战时各级教育实施方案》,载中国第二历史档案馆编《中华民国史档案资料汇编》(第五辑第二编·教育〈一〉),凤凰出版传媒集团、凤凰出版社,1997,第25页。

第三章 应对与坚守：全面抗战时期永安教育变迁的景象

其中，既注意到教育的战时应急，更关注到教育在民族与国家战后重建与发展中的作用，应当说并非短视，由此也为全面抗战时期国统区的教育变革提供了政策依据。

(二) 第三次全国教育会议的基调

1939年3月2日，第三次全国教育会议在重庆召开，历时九天，"对于全国教育问题，作普遍而深刻的检讨，研究其改进和加强的办法，以求合于抗战建国的需要"①。涉及学制、各级各类教育、课程等方面。"对于高等教育的改进，十分注意。我们注意提高学术的标准，尤其是要使科学教育能与抗战建国的大业相配合，一般课程标准，均拟加以整理，为求全国文化水准平均适合起见，因而有大学教育和师范教育分配区域的规定。为推广造就高中级技术干部人才，和扫除社会轻视职业的错误心理起见，遂决定有初中毕业生升学的五年专科学校制度。中学教育实为青年养成品格学问的骨干，我们拟有改进的方案，不只是注重中等教育里职业生产人才的培养，并且顾到人才教育的基础，所以六年一贯中学制，拟同时予以实验的机会，酌分中学、师范与职业教育区域，正所以免除滥设与缺少的弊病。"②小学数量的扩充，义务教育的推行，失学民众的补习教育，边疆教育，侨民教育，战区教育等均进入与会者视野。会中透出的关注战后重建的趋势，也为与会者明确感知："从各方面看来，这次抗战的必胜是没有问题，问题而是在如何建国了，如战后的复兴倒是目下急应研究的问题。所以这次全国教育会议中关于目前抗战的教育讨论的分量较少，多数的提案是商讨战后如何建国的问题。"③"平时"的色彩再度显现。

---

① 《第三次全国教育会议宣言》，《闽政月刊》（教育辑）1939年第2卷第3期。
② 《第三次全国教育会议宣言》，《闽政月刊》（教育辑）1939年第2卷第3期。
③ 郑贞文：《全国教育会议经过及目前抗战的形势》，《闽政月刊》（教育辑）1939年第2卷第3期。

(三) 福建省行政当局的教育"应对"与"坚守"

全面抗战伊始,福建省教育厅即组织了福建省非常时期教育设计委员会,"集合教育专家及军事专门人才三十余人,共同讨论本省教育设施的兴革,如施教方针的厘定,青年训练的计划,学校课程的变更,教育经费的分配等,都曾加以详密的考虑,并于横的方面分设高等教育、中等教育、初等教育、民众教育及教育行政五组,设计各项专门办法"[①]。在充分研讨、集思广益的基础上,制定了《修正福建省中等学校非常时期青年训练实施办法》《福建省非常时期小学教育实施办法》《福建省社会教育机关非常时期施教办法》《福建省各级学校及社教机关抗敌宣传办法》《中小学生紧急集合疏散训练办法》等规章,从制度层面谋划全面抗战时期的教育实施。强化战时应对,灌输抗战意识,维持教育秩序是其中主要特点。比如,中等学校,既要注意"激扬爱国精神、巩固团结精神、振发牺牲精神、加强民族意识、信仰政府领袖、认识国防要义、确立必胜信仰"等"一般精神"的训练;又要分成专门方向加以训练(宣传、警卫、纠察、交通、救护、防空与消防等),像纠察,便有学科(内容有:户口清查法;侦探谍报学摘要;秘密通信法;电信窃取法;报告应注意事项等)、术科(内容有:手枪术;骑术;结绳术;摄影术;化装术;自行车、机器脚踏车驾驶术;游泳术及器械术)的学习。小学教育,要求暂时未受军事影响或受军事影响还不太严重的区域的学校"应一律照常开课";受战事严重影响的区域的学校,或呈请主管机关考虑迁移,或紧急处置。关于"教材补充"及"训练实施"的规定,尤其显示出"应对"的抉择。"教材补充"的具体要求是:"国语科——阅读及

[①] 郑贞文:《抗战期中本省教育的动态——九月六日在省府联合纪念周报告》,《闽政月刊》(教育辑) 1937年第1卷第5期。

第三章 应对与坚守：全面抗战时期永安教育变迁的景象

写作能发扬民族精神、激动爱国情绪、增强抗战意识之故事、诗歌、剧本、宣言、广电等；社会科——研究日本军备现状及侵略我国之史实及我国抗战区域之地理及抗战情形；自然科——说明飞机、战舰、枪炮、炸弹等武器之构造与使用，防空、防毒、消防、救护等方法；算术科——计算我国与日本之人口、面积、富源、军备等；美术科——绘制有关抗战之宣传画、风景画、人物画及抗战区域之简明地图等；劳作科——制作军器模型、防毒用具，收集有关军用之废物，及种植饲养有关民食之作物、牲畜等；体育科——练习国技、野战、露营、越野、爬山等；音乐科——歌唱慷慨激昂、沉雄壮烈之爱国歌曲等。""训练实施"的具体要求是："精神训练——布置能激发爱国情绪之环境，举行报国雪耻之仪式，及坚定意志、砥砺气节之讲演；技能训练——举行防空、防毒、避灾、救护、疏散、集合等演习，并实施儿童自卫组织之训练；体魄训练——除依照体育科补充教材切实实施外，并应注重童子军训练；生活训练——加紧新生活训练，实行劳动服务，养成刻苦耐劳、节约储蓄等习惯。"社会教育，在非常时期，"均以唤醒民众、训练民众、组织民众，从事后方工作为施教中心目标"。"关于民众战时应有知能之训练，须与当地有关系各机关切实联络进行，并注重实践（如消防之设备与演习，避难室之设置，住屋外墙涂色避免空袭等，应尽量指导民众进行）。"①

不仅如此，1937年11月，《闽政月刊》（教育辑）第一卷第五期发行"战时教育特辑"，详解教育界的总动员、教育工作者对抗战应有的认识与态度以及全面抗战时期各级各类教育的应对与坚守等理论与实践问题，为实施战时教育积极准备。

---

① 《修正福建省中等学校非常时期青年训练实施办法》《福建省非常时期小学教育实施办法》《福建省社会教育机关非常时期施教办法》，《闽政月刊》（教育辑）1937年第1卷第5期。

其中，有论者指出，全面抗战，不仅为军事上反对日本帝国主义的入侵，教育界人士更应当将其提到为"解放生活""解放精神""使中国文化与教育得达高一阶段的发展或生长"创造时机与提供动力的高度加以认识，并号召教育工作者为此"作本位之努力"，使教育活动有质的改进和量的扩充；通过"动员抗战工作"，"训练学生关于侦察、救护、纠察、防空、交通、募捐等技能，直接、间接地领导民众，发动全民抗战的情绪"；"建设文化抗敌的永久阵线"，"以严正代宽大，以健强代斯文，以奋斗代和平"等方式，造成新的局面。① 另有论者表示："战时的教育的目的，是在思想上、策略上、军事技术上来训练民众，使民众成为有组织的战斗成员。战时的教育内容，完全以抗敌为中心，其施教范围不仅限于学校，不仅限于系统的教育，而是一直到广泛民众，学生是民众全体，教员是整个教育界、学术界智识分子等，校址是一切民众的所在地。"② 全面抗战时期教育界"应负起'鼓动全国精神总动员'的全责；应努力巩固精神国防的阵线；应尽量在间接方面供给物质国防的需要"。具体说来，教育行政界，"要统筹非常时期学校应有的设施……总要使学生得到就学的便利，使其行动不随家庭为转移，而仍以学校为乐土；对于学校实施非常时期的课程，及种种特殊训练等应有严密的视导；应督促所属负起教育界在抗战期间所应负的种种任务；应随时计划非常时期教育应有的其他各种设施"。高等教育界，"各专家应联络组织战时各种问题研究会；致力国际宣传工作；领导各级学校从事救亡工作；对于引起抗战情绪之文学应多多提倡"。中

---

① 袁昂：《教育专业者对抗战应有之认识与努力》，《闽政月刊》（教育辑）1937年第1卷第5期。
② 刘荆荫：《抗战期中教育界的总动员》，《闽政月刊》（教育辑）1937年第1卷第5期。

第三章 应对与坚守：全面抗战时期永安教育变迁的景象

等教育界，"对于非常时期青年训练应予以特别注意；校长及教职员应领导及组织青年使作最后牺牲准备；对于救亡之普遍宣传应多努力"。初等教育界，"对于小学生的安全问题应切实注意；要利用小学生作家庭宣传的工具；要使每一个小天使的心灵深深地印刻着有敌无我的印象，与彻底地认识如何做一个光明磊落、勇往迈进的大中华民国国民"。社会教育，"应有充满抗战空气的图书馆；应有领导民众共赴国难的民众教育主脑机关；应立即（或协同其他机关）组织抗敌后援会、青年先锋团及青年战时服务团。应有教育民众使获得非常时期一切常识的短期民校。应利用街头宣传，及引人注意的国防图画及电影等来鼓动民众，使民众抗敌的情绪达到最高潮。应尽量改良及指导民间戏剧，使所有表演均能燃着民众抗敌的情绪。应向民众劝导及解释使能尽非常时期民众应尽的义务"①。有论者言及战时的师范教育，"该放下将来的儿童教育的任务，担起现实的唤起民众、组织民众的责任"。即转向侧重为战时民众教育训练师资，培养出具有"强健的身体、健全的心理；相当的国际政治经济和哲学的常识；正确的人生观；明了大众的需要；通晓浅近的文字；实际的战斗能力和教练能力；能演剧、能歌咏、会讲演、会作漫画，并须能参加生产活动；能使民众知道争取民族的自由解放"素养的战时民众教育师资。② 时任福建省教育厅厅长郑贞文、福建省立师范学校校长姜琦殷切寄望师范生担起"文化抗战"的重任。这些主张与见解，与"南京（重庆）国民政府"及"教育部"全面抗战时期的教育变革设想与设计不谋而合。尽管看似侧重"应对"，但不乏"坚守"的思量。郑贞文说得明白："本省从转入抗战时期，各项教育

---

① 周永耀：《抗战期中教育界的任务》，《闽政月刊》（教育辑）1937年第1卷第5期。
② 陈培光：《战时的师范教育》，《闽政月刊》（教育辑）1937年第1卷第5期。

设施力谋配合战时需要；与此同时，对于正常教育，参酌地方文化程度及经济情形加以调整改进，不使因战事影响而发生障碍。"① 在《两年来之福建教育》中，他再次概括说："本省教育外应战时的需要，内求质量的充实，借以增强抗战力量，发挥教育效能。"就具体举措来看，"属教育行政者，有训练地方教育行政人员，施行各种教育特别视导，实施中等学校分科视导制度，召集视导会议，积极编审工作；属高等教育者，有创设省立医专学校，选择并资助大学学生，注重学术研究，实行集中军训；属中等教育者，有举行教员检定登记，注意教员进修，办理学生训练，指导学生民训工作，施行导师制，添设学校与添班；属初等教育者，有划定义教经费，施行中心小学区制，训练小学师资，实施小学战时教育，举办少年团训练；属社会教育者，有实施战时民校，推行音乐戏剧教育，注意电化教育；属特种教育者，有设置特教视导员，组织巡回教学团，注重养卫训练等"②。"应对"与"坚守"并驾齐驱。

二、应对：全面抗战时期永安教育变迁的"战时性"

永安作为全面抗战时期福建省临时省会，其教育活动的"战时性"不言而喻。全省各地的教育变革指令由此发出，对永安教育变迁亦是清晰信号。

（一）治校方略、教育内容、教学方法调适

应对"抗战建国"的教育诉求，永安各级各类学校遵循"南京（重庆）国民政府教育部"以及福建省行政当局的相关规章，执行战时教育方针，调整教育内容，变革教学方法、教

---

① 郑贞文：《一年来福建教育之动态》，《闽政月刊》（教育辑）1939年第2卷第1、2期。

② 郑贞文：《两年来之福建教育》，《生力旬刊》1939年第2卷第7、8期。

第三章 应对与坚守：全面抗战时期永安教育变迁的景象

学组织形式等，呈现出不同于往日的场景。

福建省立农学院院长严家显从阐发"以农立国，以工建国"主张到倡导"战斗性的教育"构想，生动诠释了全面抗战时期永安各级各类学校主事者对教育应对的思考。他说，值此"抗战建国"之际，"非复兴农业无以立国，非发展工业无以建国，其理甚显"。如何复兴农业，发展工业，得依托"农工科学"，尤其是科学教育。但在非常时期设备、经费等都极为困难的情况下，更需要发挥"战斗意志"，推行"战斗性的教育"。何谓"战斗性的教育"？"抑鄙意所谓战斗性的教育者，非谓仅求个人体格之健壮与气魄之雄伟，已足尽教育之能事，必也强调农工科学教学之进度，并于该科之知识程度，求其较平时更为高深，同时加强其民族魂之热度，夫如者，始能使青年科学工作者掬诚献身于学术、于事业，并逐渐提高我国农工产品之水准，进而与欧美各国并驾齐驱焉。"① 强化民族、国家意识与情感，积极投身教学、研究、社会服务，适时应变，乃大势所趋。如同郑贞文在1939年1月16日的福建省政府"总理纪念周"会议上的报告中回顾与总结全面抗战爆发以来福建省的教育工作及经验时所说："一切教育应以加强民族意识、国家观念及抗战建国之效能为唯一准则。"② 福建省立师范学校要求"一切活动以有利于民族复兴运动为准则"，使学生"认定终身从事普及国民教育为自己献身国家、献身民族的唯一门径"。③

省立永安实验小学依据实施"战时教育"要求所定准则，充分体现出校内校外，文化知识传授与抗战技能训练、抗战精

---

① 严家显：《从"以农立国以工建国"说到战斗性的教育》，《闽政月刊》1941年第9卷第6期。

② 郑贞文：《本省过去教育工作之回顾及本年度工作计划——二十八年一月十六日在省政府总理纪念周报告》，《闽政月刊》1939年第3卷第6期。

③ 俞棘：《福建省立师范学校剪影》，《教战导报》1939年第1卷第6期。

神培植、团结互助、爱家爱乡、爱国爱群等的融合，反映了教育工作者的应为与可为。

"（1）抗战教育的实施，应考究'抗战'的因果及教育者的责任，以为全部教育的圭臬；（2）抗战教育的实施，应包括战地教育及基本教育的全部，并应与抗战时期相终始，借为长期抗战的训练；（3）抗战教育的实施，应以儿童当前的生活和固有的经验为出发点；（4）抗战教育的实施，应以乡土研究为出发点，由爱家爱乡，推至爱国爱群；（5）抗战教育的实施，应以协助军事行动为教学的中心；（6）抗战教育的实施，应注意实地实物的观察和各种教育工具的运用；（7）抗战教育的实施，应致力于亲爱团结、奉公守法等精神的培植；（8）抗战教育的实施，应使儿童教育与民众教育同时并进；（9）抗战教育的实施，应注意家庭和社会的联络，以求抗战教育的推广；（10）抗战教育的实施，应注意师生间的人格感化，教师并应以身作则。"①

教育内容是落实教育方针与培养目标的重要依托。郑贞文表示：全面抗战爆发后，福建省教育厅"以抗战建国为中心，彻底改革或征订中小学各科教材"，"改订高中、师范、简易师范各校每周教学时数表，减少其中可以停授的部分，易以战时教材，令发各校施行"；"组织编审委员会，指定各科专家，编纂战时中小学补充的教材，及各项临时训练教材"。② 在叙述两年来福建省教育领域的"战教"工作时又说：儿童训练方面，由起始于1938年的"通令各小学一律实施少年团训练"转向实施"儿童团训练"，减少儿童室内学习时间，确定

---

① 梁士杰：《五个月来的省立永安实验小学》，《闽政月刊》（教育辑）1939年第2卷第1、2期。

② 郑贞文：《本省过去教育工作之回顾及本年度工作计划——二十八年一月十六日在省政府总理纪念周报告》，《闽政月刊》1939年第3卷第6期。

第三章 应对与坚守：全面抗战时期永安教育变迁的景象

"精神、体魄、技能、生活"四大训练项目，使儿童成长为抗战建国历程中的"有用分子"；青年训练方面，"自抗战以来，更加重生产训练与社会服务训练"。生产方面有荒地的开垦、蔬菜杂粮的种植。社会服务方面有兵役宣传、献金募捐等。① 可见，与战时需要相映衬，是教育内容变革的基本取舍。永安各级各类学校依法遵规，主动调整。譬如，福建省立永安中学"以严治校，实行军事管理；调整教学，充实抗战教育；设'劳务'课，磨炼学生意志"②。组织军训，开展生产劳动教育，结合专业教学进行社会实践等则是当时各级各类学校教育内容调适的共同之处。

1. 组织军训

组织学生军训，或设置"童子军"，建立战时后方服务团，是全面抗战时期"南京（重庆）国民政府"及"教育部"制定的相关规章中的明确要求。郑贞文曾就福建省的教育与军训关联情况进行说明：不论是"精神方面"的"训育与军训的联系""学校教育军事化"，还是"工作方面"的增加平时军训时间、充实军训内容，改进集训办法，加强后方服务训练等，均显示："抗战以后，为适应时代的需要，学校军训自然有进一步的推动了。"③ 福建省临时省会永安的各级各类学校积极响应。譬如福建省立永安中学的"童子军训练"，遵循军事管理模式，开展得有声有色。（1）健全组织，配备教官。学校层面设置团部，由校长兼任团长；由福建省教育厅

---

① 郑贞文：《两年来福建的战教工作》，《战地通讯》1939 年第 2 卷第 23、24 期。

② 赖林炳：《卧薪尝胆，磨砺以须——记永中学生战时生活》，载中国人民政治协商会议永安市文史资料委员会编《永安文史资料》（第十四辑），1995，第 22、23 页。

③ 郑贞文：《本省一年来之教育与军训》，《福建军训》1939 年第 1 卷第 3、4 期。

委派教官，统管童子军一切训练事宜。以班级为单位设置中队，选出中队长、副中队长各一人；其下设置小队，选出小队长、副小队长各一人，构成组织层级。（2）统一服装，注重仪表。当时童子军的服装统一制式：男女生上装一律为黄色卡其布两袋翻领长袖装，下装男生为黄色短裤（冬天穿黄色马裤），女生为黑色长裙，另配有灰呢大檐帽（后改为布船帽）和黑色半统皮鞋；所带物有领带、肩章、哨子、棉绳、飘带、多用小刀等。（3）开设课程，严加管理。初中的"童子军"课为必修课，与学生操行挂钩，"童子军"不合格，不能升级；校内实行"童子军"管理，定有《内务条例》《童子军操典》《童子军礼节要领》等，教官严格执行规章；平时注重抓作息，抓内容。（4）训练有素，活动多样。曾开展过"战地救护演习""联谊露营活动""夜间紧急集合识星象""童子军大检阅""旗语选拔赛"等活动，强化意识，锻炼能力，应对抗建。①

该校增设高中部后，"军训"事项进一步规范。"初中部开设'童子军'课（每周4节），授以纪律、礼节、棍操、结绳、旗语、侦察、救护、炊事、露营为内容的有关备战常识。高中部设'军训'课（每周6节），授以《步兵操典》中的'仪容仪表''操法示范''军事训练''内务规则''武器使用''组织指挥'等军事知识。设专职'童子军'教官和'军训'教官，负责管理与教学。实行'准军事化'管理，校风严谨、纪律严明、管理统一、生活有序。还不定期举行军事演习、射击表演、野地宿营、辨认地形、识别星象、操练比武、定期检阅等活动。"②

---

① 林炳：《省永中的童子军训练》，载中国人民政治协商会议福建省永安市文史资料研究委员会编《永安文史资料》（第十二辑），1993，第20～24页。

② 赖林炳：《卧薪尝胆，磨砺以须——记永中学生战时生活》，载中国人民政治协商会议永安市文史资料委员会编《永安文史资料》（第十四辑），1995，第22、23页。

第三章 应对与坚守：全面抗战时期永安教育变迁的景象

不仅如此，为配合抗战，1943年12月，福建省政府还在临时省会永安举行了高中及大中专院校的军训大检阅，有福建省立农学院、"国立福建音乐专科学校"、福建省立师范专科学校、福建省立永安师范学校、福建省立农学院附属高级农业职业学校、福建省立永安体育师范学校、福建省立永安中学等院校参与。"各院校军训队伍，按大学、大中专、高中次序排列，全副武装，队伍整齐，气势雄伟。"这次军训大检阅，对鼓舞永安人民抗日斗志，对同学们树立抗日必胜信心，都有积极的影响。①

2. 开展生产劳动教育

全面抗战时期，生产劳动教育倍受重视。"战时应注意的是生产和服务训练，这两种训练现已列为中等学校重要工作，规定各校每日应有生产或服务训练两个小时，初中及师范学校劳作时间均移为生产或服务训练时间，生产训练的范围为农作、园艺、牧畜、竹木工、金工、纺织、缝纫等，所需田地由政府拨用荒山荒地，技术指导人员则由各校商请当地政府指派技士或公共农业机关技术人员协助，并由教厅派员巡回指导，学生生产训练成绩不及格者不得升级或毕业，服务训练的范围为实施民众教育、民众训练及社会调查、乡村改进等。"②

省立永安实验小学开展的生产教育，还凸显了体认军事对经济依赖的诉求。"我国现正从事全面抗战，我们冀得国家战时经济的充裕，即应集中全国人力物力，促使战时各项生产率加增，以供应抗战建国的需要。生产教育是本校第一期工作的要项。本校所趋的教育途径，即向实际生活中实施劳动生产训练，务使每个儿童都能自食其力，自供其用，且进一步冀广大

---

① 廖维屏：《忆永安举行的军训检阅大会》，载中国人民政治协商会议福建省永安市文史资料研究委员会编《永安文史资料》（第十二辑），1993，第26、27页。
② 郑贞文：《两年来之福建教育》，《生力旬刊》1939年第2卷第7、8期。

群众同能帮助国防生产于万一。"①

该校对学生进行的生产训练,分作"园艺、畜牧、竹木工、印刷、缝纫、化学工艺"六组,配备专门教师负责指导。成效如何呢?

据该校报告②:"(1)缝纫组——兼授编物。目标:缝纫技能之获得;能缝补、编织衣服、鞋袜等。材料来源:儿童自备或学校供给。工具:小型自备,不能自备时由学校供用。时间:每周一、二、四、五为缝纫;三、六为编织。工作:补袜,编织羊毛衫,学习缝衣机代制奖旗。实施办法:根据学生能力、工具量数、工作难易以分组;一星期要完成一个工作;成绩优良的,材料如系自备,由校给予代价,互换作品,借作代表作品;成绩列入学月考试。结果:本学期初步学会缝衣机者共一人,补破袜数十双,代制奖旗五面,共获利七元余。"

"(2)印刷组。目标:增加学校商店营业品,并给予印刷技能之获得与熟练。材料来源:由本校生产股购备。工具:由学校置备。时间:每日放学前三十分至四十五分。工作:印刷学校用的簿籍,及油印讲义。实施办法:根据工作顺序分为裁纸、印刷、折纸、装订、加工各小组;一星期要有三百本以上作品;一星期抽出作品百分之三,奖给勤勉者;成绩加入学月少年团科,考试。结果:本学期共制儿童用簿籍约七千本,共获利十元余。"

"(3)园艺组。目标:园艺知能之获得与熟练。园地:分校内园地、盆栽与家庭隙地。工具:分为自己带来与学校供用。时间:同各组。工作:整理学校园地及种植蔬菜等。实施

---

① 梁士杰:《五个月来的省立永安实验小学》,《闽政月刊》(教育辑)1939年第2卷第1、2期。

② 梁士杰:《五个月来的省立永安实验小学》,《闽政月刊》(教育辑)1939年第2卷第1、2期。

第三章 应对与坚守：全面抗战时期永安教育变迁的景象

计划：依园地年级分组，按时耕种、除虫、去草、浇水、施肥；努力者给予奖励，奖品分学用品、农作物、将剩下的菜苗等分给学生带回家中栽植。结果：本校共有农场三处，共收获萝卜、芥菜、伽蓝菜、菠菜约五百斤。"

"（4）竹木工组。目标：竹木工简易技能的获得，能制作简易用品，进而改良本地竹木器具。材料来源：分为学校供给与儿童自备。时间：一星期中一、三、五为木工练习，二、四、六为竹工练习。工作：竹领带圈、编织竹针、衣架、指挥棒、套袜板等。实施办法：依学生能力、工具数量、作品量数分组；每星期要有一件以上作品，成绩优良材料自备者，由校给予代价，交换作品，成绩列入学月考试。"

"（5）化学工艺组。目标：化学工业技能之获得，能制作日用品。材料：分学校供给，儿童自备。工具：由校备用。时间：每周六下午，共三十分钟。工作：香糊、雪花膏、墨水。结果：本学期共装香糊四十瓶，供本校印刷组及幼稚园之用。附注：本组儿童星期六以外各天，应加入其他生产组或特殊训练组实习。"

"（6）畜牧组养鸡鸽计划摘要：第十一周，讲述畜牧方法与防疫常识；制定饲养所在地及设计鸡鸽住舍。第十二周，建造鸡鸽舍；选购鸡鸽种。第十三周，管理分配；指导饲养方法。第十四周，选定饲养料；分配洗扫鸡鸽舍时间。"

3. 结合专业学习的社会实践活动

结合专业学习的社会实践活动，不仅有助于学习者展示专业知识与技能，更有助于了解民情、国情，甚至收到意外的效果。例如福建"省立（国立）音乐专科学校"利用寒暑假或其他纪念日组织的音乐会，既显示了师生的专业实践能力，也诠释了音乐的抗战功能。

1941年底，福建省立音乐专科学校师生一行60余人从永安出发，前往福州、涵江、莆田、惠安、泉州、永春、大田等地宣传抗战。历时一个月,白天急行军,晚上演出,共演出27场,演出节目除演唱《悲壮的离别》《佛门动员》等抗战歌曲外,钢琴家马古士教授创作演奏的钢琴独奏曲《新中国在成长》和尼哥罗夫教授演奏的《永安之夜》反响特别强烈。

1943年2月,卢前校长、刘天浪老师带领师生在沙县、福州、南平巡演。表演了合唱《庆祝平等新约歌》《胜利进行曲》等二十余首歌曲。

1945年8月,陆华柏老师带领20位学生,前往福州向闽海将士慰问演出。

这些活动,既检验了学习情况,又起到了普及音乐教育、宣传全民抗日的积极作用。

福建省立师范学校校长王秀南要求师范学校课程上的"教养卫合一""教管养卫合一"以及教学上的"教学做合一""教学做想合一""教学做用合一",更是将教育应对、师范教育的战时性展现得淋漓尽致。

任福建省立师范学校校长伊始,王秀南将师范学校课程上的"教养卫合一"要求具体化为"半日读书半日活动":每天上午进行学科训练,即普通基本科目、教育基本科目、分科专门科目的学习以及专业技能训练的开展;下午则开展生产劳动与抗战服务的学习与训练。① 随后,依据《县各级组织纲要》中的"教管养卫"要求,王秀南不但在师范学校的课程实施过程中加入"管"的成分,而且阐释"教管养卫,充实课程内容"的必要与必然。他说:"过去教育,有教无管,造成政治与教育的分离;有教无养,促成教育与生活的脱节;有教无卫,而种成'书生不知兵'的浩叹。"② 而"教管养卫"正是

---

① 王秀南:《抗战建国声中的福建师范》,《教战导报》1939年第1卷第12期。
② 王秀南:《今日的师范学校》,载王秀南等编《今日的师范学校》,福建省立师范学校,1941,第5页。

第三章 应对与坚守：全面抗战时期永安教育变迁的景象

针对中国社会"愚乱贫弱"症结的解决良方，当然也是师范学校课程设置与实施的基本要求。"教管养卫合一"的内涵、目的、举措等如图3-1所示：

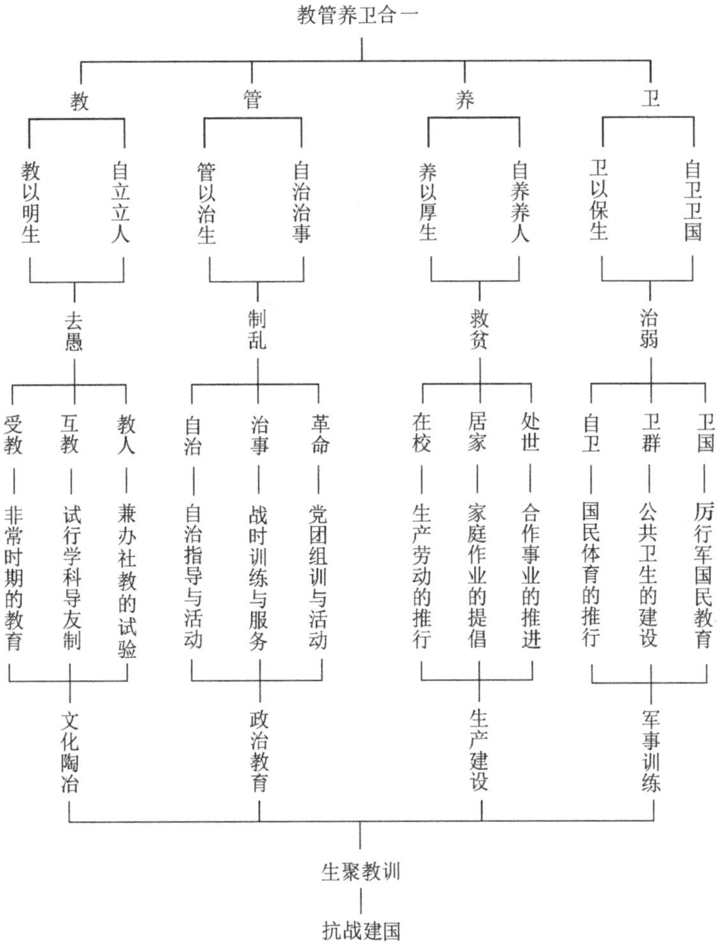

```
                      教管养卫合一
        ┌──────────┬──────────┬──────────┐
        教          管          养          卫
     ┌──┴──┐    ┌──┴──┐    ┌──┴──┐    ┌──┴──┐
    教以   自立   管以   自治   养以   自养   卫以   自卫
    明生   立人   治生   治事   厚生   养人   保生   卫国
      │           │           │           │
     去愚         制乱         救贫         治弱
   ┌─┼─┐      ┌─┼─┐      ┌─┼─┐      ┌─┼─┐
  教 互 受    革 治 自    处 居 在    卫 卫 自
  人 教 教    命 事 治    世 家 校    国 群 卫
   │  │  │    │  │  │    │  │  │    │  │  │
  兼 试 非   党 战 自   合 家 生   厉 公 国
  办 行 常   团 时 治   作 庭 产   行 共 民
  社 学 时   组 训 指   事 作 劳   军 卫 体
  教 科 期   训 练 导   业 业 动   国 生 育
  的 导 的   与 与 与   的 的 的   民 的 的
  试 友 教   活 服 活   推 提 推   教 建 推
  验 制 育   动 务 动   进 倡 行   育 设 行
   └──┬──┘    └──┬──┘    └──┬──┘    └──┬──┘
    文化        政治        生产        军事
    陶冶        教育        建设        训练
        └──────────┬──────────┘
                 生聚教训
                    │
                 抗战建国
```

图3-1 教管养卫系统

资料来源：

王秀南等：《今日的师范学校》，福建省立师范学校，1941，第6页。

王秀南深信："教管养卫合一，则课程充实，训练切要，过去一切不切实际的教育，可以一扫而空。"①

之后，他进一步思考"教管养卫"与社会改造、国家建设的关联，不仅寄望"以'管教养卫'之力，行'礼义廉耻'之治"，"'管'者，所以'治生'，以人人习于'自治'之事，进为'治事'之资，彬彬有礼，井井有条，是谓之'礼治'；'教'者，所以'明生'，以人人明于'为人'之道，习于革命之理，了于读书之方，由'自觉'而'觉人'，是谓之'义训'；'养'者，所以'厚生'，以人人善于生产，习于节约，'自养''养群'，合作互助，自给自足，便无奢求，是谓之'养廉'；'卫'者，所以'保生'，以人人习于摄生之术，谙于卫国之方，自强不息，由'自卫'而'卫国'，是谓之'知耻'。故曰：'管'以敦'礼'，'教'以取'义'，'养'以保'廉'，'卫'以明'耻'。礼义廉耻之新政，不难以管教养卫之力而实现矣"②。而且以"管教养卫"为依托，构建"建国教育"体系，"以教育为原动力，而去从事'去愚''制乱''救贫''治弱'的工作"。即，"'教'之为用，所以造就通才与专才，具有自治治事（管）之德，自养养人（养）之智，与自卫卫国（卫）之勇，以备国家社会之需也"。③

方法上的"教学做合一"，实乃王秀南服膺陶行知先生的"教学做合一"主张而生成的行动，要求"在做上教，在做上学。教的方法根据学的方法，学的方法根据做的方法。事怎样做便怎样学，怎样学便怎样教。教师拿做来教，才是真教；学生拿做来学，才是真学"，围绕"生活环境的改造""师范生程

---

① 王秀南：《今日的师范学校》，载王秀南等编《今日的师范学校》，福建省立师范学校，1941，第7页。

② 王秀南：《所望于大湖实验乡者》，《乡政实验》1942年创刊号。

③ 王秀南：《建国教育的理论与实际》，《改进》1943年第6卷第12期。

第三章　应对与坚守：全面抗战时期永安教育变迁的景象

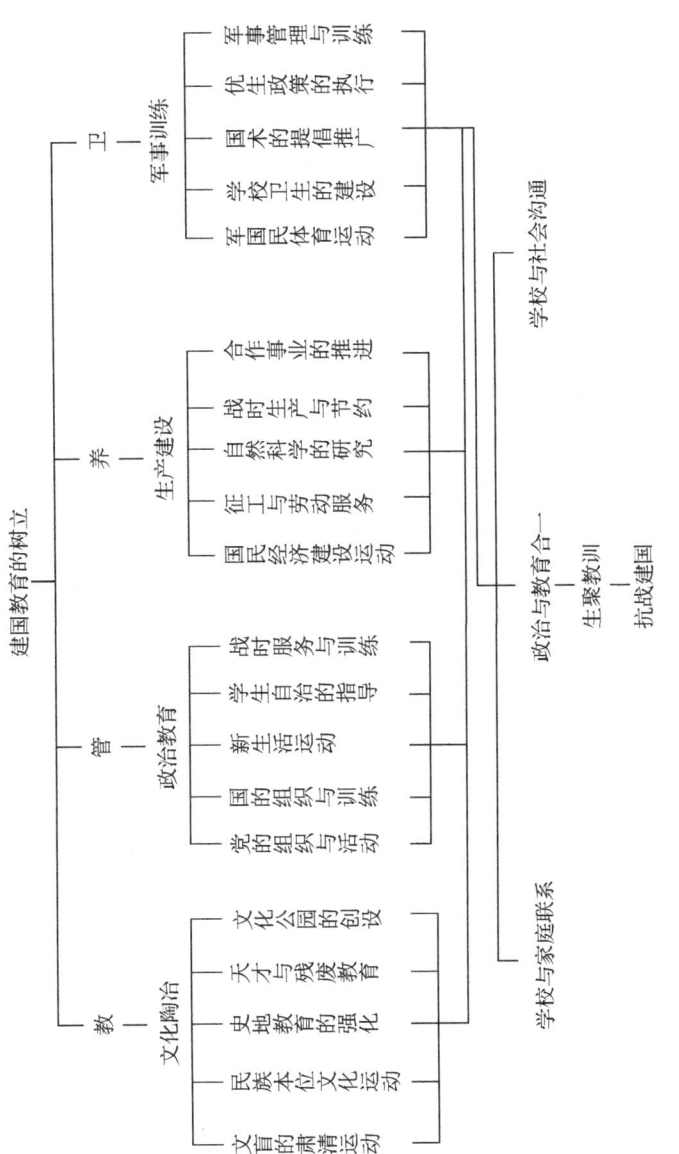

图3-2　建国教育系统

资料来源：
王秀南：《建国教育的理论与实际》，《改进》1943年第6卷第12期。

度的提高""导师制的试行""青年战时训练与服务""战时生产的尝试""农村服务团的组织与设施""毕业生的服务与指导"这样几项中心工作而展开"教学做"。① 与此同时,王秀南强调"教学做"中还要连续地反省:"想我们之所教,是否真教?想我们之所学,是否真学?我们的教学做,仅仅是开花?还是也结了果。"只有这样,才能在方法上发现教育的坦途,是为"教学做想合一"。② 离任福建省立师范学校校长、赴中山大学师范学院任职后,适逢陈嘉庚先生七十大寿以及与自己结缘的集美师范学校三十周年校庆,王秀南著文以颂,反思从事师范教育的经历,尤其是师范教育在"建国"中的作用,又特地突出"用"的价值。"有利于抗建的,谓之有用;反之,不利于抗建的,便谓之无用。所以教学做合一,还得以用为出发点,才能发挥教育的行动性、实践性,这便形成了教学做用的合一……一切以用为中心,教师便不致空教,学生便不致空学。换句话说,教书不但要在做上教,还要在用上教;学生不但要在做上学,还要在用上学。教师在用上教,才是实教;学生在用上学,才是实学。所以新师范学校在学习上,应该由教学做合一进而为教学做用合一。"③

此外,教学考核等环节也融入了抗战及爱国教育元素。有亲历者回忆当年参加省立永安中学初中部入学考试的情景:"考试科目有国文、算术、历史、地理和面试,其考题非常有趣,时至今日,仍记忆犹新。给我印象最深的题目有国文科:默写'国父遗嘱'全文;历史科:我们都是炎黄子孙,从黄

---

① 王秀南:《抗战建国声中的福建师范》,《教战导报》1939年第1卷第12期。
② 王秀南:《今日的师范学校》,载王秀南等编《今日的师范学校》,福建省立师范学校,1941,第1—7页。
③ 王秀南:《师范教育的新理想》,载《集美校友论著》,福建私立集美学校出版,1943年,第20页。

第三章 应对与坚守：全面抗战时期永安教育变迁的景象

帝到现在，经过哪些朝代，每个朝代的始祖是谁；地理科：我国地大物博，请你画幅中国地图，标明省名、省会、主要山脉、河流和铁路。看来题目很简单，但要作答完整，取得高分确实不容易，据说有些人还交了白卷。"① 这与诞生于全面抗战烽火中的省立永安中学"既实行当时的一套教育制度，又接受抗日民族统一战线的影响。而作为主流的则是弘扬于师生中的刻苦耐劳、热爱祖国、同仇敌忾、不畏强暴的民族精神"② 是相一致的。

（二）学校组织机构更张

组织机构是执行、推进校务的保障。"在这抗战时期，实施抗战教育，学校行政组织自不能'率由旧章'，漠视一切应变的设施。"③ 永安的各级各类学校，适时变革行政组织机构，应对全面抗战处境。

省立永安实验小学的行政组织变革与设计，基于这样的考虑：学校的行政机构，须与抗战建国相配合，使学校变成一个抗战工作团；学校的行政机构，应包括执行社会教育与民众训练的各方面；此后的教育，应在实际生活中实施生产训练，务使儿童能跟随广大群众，从事国防生产以充实国用；今后的教育，应注意培植儿童自我教育能力，在敌人压迫之下，犹能执行自我教育。④ 为此，变更常设方式为下列构架：

---

① 罗存诚：《忆省立永安中学二、三事》，载中国人民政治协商会议永安市文史资料委员会编《永安文史资料》（第十二辑），1993，第35页。

② 虞绍年、尚青、张续渠：《永安一中的五十年》，载中国人民政治协商会议福建省永安市委员会文史资料研究委员会编《永安文史资料》（第十二辑），1993，第6页。

③ 梁士杰：《五个月来的省立永安实验小学》，《闽政月刊》（教育辑）1939年第2卷第1、2期。

④ 梁士杰：《五个月来的省立永安实验小学》，《闽政月刊》（教育辑）1939年第2卷第1、2期。

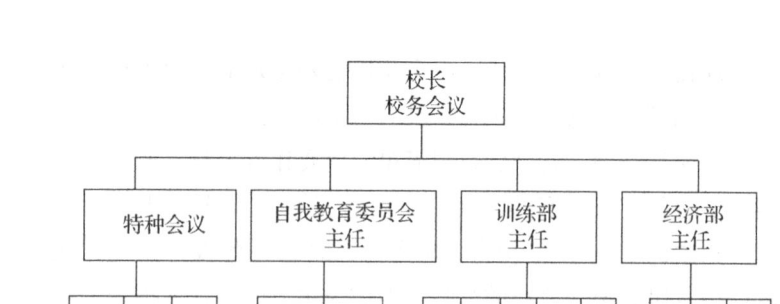

图 3-3 省立永安实验小学行政组织系统

资料来源：
梁士杰：《五个月来的省立永安实验小学》，《闽政月刊》（教育辑）1939 年第 2 卷第 1、2 期。

此番改制，虽未能得到福建省教育厅的认可（教育厅派员视导该校之后认为还是像往常分别设置总务、教导、研究三部那样较为适当，并下令该校纠正），但透出的正是"应对"的诉求。

例如设置"训练部"，既是为了更好地组织儿童的集体训练事宜，也是为了能够训练民众。该校深切意识到以往小学教育的弊端，一是对象上偏重于关注在校儿童；二是训练上"教""导"分离。"我们为着力纠此弊，特设'训练部'，将'教'和'导'打成一片，组织儿童，在抗战救亡的工作中进行训练……除注意儿童基本知能的获得外，并指导儿童学习抗战的理论和技能，实地参加有利抗战前途的工作。特别注意民族意识的培养和生产劳动身手的训练。此外我们也曾以最大的

第三章 应对与坚守：全面抗战时期永安教育变迁的景象

努力，注意民众训练和组织。"①

在福建省立师范学校，时任校长王秀南强调："今日的师范学校，在组织方面，应该是'职教生工合一'；在行政方面，应该是'军训教团合一'。"②

所谓"职教生工合一"，就是寻求职员、教员、学生、校工四者的一体化。做到："职员要多教功课，教员要分担校务，水乳相融，互相了解。""要学生参加校务的组织，行政学术化，教育生活化，教师指导学生，学生了解校政。""教师与学生，应该尽量劳动化，在劳力上劳心。""工友人数要减少至最低限度，而一切劳作，均由师生分担。这样一来，每一教师与学生，都是劳动神圣的教育工人。""职教生工合一"，在王秀南看来，乃师范学校的新精神、新面貌的体现。

所谓"军训教团合一"，就是军训、训导、教务和三民主义青年团，在行政上追求其密切地配合。涉及行政的合一、编制的合一、教导的合一、服务的合一，要求："专任教员，必须兼任级任导师或导师（每级设级任导师或导师各一，导师协助级任导师，指导学生的思想行为），同时为各中队的指导员，协助军训设施，督促学生运动，领导劳动服务，注意学生课业等。简言之，每一专任教员，尤其是级任导师，同时要普负军训教的责任。"学级编制、宿舍编制与军训编制合一。"学级编制以学期为分级的标准，每一学级适合军训编制的一区队。中队长同时也就是级长。""宿舍的分配，更按照军训编制的中队、区队、分队而编排。废除室长的名称，完全以军训编制统一其称号。"军训教各方，应统一教育目标，以"礼

---

① 梁士杰：《五个月来的省立永安实验小学》，《闽政月刊》（教育辑）1939年第2卷第1、2期。

② 王秀南：《今日的师范学校》，载王秀南等编《今日的师范学校》福建省立师范学校，1941，第1页。

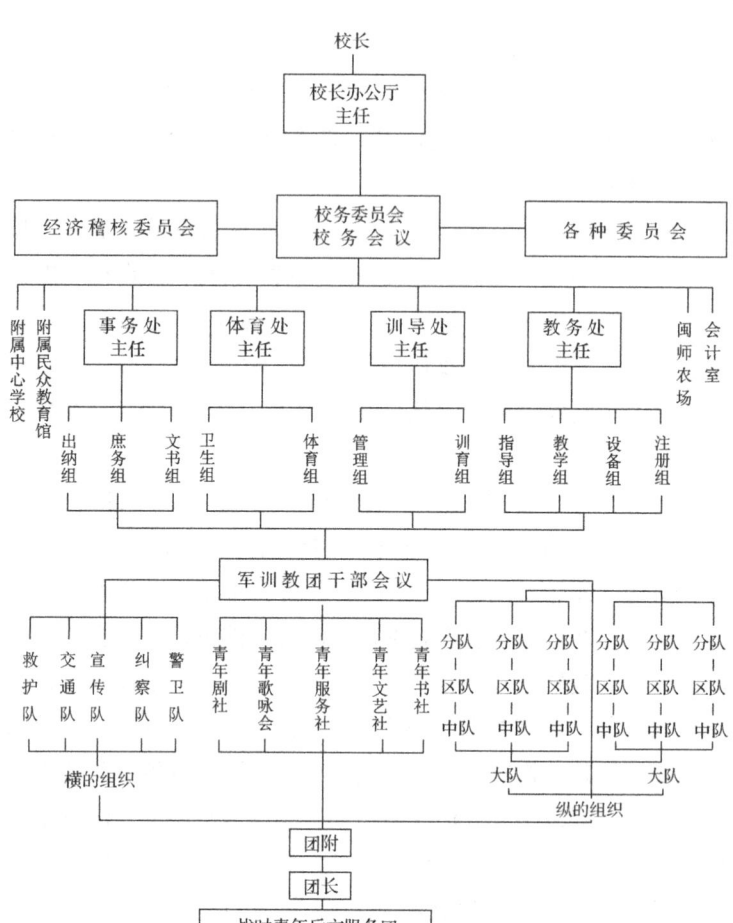

图 3-4 福建省立师范学校组织系统

资料来源：
王秀南等：《今日的师范学校》，福建省立师范学校，1941，第 2 页。

义廉耻"为精神的修炼目标和行动的标准；统一课程，围绕"管教养卫"，殊途同归，以求教育的一元化；在军事管理之下，"师生全体皆服装一致，以示军训教的合一"。同时，让

第三章 应对与坚守：全面抗战时期永安教育变迁的景象

"三民主义青年团"参与学校活动，配合军训、训导、教务、行政事宜，从而实现"军训教团"的真正合一。①

如果说，任福建省立师范学校校长期间，在组织与行政上更多地关注到师范学校内部机构的设置与互动，那么，离任后所撰《师范教育的新理想》中，王秀南还关注了师范学校外部关系的处理，倡导"政教社家合一"。他说："一种革新运动，必须'风以动之''教以化之''教以行之'。但风气比教育的力量大，教育比政治的力量强。所以要改造社会，必先联络社会，以教育为风气的保姆，以政治作教育的源泉。由此看来，政治、教育、社会的必须联系，至为明显；而家庭为社会的基础，四者之合一，也为事实所使然。"②

王秀南关于师范学校的组织、行政方面变革的设想，充分反映了战时环境下的应对。不但认定此为当时师范学校的坦途，更要求循此新趋势，向前推进，使教育与抗战配合，实现师范教育的改造。

（三）直接介入抗战活动

有研究者对当时永安各级各类学校学生直接介入抗战活动的情形记录道："这些大中专院校的青年学生，爱国热情十分高昂，非常关心国内外政治时事，争相传阅进步书刊。他们在地下党和进步老师的引导下，利用各种形式开展抗日和民主活动。各校的学生自治会都很活跃，创办小型刊物、壁报，组织读书会、报告会，成立剧团、歌咏团、劝导队，经常开展时事、文艺研究等活动。不少学生冲破特务和反动教官的严格控制，走上街头、田间，教唱抗日歌曲，举行话剧表演、通俗演

---

① 王秀南：《今日的师范学校》，载王秀南等编《今日的师范学校》，福建省立师范学校，1941，第1—4页。

② 王秀南：《师范教育的新理想》，载《集美校友论著》，福建私立集美学校，1943，第20、21页。

讲,开展各项知识指导,慰问征人家属,张贴标语等,宣传抗战形势,宣传八路军'百团大战'辉煌战果,鼓动民众捐募款物,支援前线。"① 福建省立永安中学初二年级(甲)班学生郑祖燊等有感于当时冯玉祥在重庆号召的"白沙献金"活动,进而在永安引发的捐献、募捐活动及其影响,反映了青年学生强烈的爱国情怀,生动再现了教育服务于全民抗战的景象。

1944年春,冯玉祥在重庆白沙发起"献金活动",发动民众捐献,以支援前方抗战。福建省立永安中学初二(甲)班郑祖燊等十几位同学看到永安当地媒体关于此事的报道后,当即响应,以表爱国之忱,并将这一举动报告给了时任该班导师张可珍。张老师本人亦受感动,随即摘下手上戒指交与他们,以示赞同、支持。班级其他同学闻知此事,也纷纷响应,献金义举迅速在全班展开。就连时任福建省政府主席刘建绪的儿子刘奇凯(初二甲班学生)也得到家人支持,踊跃捐金。旋即,又有初二(乙)班、(丙)班同学加入,献金义举声势壮大。时任省立永安中学校长徐叙贤听闻后,感奋不已,立即加以引导,并向全校师生动员。他说,初二年级的同学响应冯玉祥的号召,在抗日爱国方面走到前头了,对同学们的觉悟表示欣慰,动员同学们行动起来。于是,"全校学生,闻风继起。除争先献金外,高一及高二文理科学生并献出其各自所备被单,初一、初二乙组学生捐献其公费全部,初三学生愿献服苦役,进行热烈,两日间,全体员生所献钱物,已余十万元"②。

初二(甲)班同学亦有进一步举动。征得学校同意后,

---

① 邱文生主编《永安抗战进步文化活动》,海峡文艺出版社,1994,第10页。
② 《其他:永安中学初中二年级学生发动节约献金》,《闽政简报》1944年第17期。

第三章 应对与坚守：全面抗战时期永安教育变迁的景象

张可珍老师带领班级同学到永安城里开展服务募捐。"沙昌训、吴景山、郑洸、赵福寿、刘奇凯等个子较大的男同学为一组，到长途汽车站搬运行李，按规定收取搬运费；张霞笙、刘彩水、陈月英、欧阳端、冯健民等女同学为一组，往茅坪新村银行宿舍为他们洗地板；陈永权、葛知方、魏永宁、郑祖燊、刘永竑、林见中等年纪小的男同学分为两组，带了刷子、鞋膏到大理发店、中南旅运社为顾客、旅客擦皮鞋。"另外，"入夜，我们整队到永安戏园，与园主商量：借演出开始前二三十分钟时间，给观众作劝募宣传"。同学们演讲完毕，观众解囊相助。次日上午继续进行劝募活动，午后始返学校。随之，同学们将募得金额如数上交学校，再由学校直接汇往重庆冯玉祥处。①

由于永安当地媒体大力宣传，福建省立永安中学发动的献金活动迅速扩展到全县，成为当时一项广泛的群众运动。其他学校师生踊跃加入，彰显浓烈的爱国情怀与抗战激情。据报道，"国立福建音乐专科学校"，"于国父纪念周时举行节约献金，教职员、学生、工友一齐热烈举献，当场共得国币五万余元，若干人献出其金戒指、衣服、书籍、琴谱等物，其价值亦不下五万元，总共当在十万元以上。其中，工友张连发献五百元，马元浓献三百元，王友礼、范汉臣各捐工资一月，并以自栽蔬菜每日义卖捐献；教职员均捐薪一月，校长另献两千元，教职员及同学捐千元以上者亦多。陆华柏先生献其所制'白沙献金'一曲之全部版税，全体同学并决定再以节约膳食献

---

① 张可珍：《记永安中学献金运动经过》，载中国人民政治协商会议永安市委员会文史资料委员会编《永安文史资料》（第十四辑），1995，第20、21页；张可珍：《省立永安中学的"白沙献金"活动》，载邱文生主编《永安抗战进步文化活动》，海峡文艺出版社，1994，第364、365页。

金一万元"①。多年后,陆华柏仍能较为清晰忆及当年"国立福建音乐专科学校"的献金活动以及自己的所为。② 福建省立农学院,"学生一百八十余人,在该院集会聚餐庆祝学生自治会成立三周年纪念并欢送首届毕业同学时,亦发动献金,全体男女师生,立即热烈响应,于不到一小时,献金献物即逾二十万元。有以纪念戒指,或仅有之皮鞋、钢笔、旗袍、内衣、毛线衣、哔叽西装,当场卸下献出者;亦有自备研究用之德国扩大镜或藏供赏玩之古钱献出者;若干人并申明以尚在汇寄途中之家寄学费或旗袍费预先捐献。有一家在沦陷区之灯匠,献米三十斤;另一工友献金三百元,不及一小时,场中堆满钞票、衬衣、白布、金戒指、皮鞋、布鞋、羊毛袜、布袜、羊毛背心、哔叽西装、旗袍、内衣、眼镜、德制扩大镜、派克钢笔、照相机、书籍、文具、古钱等,全部价值二十万以上。末并一致通过节献食米两千斤,其捐献之热烈与踊跃,又在各校之上,平均每人献出财物一千元"③。福建省立永安实验小学不甘落后,"教师四十二人,于晚会时在该校大礼堂宣布捐献五月份薪金一月,该校总校暨三分校干部学生当即召开联席会议,决定举行'晚会献金',三日将每人平日储蓄之压岁钱、糖果钱等捐献国家,计全体师生共献七万一千一百六十元七角"④。

事实上,当时学校学生直接介入抗战活动可谓积极踊跃,甚至成燎原之势。"学校中以唱抗战歌曲最为普及,《打回老家去》《夜夜梦江南》《故乡》《长城谣》《黄水谣》《松花江上》《义勇军进行曲》《大刀进行曲》等歌曲最为流行。""学

---

① 《国立福建音乐专科员生献金十万元》,《闽政简报》1944年第17期。
② 陆华柏:《国立福建音专的献金活动》,载福建省艺术研究所编《国立福建音专校史资料集》,1988,第36页。
③ 《省立农学院献金二十万元》,《闽政简报》1944年第17期。
④ 《省立永安实验小学举行献金晚会》,《闽政简报》1944年第17期。

第三章 应对与坚守：全面抗战时期永安教育变迁的景象

校还设有时事课，每天由值勤教师讲半小时的抗日新闻。设有定期墙报，摘抄抗日新闻。街头闹处有大幅宣传标语，如'有钱出钱，有力出力''万众一心，共同抗日''国家兴亡，匹夫有责'等。"①

福建省立高级农业职业学校青年团曾发动全校学生向学校承包一部分整理农作土地的工作，将所得一百元，作为慰劳伤兵之费。② 福建省立师范学校有学生在"大湖会战"中为国捐躯；1944年"国立福建音乐专科学校"、福建省立农学院、福建省立永安师范学校、福建省立永安体育师范学校响应号召，动员学生从军等举止，均是直接介入抗战活动的表现。

"《中央日报》"甚至报道过一则福建省立（永安）师范学校附属小学学生请缨杀敌，入模范队受训的事迹：该生名叫邓皓合，年仅十四岁，时为福建省立（永安）师范学校附属小学学生，"平日在校热心爱国，参加各种捐献宣传，争先勇为惟恐落后。最近该生以将毕业于高小班，自认已可担任较大爱国工作，遂于日前前往乡公所要求从军报国，乡公所虽以其年事尚轻未予准允，但嘉其志向，已呈准县府送入模范队受训。该生乃于今日离校入队，全校师生特举行欢送游行会，一时欢声、炮声震彻全村，男女老幼赞不绝口，令人感奋。尤以该校小校友全体当众举手宣誓，志愿跟随邓小友齐赴前线工作，令人感动"③。

---

① 刘维模：《抗战时期的吉山》，载中国人民政治协商会议福建省永安市文史资料研究委员会编《永安文史资料》（第七辑），1988，第158页。

② 《省立高农学生以劳力所得慰劳忠勇伤兵》，《福建教育通讯》1940年第6卷第14期。

③ 《永安一小学生请缨杀敌，入模范队受训》，"《中央日报》"1943年6月26日第2版。

三、坚守：全面抗战时期永安教育变迁的"平常心"

战争，毕竟是社会的非常态，更何况教育活动有自身逻辑。除了应对、应急，人才培养质量的把关，教育教学秩序的维护，凸显的正是教育的"坚守"诉求，也反映了永安教育变迁的"平常心"。

（一）校长的励精图治、辛勤耕耘

要想火车跑得快，全靠好的车头带。有研究者梳理了全面抗战时期执掌福建省临时省会永安的学校的七位校长殚精竭虑的经历，以示崇敬与怀念之情。① 的确，各位校长受命之后，组织筹备、设置机构、聘任职员、招募教员，忙得不亦乐乎！全然忘记置身战时环境。

受命出任福建省立农学院院长的严家显，抓紧做办学的各项准备工作，聘请陈明璋教授兼任总务主任，何学尼教授兼任训导主任，自己兼任教务主任，配备了各部门行政人员，总算搭建起学校管理机构的基本框架。他曾说自己"谬以先觉自期，窃抱乐育之志，敢辞劳怨，但矢精诚"之志，"着手为艰，用心良苦"。一方面想方设法延聘知名专家学者来校任教，在他的礼聘下，招揽到了包望敏、程世抚、周明牂、张彬忱、骆君骐、林传光、陈振铎、李先才、李凤荪、周昌芸、卢润孚、裘维藩、金德祥等人；另一方面"竭尽全力抓设备"，保障教学活动的有序展开。在他的努力下，"农学院设备较为齐全"，拥有生物、理化实验室，农场、畜牧场、园艺场等，保障了教育教学的基本设施与环境，逐渐形成勤俭向学的校

---

① 洪顺发：《抗战时期省会永安的七位著名校长》，《炎黄纵横》2010 年第 12 期。

第三章 应对与坚守：全面抗战时期永安教育变迁的景象

风、学风。据载，当年有位英国学者造访永安，对在黄历的福建省立农学院称赞不已："福建农学院作为一个高等学校，在战时能办成这样的规模和拥有这样的环境，是值得赞许的。"1943年该校派出尚在大学三年级的三名同学参加"国民政府教育部"在重庆举行的农业院校毕业班学生的几个学科会试，结果名列前茅，从中可见英国学者所言并非单纯溢美之词。严家显办理福建省立农学院过程中凝练的"黄历精神"（一是勤学苦练的基本功；二是艰苦创业的干劲；三是团结进取的精神），至今仍广为流传。①

蔡继琨任福建省立音乐专科学校校长伊始，同样延聘名师，采购设备，积极为创校奠基。不但引来缪天瑞、李树化、谢投八等人士加盟，更是亲赴上海请来四位欧洲籍外教，一度为人津津乐道。精于音乐理论的马古士（奥地利人）、精通小提琴的尼哥罗夫（保加利亚人）、专攻大提琴的及专攻钢琴的曼者克及其夫人——克拉拉·曼者克（德国籍犹太人），以他们精湛的教艺与深厚的情怀深受学生爱戴，也印证了蔡继琨的不凡眼力。1987年，应邀出席福建省艺术研究所组织的"国立福建音乐专科学校校史讨论会"时，蔡继琨回顾当初办学的辛酸与欣慰，看似轻描淡写，实则饱含深情："我奉命以训练班作为基础筹备学校的时候，遭到的诸如师资、设备等困难非常多，好在陈仪主席非常重视音乐，有求必应，给我很大的鼓励，学校办起来了……但教员哪里来，设备哪里来，这最要紧了，你要办一个学校没有师资，没有设备，那都是空的，所以我就到已沦陷的上海去。一个乐器店的老板，为我联系了三十位以上的外籍音乐家，我挑选了教理论作曲的奥人马古士、教

---

① 邓家棠：《严家显与黄历的省农学院》，载中国人民政治协商会议福建省永安市文史资料研究委员会编《永安文史资料》（第八辑），1989，第2页。

小提琴的保加利亚人尼哥罗夫、教大提琴的德国犹太人曼者克和教钢琴的曼者克夫人。也买了书谱器材,不幸的是在三江口被土匪截劫,大伙儿乘神华轮回闽,还好没有什么损失。"又从上海请来曾任"国立杭州艺术专科学校"音乐系主任、留法的李树化担任教务主任,由于不尽如人意,转赴重庆请来任职于"国民政府教育部音乐教育委员会"的缪天瑞接任教务主任,还请留法画家谢投八出任校长秘书,① 才搭起了学校行政的基本构架。

福建省立音乐专科学校改制为"国立"后,蔡继琨辞去校长职位,卢前接任,赴职途中的"遇匪"经历,成为友人谈资。"怎样做一个校长""怎样办理音乐教育"构成卢前思索的焦点。1942年11月11日下午的首次全校师生欢迎会上,卢前以中国古代教育礼乐并重,以礼节乐,以乐成礼为据,以及以五线谱为喻,要求师生在守规矩中求活泼,在求活泼中守规矩;将研究艺术与为人处事结合起来,练就"艺术修养",添加学校的"艺术"气度。《上吉山典乐记》记载了卢前任职"国立福建音乐专科学校"校长期间从容、匆忙的工作、生活点滴。招待新闻界;整理校务,招聘教师;考虑学科布局(不仅注意器乐,更要注意作曲、作词、声乐等);成立"乐章组",亲自担任教授,以求音乐与文学的融合;创作歌词,供师生演奏,别名"冀野乐章演奏会";提倡国乐,与西洋乐交相辉映;组织寒假旅行演奏团奔赴闽南、沙县、南平、福州等地巡演等举动,令人见识了校长的应有担当。像其中的"冀野乐章演奏会"、旅行南平的演奏,均产生轰动效应,不仅展现出高超的演奏技巧、水平,更是饱含精神力量。据记者

---

① 蔡继琨:《福建音专的办学经过》,载福建省艺术研究所编《国立福建音专校史资料集》,1988,第12、13页。

第三章 应对与坚守：全面抗战时期永安教育变迁的景象

报道："冀野乐章演奏会"，"优美的音乐使成千听众忘记了中山堂外面的世界，在最后一个节目完毕时，大家始如美梦初醒，又回到'山不语，水向东流去'的永安城（《永安之夜》歌词）"。南平的演奏会，"包含混声合唱，钢琴联奏、重奏，以及小提琴、银箫之类其他器乐表演。而每一个节目都充分地为我们显示上述的新姿态（即'中国的新音乐不应该全部接受丝竹的遗产，也不应该全部抄袭西洋乐律的情调，它必须具有独特的、蕴含新中国民族精神的风格'——引者注）"。一方面，达到了最初的锻炼意图。"作为这次旅行演奏的第一个主要目的，便是要求'琢磨'。""音乐工作者像其他艺术工作者一样，他们所寻求的'琢磨'不限于技术这一个狭窄的圈子，而是对人生各种方式的体验。音专同学们这一次从学校的大门走出来，在沙县演奏，又经过南平到福州演奏，再从福州又回到南平准备演奏，这一段漫长的流动生活中，他们于高山流水间尝尽了在学校从来不曾想到的酸甜苦辣。"另一方面，也达成了宣传目的。"李加禄君的钢琴独奏《波兰舞曲》，曲子内容是摘要波兰亡国以后人民悲愤哀怨的情绪，时而激昂慷慨，时而低徊幽远。一曲听罢，听众是无不联想起无数尚在铁蹄下过着牛马生活的陷区同胞。心里便戚戚焉未能释然于怀了。""和《波兰舞曲》恰恰处于相反的情调的是该校校长卢冀野作词、教授刘天浪配曲，而由全体演奏团员混声合唱的《接新年》，这是一支采取了江西民谣情调的曲子，以愉快、活泼见长。该团特地把这一支歌放在最后一个节目，尤使人归途上增加了'准备唱凯旋'的信心。而在所有的节目里，这也无疑是最通俗最容易被一般听众所接受，并且是最足以代表这一种中国新音乐的风格的。"1943年3月4日"《中央日报》"所载《吉山丝竹一番新》中特别突出强调卢前任"国立福建音乐专科学校"校长后在招聘教师以及提倡国乐与西洋乐整合方面的作为："卢校长到任后第一件事，就是四面八方请教授，因为这关系到整个学校命运……现由上海冒险来此者，有章彦、黄飞立、程静子诸先生。其他各地而来者有萧而化、林超夏、顾西林、顾宗鹏、李嘉禄、陈鹏诸先生，此次新聘教授，都为国内名家，总计现有教授、讲师，在理论作曲方面的有缪天瑞、萧而化、刘天浪、林超夏，钢琴方面的有曼者克夫人、王政声、李嘉禄，小提琴方面的有尼哥罗夫、章彦、徐志德，声乐方面的有方成甫、程静子，国乐方面的有顾西林、顾宗鹏，指挥合唱视唱的有黄飞立、汪精辉。据卢校长告诉记者，今后在国乐方面，还得尽量扩充设备，多聘教授。""今日中国音乐需要确立一种体系，它不是全盘西洋音乐的搬移，也不是简单地沿袭中国古有音乐就能了事，而是科学地整理中国固有音乐的精华，撷取西洋音乐、中国民族的风俗习惯，合乎之进步处、优长处，它要适合中国民族发展的需要，而这个艰巨的担子，正落在现在一代的音乐工作者的肩上，卢校长正是以此来办音教工作的。""学生总是好的"，"办教育要有热情"则是离任前夕卢前自己的所得与总结。[①] 亲历者事后赞叹："卢前校长在福建音专任职期间，十分重视艺德的培养，强调学艺术首先要学会做人，这对福建音专的校风有重要的影响。"[②]

福建省立永安中学首任校长林天兰，为树立良好校风，开学不久，即作《永安中学校歌》，对学生寄予殷切期望。另有亲历者确认林天兰校长办学有三大特色："其一是身教重于言

[①] 卢前：《上吉山典乐记》，载福建省艺术研究所编《国立福建音专校史资料集》，1988，第182—223页。

[②] 《国立福建音专办学过程》，载中共永安市委宣传部编《弦歌相承：国立福建音专纪念文集》，海峡出版发行集团、海峡文艺出版社，2015，第7页。

第三章 应对与坚守：全面抗战时期永安教育变迁的景象

教，事事以身作则；其二是重视学生的德智体全面发展；其三是关心培养山区农村贫苦农民子弟。"① 继任校长廖祖刚，"教育学生，语重心长，方法独特，效果奇好"。重视学生的基本功训练，关爱学生成长，宣扬真善美是其教育观和人生追求的着力点；接任校长徐叙贤，以校为家，以身示范，刚正无私，谆谆教诲。正如他在《1945届毕业班纪念册》序言中所说："学问之道，贵在细密有恒。有时需要看得远，能远，才能伸展得开，才能作尽瘁国事的准备；有时也需从近处着眼，能近，才能适应得妥善，才能努力于现实环境的改造。再要点滴不放松，时刻不懈怠；进一寸就应有一尺的打算，得一分就应有十分的考量；其间绝没有什么捷径也没有什么心理上的自恃。有劳必有获，不息则可久，幸致的事最多是可遇而不可谋的。"②

或许正是有了这样的领头羊，加上身先示范，才赢得了喝彩，成就了不凡。在当时人事变动频繁之际，管理者的学识、信念与坚守，成为维系常态教育教学秩序的重要支撑。如福建省立音乐专科学校改制为"国立"后，尽管校长四度更换，但主持教务工作的缪天瑞，以其坚毅、执着以及精熟的业务与专业能力，维系着学校教育教学工作的正常运转，深得师生、员工赞许。"缪天瑞老师全心全意地扑在教务工作上，全校师生都爱戴他、敬重他。'国立福建音专'在永安时期的建树，校风端正、学风勤奋、团结友爱，都和他的言教和身教分不开。"③ 1943年入职"国立福建音乐专科学校"的陆华柏评论

---

① 罗立兆：《忆林天兰校长》，载中国人民政治协商会议永安市委员会文史资料委员会编《永安文史资料》（第十二辑），1993，第38页。

② 徐叙贤：《1945届毕业班纪念册》，载中国人民政治协商会议永安市委员会文史资料委员会编《永安文史资料》（第十二辑），1993，第16页。

③ 福建省立音乐专科学校校友会编《国立福建音乐专科学校校史》，1999，第90页。

缪天瑞:"他不但是个温文尔雅的学者,而且办事有条理,精细周到,有管理学校、领导教学工作的才能。同时为人平和,善于团结人一道工作。音专当时处在各种条件十分困难的情况之下,仍然办得兴旺发达,这是与缪先生的惨淡经营分不开的。"① 当年就读于"国立福建音乐专科学校"的学习者感同身受。罗惠南说,"国立福建音乐专科学校"于永安期间,校长、人事频繁变更时之所以正常的教育教学秩序得以保证,"主要是有一个扎实而强有力的、熟识和精通业务的教务处领导,这个教务处领导就是缪天瑞教授。他不但具有正确的办学思想、方法,而且有丰富的办学经验和音乐号召力,例如他在一九四二年,在蔡继琨校长积极支持下,一次曾向全国发出三十多封聘请书,聘请知名专家教授来校任教。这个时期办学的最大标志是学生和教师越来越多,教学稳定"②。邂逅李嘉禄,便是缪天瑞识人善用的真实反映。"有一天,一个素不相识的青年来找我,说自己能教钢琴。他抱了一捆乐谱,还有演出节目单给我看,都是西方古典、浪漫乐派名家的经典作品,他就是李嘉禄先生。我看他天真而有朝气,手掌大,手指长,正是天生的钢琴人才,就大胆地介绍给卢前校长,卢前校长一听就答应留下他了。70 年代有一次李嘉禄先生与我闲谈中,说到他当年进福建音专着实只花了几个小时,若在今日非得两三日不可。"③ 李嘉禄的苦练精神、音乐才气、实际作为深得当时"国立福建音乐专科学校"师生的一致称道,证

---

① 陆华柏:《抗战后期的"福建音专"》,《音乐艺术》1990 年第 2 期。
② 罗惠南:《旧事——国立福建音专的回忆》,载福建省艺术研究所编《国立福建音专校史资料集》,1988,第 93 页。
③ 缪裴芙:《父亲在福建音专(节选)》,载中共永安市委宣传部编《弦歌相承:国立福建音专纪念文集》,海峡出版发行集团、海峡文艺出版社,2015,第 174 页。

第三章 应对与坚守：全面抗战时期永安教育变迁的景象

实了缪天瑞的慧眼。

(二) 教育教学常规事项维系

全面抗战时期，永安各级各类学校应对战时亟须的同时，遵循人才培养规则，基础知识、基本技能传习，教学改革实验，学术研究开展等教育教学常规活动，有条不紊地推进。

福建省立师范专科学校的教学工作，俨然是一番常规操作景象。如教育科，"实行'计划教学'，要求各门课程都必须做到：1. 编制课程纲要，并经科内讨论审定，以避免各科教材内容出现重复或遗漏现象；2. 严格按进度要求进行教学；3. 改进教学方法，除采用讲演法教学外，还要采取讨论、实验、实习、练习、调查、参观等方式进行教学，以提高教学效率；4. 指定课外参考书，布置课外作业"①。该校其他科的操作要求与此类同。

福建省立师范学校的教学方式改革，为人乐道。该校校长王秀南等人撰著的《今日的师范学校》揭示：学校注重学生自学、讨论和实践，强调"以学为主，以教为辅"，"在做上教，在做上学"，"不断地想"，以达成教、学、做、想合一。规定每节课50分钟，必须留出10分钟作为学生自学和讨论的时间；教学方法要"随学科而差异，因教材而更动"。理化、博物等科要采用实验式教学法；史、地、教育、公民等科采用讨论式教学法；音乐、舞蹈采用表演式教学法；算学、理化采用练习式教学法；国文、英语采用记诵式教学法；自然科学或社会科学某些问题采用研究式教学法，组织学生从事实地调查和观察，收集参考资料，然后撰写研究报告；体育、工艺等科

---

① 邹有华、徐君藩：《福建省立师范专科学校的筹办和初期概况》，载中国人民政治协商会议福建省委员会文史资料编辑委员会编《福建文史资料》（第二十三辑），1990，第55页。

采用操作式教学法；集体活动采用设计式教学法。

"省立（国立）福建音乐专科学校"的教学，同样赢得了学习者的赞誉。"福建音专虽在抗战的熊熊烈火中克难成立，但所开设的音乐专科课程，内容丰富，完全具备了音乐专业学生应有的学养。"① 而学校举行的"教师示范音乐会""学生练习音乐会"，不仅展示师生专业训练的扎实与专业技能的娴熟，更是常态时期人才培养的必需环节。据不完全统计，在永安期间，"省立（国立）福建音乐专科学校"举行的教师示范音乐会便有：

1. 1940年9月，马古士、尼哥罗夫教授音乐会。马古士演奏了自己创作的钢琴曲《新中国在成长》，尼哥罗夫演奏了自己创作的小提琴曲《永安之夜》等。

2. 1943年3月，李嘉禄老师钢琴独奏音乐会。演出贝多芬《热情奏鸣曲》、肖邦《g小调叙事曲》和《革命练习曲》、巴赫《前奏曲与赋格》、李斯特《爱之梦》等。

3. 1943年3月，程静子教授独唱音乐会。演唱歌剧选段、艺术歌曲等近20首。

4. 1943年4月，尼哥罗夫教授小提琴独奏音乐会。演出贝多芬《D大调小提琴协奏曲》第一乐章、《流浪者之歌》、《维也纳狂想曲》、《中国花鼓》等。

5. 1943年4月，尼哥罗夫、曼者克、曼者克夫人、章彦、黄飞立五位教授室内乐演奏会。节目有门德尔松《弦乐四重奏》、德沃夏克《钢琴五重奏》、贝多芬《钢琴三重奏》等。

6. 1943年4月，黄飞立小提琴、中提琴独奏音乐会。

---

① 徐丽纱：《音乐报国在八闽——蔡继琨》，载中共永安市委宣传部编《弦歌相承：国立福建音专纪念文集》，海峡出版发行集团、海峡文艺出版社，2015，第168页。

第三章 应对与坚守:全面抗战时期永安教育变迁的景象

7.1943年5月,曼者克教授大提琴独奏音乐会。节目有拉罗《大提琴协奏曲》、赫拉姆斯《大提琴协奏曲》、巴赫《G大调大提琴奏鸣曲》等。

8.1943年6月,李嘉禄、尼哥罗夫、黄飞立、章彦、程静子教授在永安中山纪念堂举办音乐会。曲目有贝多芬《月光奏鸣曲》、肖邦《波兰舞曲》、黄自《思乡》、《幻想舞蹈曲》、李斯特《第二号匈牙利狂想曲》等。

9.1943年12月,李嘉禄、尼哥罗夫、黄飞立教授在永安中山纪念堂举办音乐会。

10.1944年1月7日、8日,在永安中山纪念堂为筹募购置乐器经费举办音乐演奏会。

11.1944年3月,抒情男高音李瑛老师独唱音乐会。

12.1944年3月,王沛纶老师二胡独奏音乐会。演奏刘天华作品《空山鸟语》等。

13.1944年4月,顾宗鹏老师二胡独奏音乐会。演奏储师竹老师的二胡名曲。

14.1945年5月,薛奇逢老师独唱音乐会。

15.1945年7月,李嘉禄老师钢琴独奏音乐会。曲目有肖邦《波兰舞曲》、李斯特《匈牙利狂想曲》等。①

学生练习音乐会有:②

1940年5月,各专业音乐表演比赛。

1940年10月,马古士教授学生钢琴练习演奏会。

---

① 《国立福建音专音乐会及抗战宣传活动》,载中共永安市委宣传部编《弦歌相承:国立福建音专纪念文集》,海峡出版发行集团、海峡文艺出版社,2015,第35、36页。

② 《国立福建音专音乐会及抗战宣传活动》,载中共永安市委宣传部编《弦歌相承:国立福建音专纪念文集》,海峡出版发行集团、海峡文艺出版社,2015,第36页。

1941年1月，曼者克夫人学生钢琴练习演奏会。

1943年12月，"三师"一年级学生练习音乐会。

1944年3月，李嘉禄教授学生钢琴练习音乐会。

该校关注专业教学前沿的举动，更是给学习者留下了难以磨灭的印象。"福建音专有个特点是它有系统的、先进的教学方法和教材……在当时来说，我觉得学校的学习风气比较好，可以说是民主而又集中，当时在学校的领导下，各个教授可以发挥他所属的学派专长。如理论作曲方面，马古士教授讲述的是欧洲传统古典浪漫派的综合理论；萧而化教授主要遵循依·普劳特（E. Prout）的理论系统，教学上比较放手让学生去领悟发展；缪天瑞教授则依从美国该丘斯（P. Goetsohias）的理论系统，教学法上特别注意科学方法，尤其注重学生要理论结合实际，加强创作实践；唐学咏教授则更多讲述法国方面的理论作曲成就，并结合东方的音乐风格的创作，偏重复调音乐与自由作曲。在钢琴教学方面，最有代表性的教授是曼者克夫人，她主张高指派（High finger），注重手指的灵活性，音乐表现的细致、抒情；福路（Albert Faurou）教授和李嘉禄教授则注意手指与腕力的有机结合，常运用手腕滚动的方法，表现上特别注意力度、气魄、热情，两派各有所长，均培养了优秀的人才。在弦乐教学上，主要代表性的教授是小提琴家尼哥罗夫教授和大提琴家曼者克教授，他们在演奏和教学上都有极高的成就，此外还有章彦教授、黄飞立和徐志德副教授均是优秀的老师，尼哥罗夫在教学上综合了世界小提琴教学两个学派的优点，这就是捷克小提琴家舍夫契克（Svicik）的重左手和俄国小提琴家里阿波·奥尔（Le. Aure）的侧重用弓。我的主科老师是尼哥罗夫，尼哥罗夫的老师舍夫契克，他属于世界上最有名的两个学派之一，是重指派。他弹琴时手动得特别快，技巧特别高，在世界上是有名的，但是舍夫契克的学生后来能成为世界一流

第三章 应对与坚守：全面抗战时期永安教育变迁的景象

小提琴家的，都是跑到奥尔那里去学习的。奥尔是重腕派。尼哥罗夫的很多教学方法，比如各种手腕、手指的练习，就是采纳了两个学派的优点。他认为提琴的生命在右手，怎么滑音，对我们的启发很大，也把重指法的优点又保留下来。"① 对此，当时任教于该校的陆华柏教授40年后仍记忆犹新："容许教学内容体系的多样化和互相尊重、互相切磋，这一条也是福建音专的好学风。以作曲理论课的教学为例，萧而化先生、缪天瑞先生和我就显然是根据三'家'不同的理论体系在进行的。萧而化先生在教学中全力介绍普劳特（E. Prout）的理论体系。普劳特写了一整套音乐理论书，从和声学、严格对位与自由对位、复对位与卡农、赋格学、曲式学，一直到管弦乐法（乐器法、配器法）。缪天瑞先生在教学中则全力介绍该丘斯（P. Goetsohius）理论体系，该氏也写了一套音乐理论丛书，从《音乐的构成》到《作曲的材料》《音关系的理论与实用》（二书均为和声学）、《曲式学》、《大型曲式学》、《对位法》和《应用对位法》（包含创意曲、赋格与卡农）。我担任的是音乐师范专业的音乐理论课，我觉得柏顿绍（T. H. Bevtenshaw）的《音乐教程》（第一部，乐理初步；第二部，和声与对位；第三部，节奏分析与曲式）内容简明扼要，颇适合于音乐师范专修科的程度和需要，便试着根据这一理论体系进行。像这样各人介绍一家理论体系的做法，当时在国统区其他音乐院校也是少见的。"② 此番兼容景象，对于学习者来说，不亚于烽火中的盛宴。

福建省立农学院的调查、研究事宜按照规划如火如荼展开。据该院各系、各研究组的报告，可以直观地看到他们的耕

---

① 杨桦：《结合实际 联系社会》，载福建省艺术研究所编《国立福建音专校史资料集》，1988，第120—121页。

② 陆华柏：《抗战后期的"福建音专"》，《音乐艺术》1990年第2期。

耘及成绩。如农业经济系的"筹设经营试验农场""编制各种农业统计图表",前项举措的实施,"计划由本院试验场内,拨出土地二百亩(内水田一百亩,旱作三十亩,菜园二十亩,果园牧场四十亩,基地十亩)设一经营试验区,应用科学技术,实施严密管理,以达到自给自足,并进而扩大业务,俾岁有盈余,成一合乎经济原则之农场,以为农家经营农场之楷模"。后项举措的实施,除自身调查所得各种统计资料外,向各有关方面尽量搜罗,"关于本省各种农林产品之产量与分布,各种特产之改进与研究进度,农村社会经济及教育等情形,均重新加以缜密之统计,编成各种图表三十余种,以供研究及教学上之参考"①。园艺系在保证教学之余,在"校园布景""购运种苗""柑橘贮藏""蕈产栽培"等方面着力,并取得相应成效。② 病害组对"小麦品种抗病育种"的研究,不仅澄清了一些认识上的误区,而且为福建境内的小麦育种指明了方向。鉴于福建小麦栽培面积每年均有增加,但品种不多,单位产量非常低,病害猖獗等问题,福建省立农学院病害组在王清和教授带领下,从1940年秋季开始计划进行为期四年的研究,以育成抗病品种,提高产量。第一年的试验研究显示:"小麦在福建可以种植,毫无疑义,而现有之品种是否合于经济,殊成问题,故本地原有之品种须经精密试验以定取舍外,更应积极引进国内外著名优良品种,在本省分区试验之。""福建气候温湿,适于植物病菌之蔓延,故小麦育种,尤应注意抗病品种。""福建小麦病害问题,据初步之观察,以黄锈病为最重要,赤徽病及散黑锈病次之,程黑锈病又次之,至于各种主要病害之病菌生理型及其分布情形,亦应同时试验,以作抗病育种之

---

① 《农业经济系工作概况》,《福建省立农学院院刊》1941年第5期。
② 《园艺系近讯》,《福建省立农学院院刊》1941年第2期。

第三章 应对与坚守：全面抗战时期永安教育变迁的景象

参考：此需植物病理学者及作物育种学者共同解决。"①

处于战时场景，学校的科研结合战时经济，围绕发展农业生产尤其是粮食增产而展开，合乎情理，其"平常心"亦清晰可见。《福建省立农学院院刊》梳理的刊载于《新农季刊》上的该校教师的部分科研成果，可以为证。

表3-1 福建省立农学院教师研究成果

序号	作者	篇名
1	裘维蕃	《福建经济植物病害志》
2	金德祥	《长汀脊椎动物的寄生蠕虫》
3	裘维蕃、徐天锡	《柑橘运输及贮藏试验初步报告》
4	包敦桢	《广西省水稻早中晚糙各期同期播种试验》
5	包敦桢	《早稻品种比较试验结果简报》
6	叶正棪	《民国二九年度至三十年度因条锈病所蒙之浩劫》
7	包望敏 等	《永安黄历村社会经济调查报告》
8	王清和	《普通小麦及圆锥小麦散黑粉病菌之交互接种试验》
9	周明牂、张慎勤	《水稻螟虫越冬调查及冬期治螟方法之商榷》
10	赵仁镕、余松烈	《小麦收获时期与产量品质及生活力之关系》
11	徐绍华、庄为琅	《柑橘芽接时期及接后保护方法与生活着率之关系》
12	王清和	《小麦品种锈病抗病性初步试验在福建》
13	滕咏延	《国产松属单维管束与双维管束两亚属典型种之研究》
14	金作栋、王清和	《漳州柑橘包装运输贮藏试验初报》
15	赵仁镕、余松烈	《大豆之开花习性》
16	周明牂、林郁	《猿叶虫生活史之研究》

---

① 《小麦品种抗病育种初步试验简报》，《福建省立农学院院刊》1941年第5期。

续表

序号	作者	篇名
17	周明牂	《鸡脚棉对于棉卷叶虫抵抗性之试验》
18	严家显	《蔗螟生活史及其危害损失之研究》
19	周明牂、张慎勤	《福建之虐蚊》
20	王清和	《小麦品种对于永安散黑粉病菌之抗病研究》
21	王清和	《小麦散黑粉病菌之传染利用注射法试验》
22	陈其僅	《潮柑黄龙病研究报告》
23	周明牂、张蕴华	《米象防治法之研究》
24	赵仁镕、余松烈	《小麦之开花习性》
25	徐绍华、庄为琅	《番茄开花习性之研究》
26	张慎勤	《农鱼消化系统及生殖系统之解剖》
27	陈振铎、张先大	《土壤酸度与水分含量对于番茄青枯病之抗病研究》
28	陆馥初	《山羊中闹羊花毒之研究及治疗》

资料来源：

《福建省立农学院研究专刊一览》，《福建省立农学院院刊》1944年第24期。

福建省立永安中学在维护教育教学常规，坚持人才培养上不遑多让。教导处坚持"以培养学生智力为主，通过科任教师传授知识。课堂上着重口头问答，师生对话，特别是数理化课，提倡同学向老师提疑难问题，老师则着重抓关键性问题反问，以此启发同学们的学习兴趣"；训导处抓好学生管理，"早晚自修由训导员监督点名，要求保持自修秩序"。[①] 各司其职，密切配合。

---

① 邓家焕：《抗日战争时期的永安中学》，载中国人民政治协商会议福建省永安市文史资料研究委员会编《永安文史资料》（第七辑），1988，第85、86页。

第三章 应对与坚守：全面抗战时期永安教育变迁的景象

（三）枪林弹雨中的弦歌不辍

全面抗战时期，永安各级各类学校师生克服种种困难，争分夺秒展开学与教的情形，成为一道绚烂的景观，显示着"坚守"的底蕴。

物质上的匮乏，生活上的艰窘，亲历者感同身受。福建省立师范学校学生直言："师范生中穷苦子弟占多数，生活是清苦的，虽享受公费，但吃不饱。一竹筒的饭，有时只四五汤匙便吃完。早餐通常是吃我们自种的黄豆，量少时，每人一餐只几粒，多时也不过两平匙。午餐多数是芥菜煮盐，黄黄的，几个月看不到肉，还时常断粮。"①"抗战时期物质条件差，生活艰苦，尤其是食宿在校的师范生正在长身体，饭量大，却经常不果腹，真是箪食瓢饮，甚至挨饿是寻常事。"② 这并非个别学生发牢骚，该校校长王秀南也认可且无奈："十六七岁的少年，每餐白饭一筒，黄豆几粒，如何能够饱足，只是不至于受饿而已！我们做老师的，际此抗建大时代，自是心有余而力不足。偶有同学相访，既知其腹子尚虚，炒炒冷饭，加个鸡蛋，已是上品！再有能力自行添菜的，即鼓励同事住家，开放鼎灶，免费供给些柴火，以便其炊用。战时所能尽心，如是而已！"③ 福建省立农学院的情形亦如是，"学生虽享受'全公费'待遇，但其供给标准极低，每月每生17公斤大米和少量菜金，仅能维持最低的生活需要。学生一日三餐经常是靠数十粒黄豆、几片青菜和一碗清汤下饭，营养不足，严重影响身体

---

① 叶拱枢：《忆"三杆教育"和"国民教育示范区"》，载政协福建省三明市委员会文史资料委员会、福建省三明师范学校编《闽师之源》，中国文史出版社，1993，第78页。

② 颜水浪：《忆大湖二三事》，载政协福建省三明市委员会文史资料委员会、福建省三明师范学校编《闽师之源》，中国文史出版社，1993，第86页。

③ 王秀南：《福建师范在战时》，载王秀南《王秀南教授九十回忆录》，新加坡东南亚教育研究中心，1995，第192、193页。

健康"①。在"省立(国立)福建音乐专科学校",亲历者回忆说:"我们大都是公费生,家无经济来源的吃得很苦。教育部规定每人每天一斤米的定量和少得可怜的菜金,经常吃的是没油水的老空心菜(大家叫它'无缝钢管')和盐焖黄豆,同学们普遍吃不饱、营养不良,健康状况欠佳。"② 甚至以同学画的漫画"进校门时,昂首挺胸非常神气;毕业出校门时,却一命呜呼躺在棺材被抬出去"调侃生活的艰辛。③ 显然,这是全面抗战时期永安各级各类学校师生面临的共同处境。

尽管如此,也没有阻挠师生高涨的教、学热忱:苦中有乐、苦中取乐。"国立福建音乐专科学校"的学生说:"学校里充满了活力,充满了勤奋好学和学术探讨的气氛,师生的精神状态良好。教师辛勤教学,同学刻苦钻研,彼此感情真挚,亲密无间。我们在礼堂一角上合唱课,热情地练唱着'河里水,黄又黄,东洋鬼子太猖狂……';'女郎,单身的女郎,你为什么留恋这黄昏的海边……';'渔阳鼓,起边关……'。练唱着古诺的《荣耀颂》,施特劳斯的《春天圆舞曲》……在寒冷季节的夜晚,常常三五人同聚在一张桌子上认真看书、做作业或抄写乐谱,桌子下边放着一个盛有热水的大脚盆,七八只脚同时伸进盆中洗脚取暖,别有一番风味和乐趣。"④ "吉山夜半琴声不断直至天明,学生'抢琴、练琴、合股买琴'分秒必争,从早到晚,山麓溪边,歌声琴声不断,弥漫着锲而不舍、学而不倦

---

① 福建农林大学编撰组编《福建农林大学70年(1936—2006)》,2006,第33页。

② 张翼:《历史的点滴回顾——忆就读于前国立福建音专》,载福建省艺术研究所编《国立福建音专校史资料集》,1988,第95、96页。

③ 何芸:《怀念我的母校——回忆国立福建音专(1942—1945)的学习、斗争生活》,载福建省艺术研究所编《国立福建音专校史资料集》,1988,第46页。

④ 张翼:《历史的点滴回顾——忆就读于前国立福建音专》,载福建省艺术研究所编《国立福建音专校史资料集》,1988,第96页。

第三章 应对与坚守：全面抗战时期永安教育变迁的景象

的求学氛围。"①"福建音专由于专业方面的特点，却是从早到晚充满着歌声和各种琴声；课后则忙于集体排练，即使在傍晚排练之后，晚上排练之前一段时间，也沉浸在激扬明快严肃音乐的气氛之中。""学习方面，使大家最感为难的是钢琴设备问题，当时学校仅有七架钢琴，其中一架还是专供上课及教师备课之用。由于钢琴是每个学生的必修科，因此就出现抢占钢琴练习的感人情景，当晚自修后到第二天凌晨，到琴室前排队，按到达先后轮流练习。由于钢琴少，补救的办法，一是先在风琴上练，等排到钢琴时再在钢琴上练；一是拿着琴谱在校园或田头山间默默背记乐谱，也能收到一定效果；此外，也有个别学生利用星期日到校外有钢琴的亲友家练习一两个小时；由于当时的条件，学校又在乡下，这种机会是少而又少。所以凡是轮到自己的琴点，人人都能认真练习，绝无钢琴闲置的现象。"② 外来参观者也清晰感知到了"国立福建音乐专科学校"的此情此景："在音专的周围，时常可以听到婉转抑扬的歌声和琴声。据说琴歌之声从早晨到晚上一刻没有停止的，音专简直是整日都在歌声琴声氛围之中。""特别是钢琴数量不多，差不多要二十人才有一架，每人每日所占时间极有限。为使每个学生都有练习机会，所以从起床到傍晚睡觉都是弹琴时间，时间表是一个接着一个。"③ 同学们珍惜来之不易的学习机会，积极投入各种活动中，练就艺能、增长本领。如叶翼如、黎绍吉、杨碧海等热心于出版事业的同学办的"歌乐出版社""乐

---

① 《国立福建音专办学过程》，载中共永安市委宣传部编《弦歌相承：国立福建音专纪念文集》，海峡出版发行集团、海峡文艺出版社，2015，第5页。

② 福建省立音乐专科学校校友会编《国立福建音乐专科学校校史》，1999，第28、30页。

③ 《国立福建音专在艰苦中成长》，"《中央日报》"1942年11月10日第6版。

艺出版社",编辑出版了许多有价值的音乐书刊,除了供本校师生使用,还供给社会上的音乐界同行使用,对促进当时福建的音乐教育事业做出了贡献。其中,"歌乐出版社"以介绍和选编国内外名家的优秀作品和学校师生创作的部分作品为主;"乐艺出版社"除了编印多种外国钢琴名曲,还选编了一部分民族器乐曲(时称"国乐")。尤其是在当时印刷技术与设备、纸张质量、交通运输均艰难的处境下,出版的《巴赫钢琴小序曲》、《巴赫钢琴创意曲》、贝多芬的《月光奏鸣曲》、门德尔松的《无词歌》,以及国外其他名家的《奏鸣曲选》和《小奏鸣曲选》;萧而化编著的《转调法例释》等"都是负责出版社的几位同学,利用寒暑假和课余的点滴时间,在昏暗的灯光下,一个音符又一个音符地用手工来精雕细刻而集印成册的"①。不仅满足了专业学习的需要,而且磨炼了意志、锻炼了能力。

这并非仅是当时"省立(国立)福建音乐专科学校"以及个别学习者的经历与感触,而是一种常态。在福建省立师范专科学校,记者注意到:"这里的物质生活,是十分困苦的。学校没有给大家灯火,又没法叫城里电灯厂来装置电灯,学生每晚蜡烛的用费,是相当可观。三餐吃着不很够量的饭菜,学生大多营养不足。但置身这一优良学园地中,所能产生出来的一种精神的欢愉,使大家得来了很多超越于物质的补偿。每当早号在微明的朝雾里吹响,大家快速地行动,便使精神跟着高升的国旗活泼起来,把雄壮庄重的国歌奏送给黎明的大地。而在饭后的黄昏,在桥船上,在漫长的车道里,热情快乐的歌声与欢笑,使这冷静的乡村又热闹了。乡人常拿奇异的眼光,

---

① 倪峰:《琐谈解放前福建音乐活动二三事——福建音乐史料小忆之一》,载福建省艺术研究所编《国立福建音专校史资料集》,1988,第68页。

第三章 应对与坚守：全面抗战时期永安教育变迁的景象

度量这群老孩子的天真。"①

不仅如此，即便是在枪林弹雨下，教、学活动依然弦歌不辍。曾负笈并毕业于福建省立永安初级中学的亲历者回忆当初的峥嵘岁月："一九四一年前后，日机不断轰炸永安，人民生命财产遭到严重损失，就连小小的山村吉山，也惨遭投弹及扫射。学校为了保证学生的生命安全，维持正常学习，不得已选择对河距校舍约三华里的一个山洞——蝙蝠洞，作为躲避敌机的临时课堂。这个洞的面积约三百平方米，隐藏在一座大山的山腰，洞口狭窄，进内平旷，天然一厅，可容纳数百人。四周树木葱茏，掩蔽条件很好。同学们每天五时起床，早饭后，就随带课本及文具用品，整队走过浮桥，向深山出发。就在这个洞里，坚持学习到每日金乌西坠，才整队回校。"这样的日子，持续了两三个月，才恢复在校正常上课。② 中华人民共和国成立后，一度出任厦门大学校长的该校校友田昭武仍旧感怀："即使不是避机，当时学生也是一早在乡间小路跑步，然后在河边树下专心诵读，这样勤学苦读的精神，现在大概是不可多得吧！"③ 福建省立师范学校的师生经历校舍——文庙被炸毁，次日紧急迁往距离永安县城十多公里的大湖乡重建校园的坎坷，心中虽有说不出的滋味，却也同样没有气馁。"石洞寒泉""扇风岩""十八洞"等名胜以及怪石奇岩林立相伴与点缀的新校园，别有一番风味。教与学、社会服务等活动一如既往。"省立（国立）

---

① 苍谷：《中学师资的新仓库——福建师范专科学校》，《前线日报》1941年11月19日第5版。

② 赵震：《校庆怀旧》，载中国人民政治协商会议福建省永安市文史资料研究委员会编《永安文史资料》（第八辑），1989，第40、41页。

③ 虞韶年、尚青、张续渠：《永安一中的五十年》，载中国人民政治协商会议福建省永安市文史资料研究委员会编《永安文史资料》（第十二辑），1993，第7页。

福建音乐专科学校"师生赴外演出、宣传中遭受的困厄,尽管心有余悸,却也留下具有芬芳的记忆。

四、应对与坚守的个案考察:福建省立师范学校的"三杆教育"

"三杆教育"是王秀南1938年6月接任福建省立师范学校校长后推行的治校方略,堪称全面抗战时期永安教育"应对"与"坚守"的典型。按照他的说法:"三杆的教育,便是枪杆、笔杆、锄杆合一的教育。"具体而言:"枪杆的教育,即是厉行军事训练、军事管理、体育卫生和响应抗战,以求'自卫卫国',保障民族独立,乃是民族主义的教育;笔杆的教育,即是培养儿童导师、民众师保、推动社教、协助村政,以求'自教教人',宏扬民主政治,乃是民权主义的教育;锄杆的教育,即是实施农业教育、生产劳动、农业推广、开发交通,以求'自养养群',促进国民生计,乃是民生主义的教育。集此枪杆、笔杆、锄杆合一的训练,便是三民主义的教育。"[①] 可见,王秀南以孙中山先生的"三民主义"理想来阐释"三杆教育"要义,又迎合"南京国民政府"倡导的"新生活运动"、实施"新县制"要求的"管教养卫"原则,因而引发政界、学界注目。王秀南本人则是厉兵秣马,"就职未久,即开始筹建新校舍,整理内部,并从事三个中心试验:(1)导师制的试验;(2)战时服务的试验;(3)战时生产的试验"[②]。继任校长黄震接续其力,"三杆教育"徐徐展现其风貌。

[①] 王秀南:《福建师范在战时》,载王秀南《王秀南教授九十回忆录》,新加坡东南亚教育研究中心,1995,第186页。

[②] 俞棘:《福建省立师范学校剪影》,《教战导报》1939年第1卷第6期。

第三章 应对与坚守：全面抗战时期永安教育变迁的景象

首先，身处全面抗战时期，"三杆教育"鲜明的战时性不言而喻，尤以"枪杆""锄杆"教育凸显其应对。

依据王秀南的设计，"枪杆"教育的主要举措：（1）厉行军事训练——以"智、仁、勇"和"知廉耻、辨生死、负责任、守气节"为军事训练目标；（2）实施军事管理——学生一律住校，师生同甘共苦，以军队的生活为生活，以军中的纪律为纪律；（3）注重体育卫生——通过每天厉行早操，提倡体操表演，注重传统武术、射击和舞龙、舞狮、踢毽子、跳绳、放风筝等民俗运动，培养学生健康体格，举行运动会，开展灭蚊、灭蝇、灭鼠运动，组织学生参与家访和对民众进行卫生宣传，促进国民健康；（4）响应抗建工作——鼓励学生进入军校，举办入伍欢送仪式，下乡宣传抗建，为征属代耕代收，招待过境军队等，全力支持抗战事业。① 显然，"枪杆"教育突出了对学生进行军事教育的取舍，虽不属创举，却也反映了全面抗战时期急需什么。

福建省立师范学校一度是全省学生军训试点校，按照军事训练与军事管理的要求，"每个班级为一个区队，三个区队为一个中队，配备一名尉级军官，全校有一位校级总教官，教官像管士兵一样管学生，清早操练，每周还有两个下午上军事课。1941年9月之后，只留正副总教官，教授步兵操典的各种操练。男生系绑腿腰带，脚穿草鞋；女生蓝衣黑裙，整个学校像座兵营。清晨时升旗跑步之前的整队，也一如军队一样"②。多年后，学习者依然能够清晰回忆当时学校的军事化

---

① 王秀南：《福建师范在战时》，载王秀南《王秀南教授九十回忆录》，新加坡东南亚教育研究中心，1995，第186、187页。

② 叶拱枢：《忆"三杆教育"和"国民教育示范区"》，载政协福建省三明市委员会文史资料委员会、福建省三明师范学校编《闽师之源》，中国文史出版社，1993，第78页。

生活：1. 着装统一，"男生穿草绿色军装、戴军帽、扎皮带打绑腿，后改为穿黑色中山装、戴学生帽，但仍要皮带绑腿"。"女生是上着丹士林蓝的旗服，下穿黑裙。"佩戴校徽以及证明身份的"符号"：福建省立师范学校军训团，第×中队第×区队第×分队，学生×××。2. "整理内务"、出操、列队、集合、就餐，按部就班。"晚上熄灯前也要集合，唱歌以纪念孙总理，背念'十二守则'，同时检查人数。熄灯后就不准再讲话。有时候，半夜还有紧急集合，这也是军训的一项内容。一般规定要在5分钟内穿戴完毕，并到指定地点集合。"①

军训的目的，依照该校教官文少平的说法，是"在养成管教养卫合一的抗战建国基层干部；在复兴我们古代德术兼修、文武合一的国防教育；在树立军事训练为一切教育训练的基础"，而"不仅仅是在养成军事技术，以应付某一时期的战争作用"。为此，在军训的组织、干部、设备等方面，该校进行了精心筹划，设计了丰富的军训内容，包括"学科"与"术科"。其中，"学科"部分有基本军事学科（步兵操典、步兵射击教范、筑城教范、阵中要务令、野外勤务、夜间教育、陆军礼节、简易测绘、军队内务规则、陆海空军惩罚令、防空防毒、军事讲话、各兵种之识别及性能、军队卫生、战地救护、游击战法），国民教育之理论及国民兵组训学科（国民军事教育之意义、各国青年军事教育概况、国防常识、国防科学、国民兵组织管理、教育实施纲领、国民兵役实施规则、福建省国民组训联系办法、国民兵团组织暂行条例），战时后方服务学科（战时后方纠察勤务、警卫、防护、交通、空袭、防毒）；"术科"部分则有：制式教练、各种战斗教练、射击

---

① 连郁文：《在大湖的军事化生活》，载政协福建省三明市委员会文史资料委员会、福建省三明师范学校编《闽师之源》，中国文史出版社，1993，第93、94页。

第三章 应对与坚守：全面抗战时期永安教育变迁的景象

教练、野外演习、军事体育等。①

1941年元旦，福建省立师范学校在省会各级各类学校在永安大操场联合举行的军事大检阅中表现优异②；学生有"如果真有战事逼近，我们这些学生有三分之一是可以拉得出去"③的自信；1944年在"福建省会暨永安各界纪念总理诞辰暨中国国民党成立五十周年暨知识青年志愿从军运动大会"上，该校女生陈飞代表从军青年所作的"简短有力""针针见血"的演说和时任校长王敦善"我们永师全体员生六百余人一律从军"的誓言引得台下观众欢呼雀跃，鼓起了与会各单位青年的参军热潮④等，充分证明了"枪杆"教育的实绩。

"锄杆"教育的主要举措则有：（1）实施农业教育。专设生产训练人员，负责农业指导；创立农场办事处，负责农具、种苗和肥料供应等。（2）厉行劳动服务。清理学校及街道卫生、美化当地环境；举行乡镇大扫除等。（3）协助农业推广。推广种子、种苗、家禽家畜良种幼苗；举办农业展览；开办农业讲习班等。（4）开发道路交通。配合乡公所修整街道、整理市容、疏通沟渠；美化道路、树立路碑、导游

---

① 文少平：《师范之军事训练与军事管理》，载王秀南等编《今日的师范学校》，福建省立师范学校，1941，第53、55页。

② 据王秀南回忆："检阅一开始，福建大学等队伍，当然领先，冷冷落落，无甚生气。一至我们的闽师队伍入场，人数既多，步伐又齐，俱以笔挺的雄姿，昂首走过我们的检阅台前。郑贞文厅长笑脸对着我，其他台上官员也多翘起大姆指向我示意，当时我的内心，真是喜极欲泪！想不到步行二十多里来到永安大操场的闽师队伍，犹是生龙活虎，不可一世，的确可以称是'钢铁的队伍'！"（见王秀南：《福建师范在战时》，载王秀南《王秀南教授九十回忆录》，新加坡东南亚教育研究中心，1995，第196、197页。）

③ 叶拱枢：《忆"三杆教育"和"国民教育示范区"》，载政协福建省三明市委员会文史资料委员会、福建省三明师范学校编《闽师之源》，中国文史出版社，1993，第78页。

④ 任予：《永安智识青年从军热》，《联合周报》1944年第2卷第13期。

大湖风光等。① 看来，"锄杆"教育突出了学生从事生产劳动、接受劳动教育以及学习社会服务的必要。

福建省立师范学校遵循"南京（重庆）国民政府教育部"及福建省政府的相关规章，将生产劳动教育开展得有声有色，"生产劳动课，一、二年级每周安排两个下午，都在学校农场老师指导下开展种菜活动。学校规定：每学期每生应缴青菜50市斤（这是及格线）。当然，生产劳动课更重要的意义，是从劳动中掌握各种蔬菜的特性，并从中学会如何松土、作畦、栽种、浇水、施肥、除虫和锄草等知识"②。同学们感受着劳动的欢乐与收成带来的成就："现在整个农场都长满了各种各样肥嫩的作物，过去荒凉的面目已经丝毫看不出，在这一片绿色的园地上，豆呀、菜呀、瓜类、落花生呀、番茄、甘薯呀，各样都有，有的正在开花，有的还含苞待放，有的已成为釜中之物了。过去工作的辛苦，到了目下化为烟泡，眼看着用自己的汗滋润、茁长充满着生命力的作物，反而快乐与时俱增。这亲自播种的作物啊，相信将来所结的果实，吃起来会特别的清香而滋补。"③同学们也领会到生产劳动教育的价值："上生产劳动课和种菜，既学了生物学中的一些有关种菜的理论、技术、田间管理等知识，又协助学校食堂解决了日常吃菜难的问题，同时还锻炼了身心、培养了耐劳吃苦的思想品德。"④

教师身先示范，平添了生产劳动教育的穿透力。留日归

---

① 王秀南：《福建师范在战时》，载王秀南《王秀南教授九十回忆录》，新加坡东南亚教育研究中心，1995，第190、191页。

② 颜水浪：《忆大湖二三事》，载政协福建省三明市委员会文史资料委员会、福建省三明师范学校编《闽师之源》，中国文史出版社，1993，第86、87页。

③ 黄良筹：《信步农场中》，载王秀南等编《今日的师范学校》，福建省立师范学校，1941，第191页。

④ 颜水浪：《忆大湖二三事》，载政协福建省三明市委员会文史资料委员会、福建省三明师范学校编《闽师之源》，中国文史出版社，1993，第86、87页。

第三章 应对与坚守:全面抗战时期永安教育变迁的景象

国的生物学家黄震出任校长后,除了打理好学校的教育教学事务,"还经常荷锄翻地种菜,也常领学生一起劳动,当年永安师范学生的这种优良作风已传遍了八闽大地"①。拿不惯锄杆甚至此前没拿过锄头的文学名家许钦文老师,后来成了劳动能手。他和班级同学共同开垦的荒地,因同学毕业离校,全归他种植。结果,"从农场得到秧苗,添种了番茄、法国种的四季豆、花耶和黄秋葵等,既丰富了蔬菜,也有水果可吃了"②。

其次,师范生专业素质的培育与提升,无疑是师范学校人才培养不可或缺的元素乃至重心所在,"三杆教育"呈现其"平常心"也就理所当然,特别是"笔杆"教育,较之"枪杆"教育、"锄杆"教育,更多地维系着坚守的抉择。

"笔杆"教育实施的纲领包括:(1)培养儿童导师——使学生先有儿童兴趣,乐与儿童为友,然后加以训练,做到眼到、口到、心到和手到;(2)训练民众师保——使学生有健康的体魄,劳动的身手,科学的头脑,艺术的兴趣和改造社会的精神;(3)推行社会教育——遵循"'户'设家庭会、'甲'设教育站或读书班、'保'设国民学校或巡回学队、'乡、镇'设中心学校或巡回教学团"的推行方式,开展增设国民学校,扩设民众教育馆、新运实验区、青年服务社、民教巡回团等活动;(4)协助地方自治——与乡公所合作,协助开展户口管理、社会调查、卫生治理、清查犯罪、训练壮丁等地方自治活动。这些举措,映衬着合格的"乡村教师"应有的"科学的头脑、农夫的身手、艺术的精神、改造社会的能

---

① 林玉盛:《缅怀黄震校长》,载政协福建省三明市委员会文史资料委员会、福建省三明师范学校编《闽师之源》,中国文史出版社,1993,第119页。

② 许钦文:《三干主义》,载政协福建省三明市委员会文史资料委员会、福建省三明师范学校编《闽师之源》,中国文史出版社,1993,第70、71页。

力"的素质要求。

其中,"培养儿童导师",尤其体现了师范学校人才培养的"平常心"。(1)从"眼到"安排:充实学校、年级图书设备,特别是教育书刊,以培养师范生的阅读兴趣;办好附属小学与幼稚园,以为师范生提供教学观摩与示范场所;参观民众教育馆和民众学校,以增进"礼教"的知识;考察乡公所,以了解地方自治的进展;以教育电视和电影拓展师范生的眼界。(2)从"口到"安排:利用教育座谈会、时事讨论会,以解答师范生的疑问;举办演说比赛,以训练师范生的口才;举办辩论会,以利各种问题的切磋;提倡小组学习,以鼓励师生的教学相长。(3)从"心到"安排:出版《教战导报》,利用小组讨论,以鼓励师范生表达;举办教育问题"斗智"竞赛,以引发师范生思考;举办教育灯谜游戏,以引起师范生的兴趣;举办教育论文比赛,以启发师范生的思路;倡导"教学做想"合一,于"教学做"之外多回想,回想生创造,创造再回想,以增加师范生的心得。(4)从"手到"安排:训练师范生听讲笔记的能力;养成师范生写周记、做报告的习惯;指导师范生制作各科教具和绘制图表;养成师范生剪报收集材料的能力。①

学校通过组建专家、名师队伍,落实与保障"培养儿童导师"目标的达成。"校长王秀南毕业于中央大学,才识广博,知名省内外;教师王敦善、汪养仁、郑语樵、吴秋山、宋居田、张捷春、吴启瑶等,或是知识渊博为人所敬仰的学者,或是留学归国学有专长的专家。当时著名的文学家、鲁迅先生的朋友许钦文来教我们的国文,同学们简直惊喜不已,因而听

---

① 王秀南:《福建师范在战时》,载王秀南《王秀南教授九十回忆录》,新加坡东南亚教育研究中心,1995,第188、189页。

第三章 应对与坚守:全面抗战时期永安教育变迁的景象

他的课就格外聚精会神……教我们数学的是王邦珍先生。他讲的课,亦庄亦谐,科学性、趣味性兼备……他发现的轨迹定理,饮誉海内外……唐一帆先生教我们的劳作课,什么草根、树皮、纸屑、贝壳这些不起眼的东西,一到他手里,都变成一件件精致的艺术品。"① 名流的聚集,尤其是他们的人格魅力、渊博学识、精湛教艺,使学习者如沐春风。

1944年入学的方永恩,多年后脑海中仍能时刻浮现黄震校长"感人至深"的教学风格:"他对学生要求严格,要求学生早起做操,上课时认真听课,独立作业,下午放课后在生产园地上种管蔬菜,他自己经常同学生一道做操、种菜,并深入课堂听课,了解学生学习情况,处处作学生的表率。""他生活艰苦朴素,穿的是土布衣,吃的是在食堂和学生一起用竹罐蒸炊的红米饭与学校食堂自办的豆菜;每次赴永安城开会,都是徒步进城,从不坐轿;不少新生来校报到入学,都把校长误认为学校勤杂人员。在校师生异口同声称赞他是艰苦朴素的模范。""他生物知识渊博,在生物课后鼓励学生提出生活、生产中遇到的有关生物的疑难问题,而后归类,利用晚自修时间,选一较大的自修室,向学生逐题作解答。他讲得深入浅出,饶有风趣,饱含哲理,学生听课津津有味,大家都认为这样的教学形式,独具一格,既激发学生学习生物的兴趣,扩大视野,又培养了学生吸收信息,科学加工的能力。"② 人格魅力大,专业学识强。

即便看似"副科"的学业,教师同样一丝不苟,给学习者留下深刻印象。劳作老师邱景升,"教学勤勤恳恳,兢兢业

---

① 陈靖:《大湖——母校忆语》,载政协福建省三明市委员会文史资料委员会、福建省三明师范学校编《闽师之源》,中国文史出版社,1993,第90、91页。

② 方永恩:《忆黄震校长二三事》,载政协福建省三明市委员会文史资料委员会、福建省三明师范学校编《闽师之源》,中国文史出版社,1993,第114页。

业。上课时他先在黑板上用粉笔勾勒出所要制作物件的形象，如一只兔子、一条鱼等，粉笔一放下，教室里便发出一片欢笑声。接着，讲一讲某件物品应该怎么制作，同学便按所示动手制作，有的刨、有的锯、有的磨，老师来回巡视，有不对的即给予纠正。在老师的指导下，每节课都很活跃，很有收获"①。

1941年王秀南组织同人编撰的《今日的师范学校》中提及师范学校开设的各门课程教学问题探讨，关涉教学目的、教学内容、教学方法等，尤其是比较普通中学与师范学校定位及人才培养的异同，突出师范学校的特殊性与专业性，进而聚焦课程与教学的特色，可谓"三杆教育"平常心的生动再现。例如历史科目，论者明确指出："师范学校历史教学的目的，即在怎样培养小学历史师资，也就是指导他们做将来小学历史教学的准备。"为此，须从教材的选择与补充、教学时数、教学方法、习作、教学设备、教师进修等方面着手加以改进。②

师生因陋就简，坚持教学活动，弦歌不辍的场景，更加令人动容，也再度诠释坚守的抉择。许钦文回忆，福建省立师范学校迁址永安后，"文庙的房间并不多。大殿权做礼堂，东西厢房做教室，一些偏屋做师生宿舍。除非晚上和雨天，才在教室里上课、自修，晴天，吃了早餐就列队到树林里去，值日生拿着小黑板，教师左臂挟着讲义夹，右手拿着教鞭跟在后面走；粉笔盒子是放在衣袋里的。因陋就简，凡事将就。教学却都很认真；为着救亡，意志坚定，精神是一点都不敢松懈的。到了

---

① 陈存墙：《春风化雨总难忘》，载政协福建省三明市委员会文史资料委员会、福建省三明师范学校编《闽师之源》，中国文史出版社，1993，第112页。
② 李雪程：《师范学校历史教学的我见》，载王秀南等编《今日的师范学校》，福建省立师范学校，1941，第104页。

第三章 应对与坚守：全面抗战时期永安教育变迁的景象

树林里，把小黑板挂在高大的松树干上，学生席地而坐，'鸟鸣山更幽'，松涛呼呼，大自然的教室显得格外清静；教师清晰地讲解，学生倾耳静听"①。他自己甚至暂且放下擅长的小说创作，专心致力于教学活动。"现在，我首先要把书教好，要对你们，要对将来负责任啊，不是吗？你们将来也要去教人哩！"②

概言之，福建省立师范学校的"三杆教育"，展示出一幅战时性与平常心交织的画面，暗合"南京（重庆）国民政府"及"教育部""战时须作平时看"的要求。事实上，即便是"三杆教育"的每一杆，亦是战时性与平常心交织的情形。譬如，"枪杆的教育，是文武合一的教育，术德兼施的教育，也是民族精神的教育"。"笔杆的教育，是以师资的专业训练，在'教学做'合一的原则之下，以培养儿童导师，民众师保，又以推行社教，协助村政，使教育与生活合一，学校与社会沟通，政治与教育合作，以发挥新县政的精神。""锄杆的教育，是农业教育、生产劳动和手脑并用，以锄杆为主要工具，来发展国民生计。"③ 实践层面，将全校学生分成前方、后方两部分：毕业班的三年级学生派往沿海前方，主办战时民校，组训民众，协助抗敌；留在后方的一、二年级学生则在校接受基本教育，明耻教战，作为后备。一年过后，毕业班学生自前方被召回，来校接受补充教育；已上三年级的学生又继续前往前方主持民教。如是轮番出阵，使教育与抗战合一，学校与社会沟通，后方即前方，一律为抗战，使战时的师资训练更趋实际。

---

① 许钦文：《三干主义》，载政协福建省三明市委员会文史资料委员会、福建省三明师范学校编《闽师之源》，中国文史出版社，1993，第67、68页。

② 熊寒江：《忆许钦文老师在永安》，载政协福建省三明市委员会文史资料委员会、福建省三明师范学校编《闽师之源》，中国文史出版社，1993，第128页。

③ 王秀南：《福建师范在战时》，载王秀南《王秀南教授九十回忆录》，新加坡东南亚教育研究中心，1995，第186—191页。

"三杆教育"的应对与坚守内涵,贯穿于福建省立师范学校的管理、教务、训导等各个方面。

王秀南一再申言"抗战建国"中师范教育的风采,深信:"教养卫合一的教育,是最好的教育。""军训教合一的组织,是最好的组织。""教学做合一的方法,是最好的方法。"最好的教育,"要学校与家庭的围墙打开"。"要学校与社会的鸿沟填塞。""要以最少的金钱取得最大的效果,要以低度的劳力换得更高的代价。"①

教务方面,坚持招生"统制"。课程设置突出战时需要,如物理、化学、生物,与国文相提并论;体育、军事加紧训练,增加特种技术,以养成机警敏捷的习惯;劳作科改习小学教具及玩具制作;将民众教育改为必修课程等。此后,参照"南京(重庆)国民政府教育部"关于师范学校课程修订方案,增加史地教学时间,增设农村经济及合作、地方自治、童子军教育为必修课;坚持"训导与课务合流",像其中的"战时后方服务训练",除训导处利用机会指导学生下乡工作,教务处派遣实习生到各机关推行社会教育以外,特设课程讲习,充实各种智能。最初分组,有演说、文艺、戏剧、歌咏、绘画、纠察、警卫、交通、救护、教育等,自第一年级至第三年级的学生,随意选修,课程以一学期为单位,每学期调整一次;"青年训练的施行",逐渐渗透到正常的课程,彼此联系。"教学方式"的改进,尽管有出于战时环境需要的变化,但更是常态的延续。②

训导方面,该校"训育实施计划,有一条是这样规定的:

---

① 王秀南:《抗战建国声中的福建师范》,《教战导报》1939年第1卷第12期。
② 汪养仁:《师范学校的教务》,载王秀南等编《今日的师范学校》,福建省立师范学校,1941,第9—19页。

第三章 应对与坚守：全面抗战时期永安教育变迁的景象

'实行军训教合一，以增高训导效能，俾本校导师皆负20人至30人之管训责任。其导师即等于20人乃至30人之家长，其20名至30名之学生即等于某教师之自家子弟，教之训之，诱之导之，为严父，为慈母，为导师，为长官，贵在因材施教，因时因地而制宜。尤贵军训教官在共同目标之下取得同一之步调，为密切之联络，使学生如坐春风，如沾雨化，如对严父，如对长官，而收从善如流之实效。'这就是导师制的实际情形"[1]。通过军训教合一，强化彼此职责与联络，增添训导实效。

办民众教育，不仅是响应福建省政府号召，亦是发挥专业优势，展现师范生素质训练成效的时机，也更为清晰地展现了应对与坚守。亲历者感受到的是："学生创办抗战民校，这是闽师兼办社教的大胆尝试，也是师范学校实现'教学做想合一'的最好途径。它的影响是：（1）满足了一部分群众学习文化的要求，提高了民众的素质；（2）宣传了抗战救国的道理，也训练了民众，教育了民众，增强了群众对抗日战争胜利的信心；（3）扩大了师范学校的知名度，提高了学校工作效能，同时也提高了师范生的工作能力。师范生参加创办民校活动，无形中增强了自己的责任心、自尊心，在接触社会中也增加了对社会问题的了解。"[2]

王秀南表示，"三杆教育"秉承古代"笠剑学风"而动，反映了全面抗战时期"南京（重庆）国民政府教育部"关于师范教育变革的指令，因而呈现其时效性。曾担任福建省立师范学校教务主任的汪养仁揭示1940年3月"教育部"颁布的

---

[1] 俞棘：《福建省立师范学校剪影》，《教战导报》1939年第1卷第6期。
[2] 赖宝珊：《战时民校掠影》，载政协福建省三明市委员会文史资料委员会、福建省三明师范学校编《闽师之源》，中国文史出版社，1993，第76页。

修正师范学校"课程"方案中清晰显示的趋向：1. 适应抗战建国的需要；2. 符合国民教育的意义与目标，使师范生具有完成国民教育任务的智能；3. 适应管教养卫合一的要旨，使师范生能以教育力量为中心，推动地方政治、社会、经济、文化等建设，完成地方自治；4. 表现师范学校特殊的性能，顾及师范专业的需要；5. 充分使师范生具有兼教儿童及成人的能力；6. 各科教材切合实际的需要，并顾及中心学校、国民学校各科应用的教材及教学法；7. 各科教材避免不必要的重复，并顾及各科相互间的联系。① "三杆教育"的运作与其不谋而合。换言之，"三杆教育"以其理论新颖、方法独特，赢得各方的关注与重视。时任"南京（重庆）国民政府教育部"次长顾毓琇、福建省政府主席陈仪和刘建绪以及福建省教育厅厅长郑贞文均莅临过福建省立师范学校参观考察；许钦文阐发过"三干主义"，并证实福建省立师范学校于永安期间，确实是这样做的；接替王秀南担任福建省立师范学校校长的黄震，高度称赞并极力推行"三杆教育"，注重学生社会实践活动，特别是抗敌宣传，自己一度兼任大湖示范乡乡长，并呈请福建省政府设置福建省立师范学校国民教育示范区，以"政教合一"形式推进工作开展。撇开其中的抗战与政治因素，"三杆教育"注意到学生知识文化的学习，又重视体格的锻炼、意志品质的培养、纪律的训练，从而符合德、智、体全面发展的人才培养诉求。

"三杆教育"的实施，效果还是很显著的。时人曾赞誉道："新省会的抗敌宣传，不能抹煞闽师同学所尽的许多力量。在永安当时没有新闻纸，闽师同学每晚收取广播新闻，油

---

① 汪养仁：《师范学校的教务》，载王秀南等编《今日的师范学校》，福建省立师范学校，1941，第14页。

第三章 应对与坚守：全面抗战时期永安教育变迁的景象

印壁报，张贴街头，供市民阅读，引起民众很大的好感。闽师的话剧团、歌咏团，经常参加抗敌宣传，用他们的热情感化了许多人。"① 王秀南赴全省各地视察福建省立师范学校学生开办战时民校工作情况，同样深有感触且由衷感慨。"所到各属，自县长至教育科长，俱道闽师学生的苦干、实干、快干、硬干，为战时民教创出辉煌的成就！也都希望这批学生毕业后能够派到各县服务。可见三杆的教育，把闽师学生锻成钢铁般的队伍，到处表现出'闽师的精神'，而为各方所赞仰，也证明我们师生所共同努力的并不白费。"② 对于当年的学习者来说，"三杆教育"可谓受益终身。叶拱枢校友说："今天，老同学的回忆是：大湖师范生的生活是清苦的，但给我们一生带来莫大的好处。在以后的生活中，不管放到天南海北，穷乡僻壤，我们都能适应，不管什么困难，都能克服。"③ 如此说来，"三杆教育"的理念、内容及实施路径等，于今仍有继续挖掘的价值。

---

① 俞棘：《福建省立师范学校剪影》，《教战导报》1939年第1卷第6期。

② 王秀南：《福建师范在战时》，载王秀南《王秀南教授九十回忆录》，新加坡东南亚教育研究中心，1995，第192页。

③ 叶拱枢：《忆"三杆教育"和"国民教育示范区"》，载政协福建省三明市委员会文史资料委员会、福建省三明师范学校编《闽师之源》，中国文史出版社，1993，第77页。

结 语

全面抗战时期，国民党福建省政府及各机关迁至永安，促使当地发生不同寻常的变化。"臭懒而多病的一个城市，受了战争的刺激，它由三等县一跃而为现代都市了，由中世纪的社会蜕化为近代的社会。"① 时贤的观感大同小异：永安自设县分治以来固守着的闭塞风气和古旧姿态，"从炮火中改变而茁壮了起来"。"沿海政治经济的内移，闽省会的迁治，至少使永安跃进了一世纪的畛域。猛进的建设和从沿海带来的时代风气，在我们平凡的心目中看去，好像在旧经上织上新纬一般。"② 权且不论其中的文饰成分，焕然一新的市政建设，则为后人真切感知："抗日战争省会迁来永安时期，是我市历史上鼎盛之时。1939年初，永安城墙开始全面拆除。首先从西门拆至南门，旋即由西门拆至北门，拆后增设新北门。东门城墙早在1934年已拆除部分，这时又拆除剩余部分。因此市区扩大一倍有余，城区人口由七千余增至二万余人。"③ 分散在永安县城区与近郊的福建省政府及各机关，筑成了一道新的风景线。"省会初迁永安时，先由省保安第八团开进永安……做好保卫工作。"时任国民党福建省政府主席陈仪"到达永安

---

① 秋江：《永安的新气象》，《前线日报》1939年10月4日第5版。
② 傅志敫：《福建新兴省会永安剪影》，《神州日报》1940年7月25日第4版。
③ 邓有章：《旧时永安城郊的变化》，载中国人民政治协商会议福建省永安市委员会文史资料研究委员会编《永安文史资料》（第八辑），1989，第147页。

结　语

时，清尘戒道，从南门入城，一大群官员前簇后拥，经新街至城隍庙前，下榻林翊洋房"，福建省政府秘书处（附设图书馆），即设于此。"主席公馆设在吉山北陵殿春谷中；未盖好前，主席陈仪暂住在文龙余家宗祠。"随同省会迁至永安的政府机关，有民政厅（在北门水井巷万寿宫）、财政厅（在渔潭）、建设厅（在下茅坪）、水利局（在文庙）、教育厅（在吉山）、会计处（在分司前盐仓）、社会处（在桥尾）；内迁永安的其他省级机关，还有省议会（在高飞坪）、高等法院（在吉山）、农业改进处（在吉山）、省立医院（在西门饶氏宗祠，后移至北门李厝大坪）、省银行（在下茅坪）、广播电台、兽医事务所（在龟山）、园艺试验场（在西营坂）、宪兵营（在大街头）、盐务局、军风纪视察团（在贡川乡）、省政干团（在三元，后迁至永安上茅坪）、省党部（在连城县，后移至永安霞岭）；省会内迁永安后创建以及陆续迁来的机关，有社会科学研究所（在东坡）、县长训练班（在黄历）、地政局（在东门）、省驿运处（在东坡）、美国新闻处（在东坡）、合作社（在南门）、中南旅运社（在分司前，后移至大街头）、贸易公司（在分司前）、烟酒专卖局、中央银行（在东门）、农民银行（在新街，后迁至北门晏公街）、交通银行（在关岳庙街）、省银行县支行（在新街）、地方法院（在晏公街）、防疫队（在下渡）、集友银行（在北门大榕树江边）等。①

这番布局与态势，给当地仍以传统小农经济为主导的生产、生活带来强力冲击，应运而生的工业、商业、服务业等，透着现代社会的气息。距离永安县城五千米左右，曾经"世代务农兼酿酒……抗战前村民过着半自给的农民生活"的僻

---

① 詹廷桢：《战时省会杂忆》，载中国人民政治协商会议福建省永安市委员会文史资料研究委员会编《永安文史资料》（第七辑），1988，第143、144页。

静小村吉山,"因主席公馆在上吉山建立,其他单位也相继迁来吉山",一时间成为全省的政治中心地带,"小小吉山由原来的两千余人,发展成为近万人的村落"。当地原有的生活方式面临严峻挑战,新的场景悄然兴起。"公路、电话、电灯也伸进吉山,汽车、小包车、手拉车、黄包车畅行吉山,不久又专设班车,每小时对开一班。""这时最为突出的是大木、细木、油漆、泥水、家庭手工业大大发展起来。原来半工半家搞手艺的村民,也被外来手艺高的人挤掉了零活。"小商、小贩、餐饮、服务等遍布吉山,"上吉山的小摊贩挤满街道,连转弯抹角之地也设了小店,显得商业繁荣。做小买卖的人很多,如卖鱼丸、扁食、油条、米粿、卤味、果品、小百货的,有的肩挑、有的手提、有的头顶,沿街叫卖,甚至敲竹筒、摇铜铃,边唱边喊地兜生意。他们送货上门,互争信誉,颇受欢迎"。"下吉山生意更为繁荣。京果鱼货,布匹杂货,食杂文具,糕饼菜馆,样样俱全。白天疏散、夜里营业,较大商店通宵达旦,换班营业。例如'三友'食品店,各种糖饼,花样繁多,做法考究,品色美观,味道适口,生意兴隆。'四海楼'菜馆有各类名菜,烹调精制,山珍海味齐全,馆内馆外都有营业。馆内有包席、包菜、包饭、点菜等,待客殷勤,服务周到。店外则代办食品,不加费用,如需接待亲朋亲友,只要开一张条子,所点饭菜,必按时送到。对馆外顾客长期包饭者,能做到饭香菜热,买卖公平。""有的店馆为了扩大营业,还定期举办说书、讲故事、说笑话,谈古论今,吸引听众。"①

不仅如此,福建省行政当局以文化建设为突破口开发闽

---

① 刘维模:《抗战时期的吉山》,载中国人民政治协商会议福建省永安市委员会文史资料研究委员会编《永安文史资料》(第七辑),1988,第152—154页。

西、闽北,进而重建"新福建"的愿景与规划,则为永安尤其是永安的文化教育发展创造了前所未有的契机。在申明福建省政府及各机关迁至永安的策划中,陈仪说:"我们现在要想开发闽西、闽北的文化,从文化的发展,再促进经济生产,使全省的文化经济,都有平衡的进步,那么省政府迁移永安,更为必要。"① 陈景烈接续此意:"我们觉得建设新永安,并不是很简单的问题,也并不是仅仅新省会的建设问题,而是与开发闽西、闽北具有深切的联系的意义的;建设新永安,就是开发闽西、闽北,而闽西、闽北的开发,也就是新永安的中心建设。"如何展开建设步伐呢?"永安,弹丸之地,绕城一周也不过五里;文化经济之落后,几令人不堪想象!是以第一步建设永安的计划,是以文化的提高为唯一的鹄的,经济的促进为其次的要求,一步一步以永安为中心,发展整个闽西、闽北,勇往直前,造成二十世纪之福建。"② 文化人士殷切期待:"个人对于本省政府迁治,认为是一种眼光独到的伟绩,因为就此可以转移文化建设的方向,使内地风气为之巨变,并使内地国防文化加倍地易于开拓。"③ 对教育将在其中所起的作用,郑贞文说得直截了当:"此次省政府移设永安,目的在开发本省西北。欲开发西北,当然是以永安为中心、为出发点逐渐展开,创造一个新福建。故建设新永安,实为目前本省建设之要务,同时为'抗战建国'期中一个主要的工作。""我们相信,运用教育的力量,永安文化可以逐渐提高,数年之后,经各方

---

① 陈仪:《省政府迁治的意义》,载福建省政府秘书处公报室编《战时闽政概要》,1940,第7页。

② 陈景烈:《从省府迁治说到建设新永安》,《闽政与公余》1938年第25—28期。

③ 董秋芳:《怎样建设内地的国防文学》,《闽政与公余》1938年第32—34期。

面之努力,将有一种新状态呈现在我们的眼前。"① 逐渐构建起以永安为中心的全省文化教育新格局也就顺理成章。"抗战期间,福建的教育事业有了很大的发展。仅省会迁治永安后就办了省立永安中学、音乐专科学校(后改'国立')、师范学校、农学院等多所中高等学校。加上从沿海沦陷区内迁的大中专院校,形成了以永安为中心的教育网和知识群。"② 换句话说,全面抗战时期永安的教育变迁,主要机缘便是充作福建省临时省会,从而获得不同于往日的发展时空。亲历者的感慨极具说服力:"我恨吉山,可又爱吉山,我爱它的山色溪光,我站在教育文化立场,将永远怀念它抗战时间在全省教育占着神经中枢地位的一个颇长的时期。"③

尽管这一因军事、政治变动而生成的机缘稍纵即逝,但不妨碍永安"近水楼台""先得"文化教育创获与辉煌的"月":政府机关人员子弟增长而生发的教育诉求促成省立永安中学的创办接续了当地一度中断的中等教育,并成为此后当地中等教育发展的重要基础;因迁至且最终留在当地继续办学的福建省立(永安)师范学校在师范教育上的建树及予以当地国民教育师资培育的贡献;因建设"新福建"急需专业人才拟设置的省立福建大学以及获准独立建制的福建省立农学院开了当地高等教育的先河;因"师荒"而反复呈请获准创设的福建省立师范专科学校在近代中国高等师范教育制度层面的创新;以及为造就音乐高级专门人才而创办的"省立(国立)福建音乐专科学校"在永安教育变迁进程中的创榛辟莽之举;蓬勃

---

① 郑贞文:《建设新永安——教育》,《闽政与公余》1938年第26—28期。
② 邱文生主编《永安抗战进步文化活动》,海峡文艺出版社,1994,第10页。
③ 徐君梅:《再见吧,吉山》,载徐君藩等编《1930—1949福州诗与散文选》,海峡文艺出版社,1991,第440页。

一新的民众教育,令人感受到现代教育的魅力与张力。时人关于"福建抗战教育与文化总动员"的言论中,即特别述及福建战时民众教育开办的必要性与必然性及其承担的文化总动员职责;福建省立农学院、"省立(国立)福建音乐专科学校"积淀的"黄历精神""永安精神"也给人们以心灵的震撼。

全面抗战时期的永安教育,凭借"迁入"与"新建",生成新的教育机构,提升教育层次,拓展教育类型;促成原有教育基础的接续与扩充,构建起的从初等教育、中等教育到高等教育,从普通教育到师范教育、职业教育,以及学校教育与成人教育并存的相对完整体系,不仅发挥着战时宣传、动员的应急功用,而且为自身后续发展作了示范:永安成为1939年全省重新划分的九个中学区之第一中学区的中心;福建省立师范学校则是全省第一师范区的主导力量;不同层次、不同类型的教育机构更是拓展了教育变革的深度与广度。对于永安籍学子来说,家门口的门类较为齐全的学校,诚然利于增长见识,寄托希望与机会,也为永安当地经济社会建设做出实质性贡献,充分显示了教育的社会服务功能。譬如,福建省立农学院农业经济系"设立示范新村""调查黄历土地面积及分配情形""调查黄历村农家户口及经济情形""举办永安县农村调查"等举措与研究即是。其中,"示范新村"的设立,旨在指导农民运用科学方法增进农业生产,改善农场经营,提高乡村文化。为此,选择院址附近的黄历村,"就原有农户中改善组织,将所有土地重新作合理之分配,同时在组织、业务、经济、社会、教育等各方面,加以协助与指导,俾成一完善合理之新农村,供研究农村社会经济者之参考"①。登载在《新农

---

① 《农业经济系工作概况》,《福建省立农学院院刊》1941年第5期。

季刊》上的《永安黄历村社会经济调查报告》①，翔实记录了作为"示范新村"建设的黄历村的各方面状况。另外，《新农季刊》上的《永安疟蚊调查预报》②《小麦品种对于永安散黑粉病菌之抗病试验》③《永安药用植物调查报告》④ 等直接关联永安经济社会面貌、作物生长情形的成果，也向世人展示了更为真实的永安；又如福建省立师范学校教师翁春雪编写的《永安史迹》，记录了永安的山川地貌、名胜古迹、地方特产及历史遗迹等，同样不失为宣传与深入认识永安的极好凭证。翁春雪述及写作经历及动机道：应福建省立师范学校之聘居身永安大湖后，"时与村翁往还于林泉间，寻幽探奇，诗酒流连，其乐何如。而余凡游一名胜，莫不探索其史迹，考证其史乘、方志，并参阅诸典籍、笔记，写就有系统之记述。因念永安昔为浮流地，今为新省会，一切兴革，几全改旧观，际此人文荟萃、冠盖云集，往来嘉宾每欲探知其史迹而不可得，于是悉心探求，日累月积，遂成此书，颜曰《永安史迹》"⑤。此著引起当时全省政界人士注目，纷纷为之助威。国民党福建省党部主任委员陈肇英为之题写书名；郑贞文题词："文献足征，丘壑如见；一编际人，惊兹百练。"时任永安县县长张丹崖盛赞该著："为游客指南，为文献津逮。"福建省社会处处长郑杰民作序时特别提及该著满足了自永安成为福建省战时省会后"冠盖往返、商旅麇集，气象焕发"，"来永安者，每于所事之

---

① 包望敏、陈霖苍、吴文可：《永安黄历村社会经济调查报告》，《新农季刊》1942年第2卷第1—4期。
② 周明祥、张慎勤：《永安疟蚊调查预报》，《新农季刊》1942年第2卷第2期。
③ 王清和：《小麦品种对于永安散黑粉病菌之抗病试验》，《新农季刊》1943年第3卷第3、4期。
④ 王世深：《永安药用植物调查报告》，《新农季刊》1945年第4卷第1—4期。
⑤ 翁春雪：《永安史迹》，前行出版社，1943，自序第2页。

结 语

余，辄欲寻根究底，以一明永安之过去以为快"的猎奇心态。最后，还因永安抗战文化活动的关系，一方面增加了新元素，如抗战教育内容与形式以及助益民众与青年学生提升对个人与社会、国家与民族关系的认知等；另一方面，永安各级各类学校成为永安抗战文化活动的重要阵地，学人与青年学生介入、参与抗战文化活动，为其展开添砖加瓦，形成抗战文化与教育变迁相辅相成的局面，勠力夯实永安作为全面抗战时期"我国东南抗战文化的一面旗帜"的历史地位。总之，全面抗战时期永安教育变迁中的激情与创获，仿佛天籁之音，悠远深长。

参考文献

(一)著作、资料、文集

梁家贵.抗日战争与中国社会史论[M].北京:社会科学文献出版社,2005.

肖效钦,钟兴锦.抗日战争文化史(1937—1945)[M].北京:中共党史出版社,1992.

李仲明.抗日战争时期的中国文化[M].北京:团结出版社,2015.

余子侠,冉春.抗日战争时期中国教育研究[M].北京:团结出版社,2015.

刘海峰,庄明水.福建教育史[M].福州:福建教育出版社,1996.

王豫生.福建教育史[M].福州:福建教育出版社,2004.

檀仁梅,庄明水.福建师范教育史[M].福州:福建教育出版社,1990.

陈永成,吴景华.三明史略[M].上海:华东师范大学出版社,1995.

三明市教育志编纂委员会.三明市教育志[M].1997.

永安市地方志编纂委员会.永安市志[M].北京:中华书局,1994.

林洪通.永安抗战文化史话[M].北京:中共党史出版

社，2013.

张在军．发现永安——被忽略的抗战文化中心［M］．福州：海峡出版发行集团、福建教育出版社，2018.

刘思衡．永安抗战历史文化概览［M］．福州：海峡出版发行集团、福建教育出版社，2023.

张在军．漂泊东南山海间 抗战烽火中的文化人［M］．福州：海峡出版发行集团、福建教育出版社，2023.

福建农林大学编撰组．福建农林大学70年（1936—2006）［M］．2006.

福建省立音乐专科学校校友会．国立福建音乐专科学校校史［M］．1999.

王秀南．王秀南教授九十回忆录［M］．新加坡：新加坡东南亚教育研究中心，1995.

严如平，贺渊．陈仪全传［M］．北京：人民出版社，2011.

王秀南 等．今日的师范学校［M］．永安：福建省立师范学校，1941.

福建省立农学院．福建省立农学院概要——创始一年来之工作报告［R］．永安：福建省立农学院，1941.

郑坦．七年来的福建教育［M］．永安：福建省地方干部训练团，1941.

中共永安市委党史工作委员会．抗日战争时期永安进步文化活动学术讨论会专辑［C］．1988.

邱文生．永安抗战进步文化活动［C］．福州：海峡文艺出版社，1994.

中共党史学会，中共福建省委党史研究室，中共三明市委党史研究室，中共永安市委．中国东南抗战文化的一面旗帜——"福建永安·抗战文化论坛"论文集［C］．北京：中共党史出版社，2012.

福建省革命历史纪念馆，中共三明市委党史研究室，中共永安市委党史研究室．永安抗战文化史料［C］．北京：中共党史出版社，2012.

中国人民政治协商会议福建省委员会文史资料研究委员会．福建文史资料（第十二辑）［C］．1986.

中国人民政治协商会议福建省委员会文史资料编辑委员会．福建文史资料（第二十三辑）［C］．1990.

中国人民政治协商会议福建省永安市委员会文史资料研究委员会．永安文史资料（第七辑：抗日战争时期永安史料专辑）［C］．1988.

中国人民政治协商会议福建省永安市委员会文史资料研究委员会．永安文史资料（第八辑）［C］．1989.

中国人民政治协商会议福建省永安市委员会文史资料研究委员会．永安文史资料（第十二辑：永安一中专辑）［C］．1993.

中国人民政治协商会议福建省永安市委员会文史资料委员会．永安文史资料（第十四辑：纪念中国人民抗日战争胜利五十周年）［C］．1995.

永安市政协文史资料委员会．永安文史资料（第二十七辑）［C］．2009.

永安市政协文史资料委员会．永安文史资料（第二十九辑：纪念抗日战争胜利六十五周年专辑）［C］．2011.

本书编写组．讲述：福建农林大学八十载［C］．福州：福建人民出版社，2016.

福建省艺术研究所．国立福建音专校史资料集［C］．1988.

中共永安市委宣传部．弦歌相承：国立福建音专纪念文集

[C]. 福州：海峡出版发行集团、海峡文艺出版社，2015.

政协福建省三明市委员会文史资料委员会，福建省三明师范学校．闽师之源（"全闽师范——福建师范——永安师范——三明师范"校史资料专辑）[C]．北京：中国文史出版社，1993．

福建省政府秘书处公报室．陈主席言论集[C]．永安：福建省政府秘书处公报室，1938．

福建省政府秘书处公报室．战时闽政概要[C]．永安：福建省政府秘书处公报室，1940．

(二) 近代报、刊，现代期刊论文

福建省县政人员训练所，福建省政府秘书处编译公报室．闽政月刊[J]．1937，1(1)—1941，9(6)．福州、永安：福建省政府教育厅编审委员会，1937—1941．

福建省政府秘书处编译室．新福建[J]．1942，1(1)—1946，10(12)．永安、福州：福建省政府秘书处编译室，1942—1946．

福建省政府教育厅编审委员会．教育通讯（1938年8月更名为《福建教育通讯》）[J]．1937，1(1)—1940，6(22)．福州、永安：福建省政府教育厅编审委员会，1937—1940．

福建省政府教育厅．福建教育[J]．1940，(1)—1941，(9)；1948，(10)．永安：福建省政府教育厅，1940—1941；1948．

国民政府教育部国民教育司，福建省政府教育厅．国民教育指导月刊（永安）[J]．1941，1(1)—1947，4(12)．永安、福州：国民政府教育部国民教育司，福建省政府教育厅，1941—1947．

福建省立农学院院刊编辑部．福建省立农学院院刊[J]．1941，(1)—1947，(28)；1949，(1)—(5)．永安、福州：福建省立农学院院刊编辑部，1941—1947；1949．

福建省立农学院《新农季刊》编辑委员会. 新农季刊 [J]. 1941, 1(1)—1947, 5(合刊) 永安、福州：福建省立农学院《新农季刊》编辑委员会, 1941—1947.

福建省立音乐专科学校. 音专通讯 [J]. 1940, 1(1)—1941, 2(2). 永安：福建省立音乐专科学校, 1940—1941.

国立福建音乐专科学校. 国立音乐专科学校校刊 [J]. 1942, (1)—1943, 1(7). 永安：国立福建音乐专科学校, 1942—1943.

福建省立师范专科学校. 福建师专校刊 [J]. 1941, (1)—1944, (19). 永安、南平：福建省立师范专科学校, 1941—1944.

福建省立师范学校《教战导报》社. 教战导报 [J]. 1938, 1(1)—1942, 2(13). 永安：福建省立师范学校《教战导报》社, 1938—1942.

福建省政府教育厅. 中等教育 [J]. 1942, 1(1)—1944, 2(11). 永安：福建省政府教育厅, 1942—1944.

中共永安市委党史办公室. 抗战时期福建省会永安的进步文化运动 [J]. 党史资料与研究, 1985(4)：1—16.

田夫. 春色满园关不住——抗战时期永安进步文化活动历史地位初探 [J]. 福建党史通讯, 1986(9)：65—68, 77.

吴国安, 钟健英. 近代文化史上的一朵"奇葩"——抗战时期福建永安的进步报刊活动评述 [J]. 党史研究与教学, 1988(3)：55—78.

陈东, 林星. 抗日烽火中的永安进步文化活动 [J]. 福州师专学报（社会科学版）, 1996(3)：40—44.

林荟. 抗日战争时期东南进步文化活动中心——永安 [J]. 三明大学学报, 1997(2)：42—47.

吴明刚. 永安抗战文化活动的特点及历史地位 [J]. 中共党史研究, 2001(6)：77—80.

参考文献

孔永松，张侃．永安抗战文化是先进文化的前进方向［J］．党史研究与教学，2005（4）：32—37．

柯文溥．抗战时期福建永安的文艺活动［J］．南京师范大学文学院学报，2008（1）：61—69．

张承忠．浅论永安抗战文化史［J］．福建文博，2009（2）：87—90．

洪顺发．抗战时期省会永安的七位著名校长［J］．炎黄纵横，2010（12）：9—13．

吴明刚．试论永安抗战文化活动形成和发展的历史条件［J］．福建党史月刊，2011（2）：32—34．

欧阳秀敏．永安抗战文化研究综述．三明学院学报［J］．2011（4）：32—35．

赵连英，张承忠．永安市抗战文化旧址调查报告［J］．福建文博，2011（2）：87—92．

刘伟．永安改进出版社翻译出版及其文化影响［J］．福建史志，2023（4）：59—62．

陈能南．陈仪主闽期间功过述评［J］．福建师范大学学报（哲学社会科学版），1989（2）：100—105．

王治浩，刘云娜，甘景镐．一代学人郑贞文［J］．中国科技史料，1991（3）：38—45．

陈艳．闽籍教育家郑贞文［J］．福建史志，2002（5）：45—47．

黄少梅．浅析抗战时期省立福建大学倡办与撤销原因［J］．福建史志，2020（5）：29—34．

吴锦程．严家显先生与"黄历精神"的孕育、传承和发展［J］．福建农林大学学报（哲学社会科学版），2012（1）：5—9．

雷旭东 等．民国时期的福建省立农学院及台湾校友［J］．

海峡教育研究，2015(1)：51—55.

陆华柏．抗战后期的"福建音专"[J]．音乐艺术，1990(2)：49—53，61.

孙星群．国立福建音专史要[J]．天津音乐学院学报（天籁），2007(2)：88—92.

王子韩．郑书祥与国立福建音专的抗战进步文化活动[J]．福建党史月刊，2011(2)：25—27.

张昱煜，赖登明．缪天瑞在"福建音专"的历史及其作用[J]．天津音乐学院学报，2018(1)：5—11.

陈文治．永安师范的风潮[J]．党史参考资料，1985(42)：10—16.

王晓暖．抗战时期福建省立师范学校暨省立永安师范学校部分档案述论[J]．三明学院学报，2010，27(5)：453—463.

裴耀松．抗战时期福建师范办学始末[J]．炎黄纵横，2017(9)：48—49.

龙丹．抗战时期（1938—1941）的福建省立师范学校[J]．兰台世界，2020(2)：128—130.

龙丹．民国时期抗战期刊《教战导报》介绍[J]．兰台世界，2020(7)：151—153.

邓然．抗战时期中国中等师范教育的转型——以福建省立师范学校为例（1936—1945）[J]．乐山师范学院学报，2021(1)：58—66.

李玉珠．抗战时期永安县初等教育发展情况及原因探寻[J]．三明高等专科学校学报，2003(4)：26—32.

李玉珠．浅探抗战时期省会永安县小学教师素质的提高[J]．三明高等专科学校学报，2004(3)：62—67.

杨卫明，陈志华．全面抗战时期永安教育变迁述论[J]．教育与考试，2021(6)：84—89.

杨卫明．近代中国省立师范学校"集中办理"的尝试与审视——以1936年福建省立师范学校的组建为中心的考察[J]．教育史研究，2023（1）：88—97．

杨卫明．应对与坚守：全面抗战时期福建省立师范学校的"三杆教育"探析[J]．福建教育学院学报，2024（4）：92—96．

林强．中国东南抗战文化的一面旗帜[N]．福建日报，2010—8—24（3）．

（三）学位论文

陈大莲．抗战时期闽西北内迁文化研究——以战时省会永安为中心[D]．福州：福建师范大学，2003．

钟幸．中国共产党在福建永安抗日民族统一战线工作研究[D]．福州：福建师范大学，2016．

付雪丽．抗战时期永安文坛研究[D]．漳州：闽南师范大学，2019．

黄少梅．抗战时期福建省立农学院研究（1940—1945）[D]．福州：福建师范大学，2021．

后 记

说来惭愧，因收集、整理福建省三明市域教育变迁的史料与文献，才注意到全面抗战时期福建省政府及各机关由省会福州内迁至闽西北山区县城永安这样一段历程，真正体会了一次什么叫"近在咫尺，远在天涯"。

福建省政府及各机关迁至永安期间，原本地处八闽偏僻之区的永安一度成为全省政治、文化中心，给当地经济社会发展带来了前所未有的变化，留下诸多令人回味的印记。其中，永安教育领域形成的较为完整体系，史无前例，既反映了近代中国教育变迁的共性，又彰显出特定历史时期区域教育发展的特殊性。此番别样风采，催生探究的意向与动力。

从初始的"猎奇"到随后的"介入"，感触、收获不少：一方面，政治、经济、军事、文化、教育之间相互作用的现象，在全面抗战时期永安教育变迁进程中显得格外清晰，从而增添了对教育发展的"社会制约性"以及教育活动的"基础性地位"的认知。另一方面，丰富的历史场景与繁杂的历史材料，既为研究的开展提供便利，也考验研究者的功夫：取舍、提炼之际，眼花缭乱与"书到用时方恨少"的纠结，经历了，方有悸动。

本书为全国教育科学规划教育部重点项目"抗战文化与教育变迁的个案研究——以福建临时省会永安为个案（DOA180303）"终期成果，研究开展过程中，课题组成员的大力支持和众多师

后 记

友的鼓励、提点；赴福建省永安市档案馆查阅档案时，该馆雷科长等人的耐心指导与热心帮助；撰述时，参阅、借鉴甚至直接采用学界已有成果；福建师范大学教师教育学院领导、老师的关心和学院学术著作出版基金的资助；中国广播影视出版社的厚爱，特别是黄月蛟女士专业、细致的编辑工作，等等，难以一一抒怀，唯有在此一并致谢！

囿于自身才疏学浅，并未能将生动的历史画卷完全展现。在键盘上敲下结束字符，却丝毫没有如释重负之感，反倒心生不安与敬畏：如果材料收集上能够更充分些，应当有助于强化论证上的力度；框架设计上重组一章，集中说明全面抗战时期永安教育变迁的功用，逻辑结构上将更严谨些；研究内容上再扩展些，应当能更有效地呈现历史的本来面貌；行文表述上增添思辨，学术探究的韵味会更浓厚些。此类不足，只能视日后的机会补充了。敬请专家、学人、读者斧正、不吝赐教。

景仰王静安先生感悟的"众里寻他千百度，蓦然回首，那人却在灯火阑珊处"的学问第"三"境，无奈缺失"昨夜西风凋碧树，独上高楼，望尽天涯路"、"衣带渐宽终不悔，为伊消得人憔悴"的学问第"一"境、第"二"境的笃定与积淀，就尝试着先以屈原大夫"上下求索"之志加以诫勉吧。

杨卫明

癸卯冬日于闽江之滨